# 社会的インパクトとは何か

社会変革のための
投資・評価・事業戦略ガイド

マーク・J・エプスタイン｜クリスティ・ユーザス =著
鵜尾雅隆｜鴨崎貴泰=監訳　松本 裕=訳

Measuring and Improving Social Impacts
A Guide for Nonprofits, Companies, and Impact Investors

英治出版

# Measuring and Improving Social Impacts
by Marc J. Epstein and Kristi Yuthas

Copyright © 2014 by Marc J. Epstein and Kristi Yuthas
Japanese translation rights arranged with
Berrett-Koehler Publishers, Oakland, California
through Tuttle-Mori Agency, Inc., Tokyo

# 監訳者まえがき

## ソーシャルセクターの新時代の幕開け

「社会的インパクト」あるいは「社会的価値」とはどのように測れるのでしょうか？ それがいま、ソーシャルセクターの関係者の間で大きな関心事となっています。

これまで社会的な事業は行政によるサービス提供が主流で、多くが税金で賄われてきました。しかし現在、個人や企業のあいだでも社会貢献への意識が向上し、「社会に良いことにお金をかける＝社会的投資」への関心が高まっているのです。

内閣府の調査（平成25年度社会意識に関する世論調査）では65.3％の人が「社会のために役立ちたい」と答え、東日本大震災後には76.9％の人たちが何らかの寄付をしました（寄付白書2012）。NPO、社会起業家といった「社会課題の解決の新たな担い手」がどんどん増え、企業もCSR活動を超えた、事業を通じた社会貢献に関心を寄せはじめ、新規のソーシャルビジネスを始めたりベンチャー企業に投資をしたりしています。

税金だけで、あるいは通常の経済活動だけで、増大する社会の課題がすべて解決するわけではないことは誰の目からも明らかです。そこで、民間組織がおこなう社会的事業にもっと資金を投入しようとする「寄付」や「社会的投資」に関心が集まっています。これは日本だけでなく、世界的な動きです。

2014年には首相の諮問機関の経済財政諮問会議の「骨太の方針」でも寄付や社会的責任投資の推進が謳われ、2015年6月にはこの本でも紹介されているソーシャル・インパクト・ボンドを日本で進めることを盛り込んだ基本方針が閣議決定されました。さらに2013年からG8（主要8カ国首脳会議）に社会的インパクト投資タスクフォースが設置され、2015年5月にはその日本国内諮問委員会の提言書が発表されるなど、国内外で社会的インパクト投資を進め、その成果を測ろうとしているという流れにあります。

まさに、「ソーシャルセクターの新時代」が始まろうとしているのです。

## 本書の意義

私はこの10年、日本中のNPOや社会起業家、行政、財団、企業などの経営や事業改善のお手伝いをしてきました。当時の日本ではほとんどなかった、NPOやソーシャルビジネス専門のコンサルティング会社を2008年に創業し、これまで百数十団体の経営改善に携わってきました。また、日本における社会のお金の流れを変えることを目指して、日本ファンドレイジング協会の創設に携わり、認定ファンドレイザーという資格制度の創設を通じて2000人に及ぶファンドレイザーの育成に携わっているほか、最近ではG8社会的インパクト投資タスクフォースの日本国内諮問委員会の副委員長として、社会的投資の促進のために日本で何が必要なのか、海外事例も含めて検証を進めています。

そのなかで、社会のために何かをしたいと考える日本中の人と組織が、大きな壁にあたっていると感じていました。それは例えば「みんな良いことをやっているのは分かるが、成果や変化が見えない」という支援者側の声や、「自分たちの活動が生み出した社会的な変化を説明できない」というNPOの方たちの声に表れて

# 監訳者まえがき

いました。そもそも、活動でやっていても、その活動による「社会的な変化（インパクト）を測る」ことはやっていない団体が大半であるという現状もありました。

このままでは、今のこの時代の変化の中で、日本社会が次のステージに進化できません。きちんと自分たちの活動により起こしたい変化を論理的に説明でき、インパクトを測定し、そのプロセスでさらに活動内容を進化させることができる、社会的インパクト志向の団体を増やし、同時に、支援する側も、そうした努力をきちんと評価して支援するという状態を実現する必要があります。

この問題を解決するために、「誰が読んでも分かりやすく、社会的インパクトを生み出し評価するためのサイクルを体系的に説明する」わかりやすい指南書があれば、大きく日本のソーシャルセクターの成長に貢献できるのではという思いがありました。

そのなかで、この本との出会いがありました。

本書は、2014年に発行され、社会的インパクトを生み出すための事例をふんだんに分析した体系的・包括的な解説書です。著者らは過去数十年にわたってソーシャルセクターの実績測定分野で研究とコンサルティングをおこなってきた実績に基づいて本書を執筆しました。さまざまな組織と関わるなかで芽生えた問題意識が、多くの組織が「自分たちは何を達成しようとしているのだろう？」「成功とはどのように定義されるものだろう？」という問いに十分に答えられていない、という現状でした。つまり、さきほど述べたような日本における課題と同じ問題意識を、世界中の社会的組織も抱いているのです。

本書は「アウトプットとインパクトの違い」「ミッションの重要性」「投資家は何を重視しているのか」など、組織や事業の根本的なあり方を問い直す必要性を訴えています。著者らは、多くの組織に見られる間違いと

して「生み出されるインパクトではなく、組織が生み出すもの（アウトプット）によって成功を定義する」ことを指摘しています。例えば「100万個の防虫処理済みの蚊帳を配布したい」とアウトプットによって活動を定義する団体は多くありますが、「マラリアを5000例削減したい」いうインパクトを定義づけている団体は必ずしも多くはありません。確かに蚊帳を届けることはマラリアの削減に有効かもしれませんが、正確な方法できちんと使用されて初めてマラリアの削減に効果を発揮するのです。

そして、寄付、助成、融資、株式投資といった「投資の形」や、定性的評価、定量化、貨幣化、SROI（社会的投資収益率）といった現場で用いられる「評価手法」についても包括的に論じています。大きな組織も草の根の団体も、個人も法人も、支援する側も現場で活動する側も、すべてのソーシャルセクターで変化を生み出したいプレイヤーのための本だと確信しました。

私は一読したとき、まさに今の日本のために書かれた本だと感じました。

社会的事業に取り組むNPOや社会起業家にとっては、自分たちの組織のミッションを見直し、活動が生み出す社会的インパクトを評価する手法を学び、そして活動を推進・拡大するヒントを得られるでしょう。

投資家（この本では寄付、助成、出資、融資などの資金支援だけでなく、物的・人的リソースを社会的インパクトを生むために活用することも含めて「投資」と言っています）としての個人や法人が、自分たちの資金で社会に何か変化を生むことに関心を高めています。お金やリソースを出して「善いことをした」というだけではなく、そのお金やリソースが生み出した変化を知りたいという人が増えています。

企業も事業活動を通じて生み出している社会的インパクトを評価しようという機運が高まっています。企業も調達、生産、サービス提供などのすべてのサイクルを通じて社会的なインパクトを生み出すことが可能です。

もちろん企業としての社会貢献活動を通じたインパクトもあります。**財団**も助成活動や自身の活動を通じて生み出された変化を最大化したり、助成先の団体が成長することを手助けしたいと考えはじめています。自分たちの助成事業の評価に積極的に取り組もうとする財団も生まれてきています。

**行政**も今、事業の成果評価に関心を高めています。財政赤字と予算削減の中、同じ資金でどれだけ効果的に社会サービスを提供するかが問われる時代になってきています。

まだまだ自分たちは社会的インパクトを生み出していないし、ましてや評価なんてハードルが高いに違いないと感じている方たちもいると思います。あるいは、今はとくに事業をしていなくて、たった一人の個人であっても、人生において何か社会的インパクトを生みたいと考えている方もいると思います。そうした人たちにこそ、この本を読んでいただきたいと感じています。この本には組織や事業の成熟段階に応じて、すべての社会的な変化を生み出そうとする人にとって必要な要素がつまっています。

少子高齢化、財政赤字などの「課題先進国」の日本。しかし、この課題はいずれの国もこれから直面していく課題でもあります。日本でこれから生み出す社会イノベーションは、世界にとって必ず役に立つモデルになると思います。社会的インパクトの生み出し方にも、評価や測定の仕方にも絶対的な正解があるわけではありません。この本を活かして、皆さんなりの正解を創造していただきたいと願っています。

これまで、日本では「評価」というと、「監査」のような響きをもってとらえられてきました。いわば、「間違いさがし」「できていないことを指摘すること」という感じです。ソーシャルセクターでも、押しなべて

「評価は苦手」「できればやりたくない」という感覚の人は多いようです。

しかし、「評価」という字に込められているのは「(生まれた)価値を評じあう」という意味です。ソーシャルセクターの事業は、多くは誰もやったことのない、新しく創造的なチャレンジです。それだけに半分くらいはうまくいかないことがあります。しかし、それは「失敗」ではありません。誰もやったことがないからこそ「貴重な経験」となるのです。

その経験をきちんと自分たちの解決策の改善に反映し、その進捗を測定する指標を改善していくとすれば、それは、「失敗」なのではなく、イノベーションを生み出すモデルの「進化」であると私は考えます。そして、その経験を他者とシェアすることができれば、後に続く何百人もの同志がさらなる価値を付加したイノベーションを生み出すきっかけにもなります。

このような、「本物の評価」がインパクトを生み出すサイクルを、この本をきっかけに、みなさんと一緒に日本に生み出していくのが私の願いです。

最後になりますが、本書の出版を実現させた英治出版の原田英治社長、下田理出版プロデューサーをはじめとする関係者の皆様、巻末の日本の現状の解説作成にご協力いただいた皆様にこの場を借りて御礼申し上げます。こうしたお一人お一人の「社会にインパクトを生み出したい」という「投資家」の存在が、日本の未来を変えるのだと思います。

日本ファンドレイジング協会代表理事

株式会社ファンドレックス代表取締役

鵜尾雅隆

社会的インパクトとは何か◆目次

監訳者まえがき
序文
イントロダクション

## 第1部 何を投資するのか?

### 第1章 社会的インパクト創造サイクル
社会的インパクトの創造と測定
説明責任の必要性
インパクト測定ロードマップ

### 第2章 投資家を理解する
何が社会的投資の動機となるのか?
価値観は投資の動機となる
社会的投資の目標
アイデンティティのリターン
プロセスのリターン
金銭的リターン
社会的リターン
何を投資するのか?

## 第2部　どの問題に取り組むのか？

### 第3章　問題を理解する
何が目的選択の動機となるのか？
インパクトを生み出す可能性
問題の解決方法を検討する
対象市場
投資の範囲
価値観

### 第4章　投資の選択肢を理解する
投資と目的を合致させる
投資の形
組織の種類
適切な組織を選ぶ
投資家が果たせる役割

## 第3部　どのような手順を踏むのか？

### 第5章　社会的インパクトがどのように生み出されるのか
ミッション第一
製品やサービスが生み出すインパクト

## 第4部 成功はどのように測定するのか？

### 第6章 行動をインパクトにつなげる

ミッション・ステートメント … 130
セオリー・オブ・チェンジ（社会変革理論） … 137
ロジックモデル … 141
ロジカルフレームワーク … 144
利害関係者（ステークホルダー） … 146
業務（オペレーション）によるインパクト … 148
パッシブ投資によるインパクト … 153
… 154

### 第7章 測定の基本

なぜ測定しようとしないのか … 162
測定は測定基準だけではない … 164
なぜ測定するのか？ … 168
測定のルール … 169
モニタリングと評価 … 172
インパクト評価 … 173

### 第8章 測定手法

測定手法の分類 … 176
… 188
… 190

# 第5部 インパクトを大きくするにはどうすればいいのか？

## 第9章 インパクトを測定する
ステップ1　測定の基礎を整える
ステップ2　結果をどう活用するかを検討する
ステップ3　主要なインパクトと指標を特定する
ステップ4　独自の測定システムを構築する
インパクト測定——現場ではどう実践されるのか

## 第10章 社会的インパクト測定の成熟度
各段階の側面
社会的インパクト管理システムの成熟レベル
レベル5のその先へ　課題に注力する組織

## 第11章 インパクトを大きくする
イノベーション
規模拡大（Scaling）
レバレッジ（Leverage／てこの力）

## 第12章 行動への呼びかけ
投資家は……
組織は……

読者は……　　　　　　　　　　　　　　　　　282
まとめ　社会的インパクトの測定と改善　　　283
付録　日本で社会的インパクト投資と評価をすすめるために　289
原注　　　　　　　　　　　　　　　　　　　315
参考文献　　　　　　　　　　　　　　　　　333

## 日本語訳にあたって

本稿では、日本語訳で定訳がない用語、あるいは日本語訳にした場合にニュアンスが伝わりにくい用語が多く含まれることから、重要なものについては日本語訳に英語の原語を併記する形をとっている。

頻出する用語については以下に補足説明をおこなう。

### Investment　投資
通常一般にとらえられる株式などへの投資以外に、寄付や助成金、融資などの社会的リターンを求める資金の提供、ならびに物的・人的リソースを社会的インパクトを生むために活用することも含めている。本書では一律に「投資」と訳している。

### Social Purpose Organization　社会的組織
法人格の枠組みを超えて、社会的な目的を有する組織を総称して用いている。NPO、財団や社会的目的を有する企業などが含まれる。

### Cause　解決したい社会的課題
他に「社会的大義」という訳もあるが、日本語の語感としてなじみがない。国際的に一般的に用いられている文脈を踏まえて本訳とした。

### Nonprofit Organization　民間非営利組織
日本では特定非営利活動法人をNPO法人といい、それ以外に公益法人、社会福祉法人などの法人格が存在するが、筆者はその全体をとらえてNPO、民間非営利組織と記している(米国では日本のような法人格の細分化はなく、基本的に単一のNonprofit Corporation Actによりカバーされている)。文脈に応じて単に「非営利組織」と訳している場合もある。また、NPO、NGOなどの略称になっている場合はそのまま表記した。一般的にはNPOが民間非営利組織の総称として用いられ、NGOはそうしたNPOの中で、特に国際協力や途上国の開発支援をおこなう団体に用いられることが多い。

# 序文

どのような組織でも、社会的インパクトを生み出す。そのインパクトには正のインパクトもあれば、負のインパクトもある。本書は企業や財団、民間非営利組織、インパクト投資家〔訳注／社会的インパクトをもたらすための投資をおこなう人々〕が、正の社会的インパクトを向上させるためにどのような判断を下すべきかを学べる一冊だ。インパクト創造に関心のある組織とかかわるなかで、私たちはさまざまな役割を担ってきた。コンサルタントや顧問としてかかわったこともあるし、組織の課題をより深く理解し、解決策を考案したり評価したりする研究者としてかかわったこともある。私たちは教授として学術的役割も担っており、研究や論文執筆だけでなく学生への指導をおこない、ともに活動している。そうした学生たちの多くが、自らの経験を私たちと共有してくれている。

私たちは、２つの課題に注力するところからキャリアをスタートさせた。実績管理と倫理的側面の課題だ。実績測定の訓練を受けた私たちは、その経験を営利・非営利双方の組織に幅広く適用してきた。組織の焦点が財務的なボトムラインの改善であれ社会の改善であれ、そこに生じる問題は似通っている。組織はさまざまな問いに対する明確な答えをほしがる。その問いとはたとえば、

「私たちは何を達成しようとしているのだろう？」「目標を達成するためには何をすればいいのだろう？」「成功とはどのように定義されるものだろう？」「成功はどうやって測るのだろう？」そして「時間の経過のなかで、もっとうまくやれるようになるにはどうすればいいだろう？」といったものだ。

しかし多くの組織で私たちが目にしたのは、営利でも非営利組織でも、答えが十分に理解されていないという現状だった。問い自体がきちんと立てられていない、そこで私たちは、組織がじっくり問いと向き合って実績をよりうまく定義し、測定し、改善できるよう支援することに注力してきた。

また私たちは、組織の倫理的側面にも焦点を当ててきた。私たちの関心は、「さまざまな形の組織がリソースを活用して社会問題に取り組むなかで、私たちは組織が社会的・環境的・財務的実績を同時に管理できる方法の構築を支援してきた。つまり、ビジネスが社会的インパクトを改善しつつ、株主の要望にも応えられる方法だ。

マークは20冊の書籍の著者・共著者であり、マークもクリスティも企業の社会的責任と持続可能性、非営利組織のガバナンスと実績測定、組織の社会的・財務的実績の改善の分野で多数の著作物を発表している。アフリカやアジア、南米ではマイクロファイナンスやマイクロ起業、世界の健康問題、貧困層の教育に特化する組織と活動してきた。この国際的な活動のおかげで、私たちは十数カ国で活動する世界最高峰の営利・非営利組織と長年にわたって協働することができた。その活動

のすべてが、本書に組み込まれたアイデアに貢献している。

過去の活動を基盤に、本書執筆のために膨大な量の追加作業に取り組んだ。インパクト測定に関する世界最高峰の専門家たちの考え方や取り組み方をよりよく理解し、彼らがインパクトの測定や向上に際して発生する難題にどう対処しているかをよりよく理解したかったのだ。このプロジェクトの過程で私たちはニューヨーク、シアトル、サンフランシスコ、ロンドン、ムンバイへと旅することになった。大小さまざまの財団や非営利組織、企業だけでなく、インパクト投資家や富豪たちからも話を聞くことができた。

その集大成である本書は、社会的インパクトのあらゆる側面についての本だ。どのような組織でも、正であれ負であれ、意図的であれ偶然であれ、なにかしらのインパクトを生む。企業は社会に利益をもたらす製品を生産することも、害を成す製品を生産することも可能だ。非営利組織は一部の人々のために雇用を創出し、ほかの人々から仕事を奪うかもしれない。費やしたリソースに比べればわずかなインパクトしか与えられないサービスを提供するかもしれない。組織はやみくもに活動する過ちを犯しがちで、自分たちが生み出すインパクトが明確でなかったり、目指すインパクトを生み出すために必要な厳格さが欠けていたりする。そのような組織は、ミッションの成功とインパクトの増大に直結するすぐれた測定システムが構築できれば、能力を向上することができる。

振り返って見れば、私たちはこれまでのキャリアを通じてずっと、本書を執筆するための準備をしていたような気がする。執筆開始時は気づいていなかったが、本書は過去数十年のあいだ私たち

が取り組んできた仕事を包括するものになった。調査や執筆の過程で、どのインパクトが本当に重要なのか、そしてそのインパクトを測定して向上させることの重要性やそのプロセス、仕組みについて非常に多くを学ぶことができた。インパクトについて考えるのが初めての読者にとっても、この分野で長年経験を積んできた読者にとっても、やはり新しく学ぶことはあるはずだ。

本書執筆にあたって取材させてもらった100人以上のリーダーたちには深く感謝申し上げる。

とりわけ、プラヴィーン・アガワル、サビーナ・アルキル、アニシュ・アンデリア、スティーブ・エイオス、ダグ・バルフール、クララ・バービー、スティーブ・ベック、ダン・ベレロウィッツ、ジェフ・バーンソン、ポール・バーンスタイン、デヴィッド・ボンブライト、アミット・ブーリ、ジェフ・ブラダック、ポール・ブレスト、アルジャヴ・チャクラバーティ、レニ・チョードゥリ、シンディ・チェン、マイケル・チャートック、ニーラム・チバー、デヴィッド・コルビー、カルメン・コレア、クレア・クーリエ、モニシャ・ディワン、プールニマ・ドレ、トビー・エックルス、ジョン・エルキントン、ジェド・エマーソン、リチャード・フェイヒ、マイク・ファインバーグ、C・J・フォンジ、マシュー・フォルティ、シンシア・ゲア、ラス・ホール、ローラ・ハッテンドルフ、ルーシー・ヘラー、アン・ヘイマン、ジェレミー・ホッケンスタイン、カイ・ホプキンス、バート・フラハン、アレックス・ジェイコブス、ハンナ・ジョーンズ、ティエ・キム、ショーン・クニエリム、トリス・ラムリー、スティーヴン・ライデンバーグ、アンナ・マーティン、スティーヴン・マコーミック、キャロル・マクローリン、スニル・メータ、ザリナ・メータ、ハリ・メモン、イヴ・マイヤー、スミット・ミトラ、ローリー・ムック、ウィル・モーガン、ジョディ・ネルソン、ロヒニ・ニレカニ、サラ・オルセン、サリー・オスバー

グ、パレーシュ・パラスニス、アレクサンダー・ポープ、ケヴィン・ラフター、マイク・リー、ラリー・リード、ガブリエル・ローズ、カテリナ・ロスクエタ、デヴァル・サンガヴィ、ザリナ・スクリュヴァラ、ヴィジャ・シャー、ドゥリーン・シャーナズ、デヴィ・シェティ、ポール・サイモン、リシ・シン、リン・スミサム、ショーン・ソキ、パドミニ・ソマニ、ディヴヤ・スリナス、ジェイムズ・ステイシー、ナリニ・タラケシュワル、ベン・ソーンリー、パール・ティワリ、ブライアン・トレルスタッド、メリンダ・トゥアン、フェイ・トゥワースキー、スティーヴ・ヴィーダーマン、スニル・ワドワニ、ハヴォヴィ・ワディア、ブライアン・ウォルシュ、マイケル・ワインスタイン、ピーター・ホワイト、アレン・ウィルコックス、ピーター・ヨーク、そして彼らの同僚たちには、社会的インパクトの測定と改善に関する個人的・組織的経験を共有するための取り組みについて語ってくれたことには、いくら感謝してもしきれないほどだ。また、ライス大学《持続可能性のためのシェル・センター》にも感謝を。センターの寛大な資金提供が、本書執筆のための取材やほかのさまざまな側面を支援してくれた。

ほかにも多くの人々の助けがなければ、とても完成はできなかっただろう。頭脳明晰で勤勉な研究者だ。彼女のすばらしい研究による支援だけでなく、出版物の調査や現地調査、取材ノートの情報整理などでの尽力も不可欠で、それには特に感謝している。また、ライス大学のタティアナ・エイカーが提供してくれた膨大な、そしてすばらしい業務支援にも感謝する。サミュエル・アイルランド、ティム・ハッチンソン、マリア・デュウィットも私たちを支援し、プロジェクトに斬新なアイデアを貢献してくれた。

私たちの作業には絶対に欠かせなかった大学の助手たちや組織の専門家たちに加え、本書執筆中に重要なフィードバックを与えてくれ、アイデアを形にする手助けをしてくれた同僚たち全員にも感謝したい。クラウス・ブリンクマン、シンディ・クーパー、スリカント・ダタール、ジェス・ディラード、リンダ・ファース、フランシスコ・モンゴメリ、スコット・ソーネンシャイン、サリー・ワイドナーがここに含まれる。

本書のために取材した組織は次の頁に記した。

ニール・マイエとベレット＝コーラー出版社のすばらしいチームには、本書を大幅に改善したその努力に感謝したい。また、本書の外部校正を務めてくれたケンドラ・アーマー、キャシー・シャイアーン、マル・ウォーウィックの非常に有意義なコメントにも感謝している。彼らは皆、このプロジェクトに重要な貢献をしてくれた。

本書は私たちの家族にささげる。マークの家族——ジョアン・エプスタイン、ファイアストン一家（シムチャ、デビー、エミリー、ノア、マヤ）とジヴリー一家（スコット、ジュディ、アマンダ、ケイティ）。クリスティの家族——カイリー、ジャクソン、ミカエラに。彼らの忍耐と支援、そしてユーモアがなければ、本書を完成させることはできなかった。

マーク・J・エプスタイン、テキサス州ヒューストン
クリスティ・ユーザス、オレゴン州ポートランド
2013年9月

序文

## 取材対象組織

アブソリュート・リターン・フォー・キッズ（ARK）
アキュメン
アンブジャ・セメント財団
アルガム
Bラボ
ビル&メリンダ・ゲイツ財団
BRAC
ブリッジ・インターナショナル・アカデミー
ブリッジス・ベンチャーズ
ブリッジスパン・グループ
高インパクト慈善活動センター
シェブロン
チルドレンズ・インベストメント・ファンド財団
ダースラ
デベロッピング・ワールド・マーケッツ
デジタル・デバイド・データ
アース・キャピタル・パートナーズ
エデルギブ財団
エドナ・マコーネル・クラーク財団
エスクエラ・ヌエヴァ
ジュネーブ・グローバル
ゴドレジ財閥
ゴードン・アンド・ベティ・ムーア財団
ホーム・デポ
インダスツリー・クラフツ
社会的フランチャイズのための国際センター
ジェームズ・アーヴァイン財団
ジョン・D・アンド・キャサリン・T・マッカーサー財団
カブーム
カリシンビ・ビジネスパートナーズ
キーストーン・アカウンタビリティ
キアワ・トラスト
KLフェリシタス財団
レガシー・ベンチャー
リクイドネット・フォー・グッド
マジック・バス
マーケッツ・フォー・グッド
マーシー・コー
MSCI
ムラゴ財団
ナラヤナ・フルダヤラヤ病院
ナロタム・セクサリア財団
ニュー・フィランソロピー・キャピタル
ナイキ
日産
オミダイア・ネットワーク
オックスフォード貧困および人材開発イニシアティブ
パシフィック・コミュニティ・ベンチャーズ
PATH
パーシング・スクエア慈善財団
プラン・インターナショナル
プラサム
プロクター・アンド・ギャンブル
ロバート・ウッド・ジョンソン財団
ロバーツ・エンタープライズ開発ファンド（REDF）
ロビン・フッド財団
ロックフェラー財団
シュージョグ
シナピ・アパ・トラスト
サー・ドラブジ・タタ・トラスト
スコール財団
ソーシャル・ファイナンス
スプリングヒル・エクイティ・パートナーズ
スワデーシュ財団
ヴィレッジリーチ
ワシントン州公共政策研究所

# イントロダクション

あなたは、英雄の旅に出ようとしている。自分が持てるもっとも貴重な財産――時間、金、知識――を投資して、人助けをしようと決めたのだ。ただ黙って何もせずに見ていることに満足せず、あなたは貧困や健康、気候変動、治安など、世界でもっとも難しい問題のいくつかに取り組む活動に参加することにした。非常に分が悪いことはわかっている。社会的・環境的問題は開発途上国でも先進国でも深刻で、それらに対処するために使えるリソースはまったくもって不十分だ。こうした問題への対処を支援する機関である政府やNGO、一般企業は、深刻な社会問題を根絶するという有意義かつ持続的な前進のために必要な量のリソースを提供することなど到底できないか、あるいはその意思がない。

それでも、あなたは諦めない。あらゆる困難をものともせず、あなたは自分にとって大きな意味を持つ解決したい社会的課題のために全身全霊で取り組み、惜しみなく投資し、その贈り物が変化を起こし、世界を変えるのだと信じて活動を続ける。そう、世界は変えられるのだ。

本書は、その旅路の道案内となる一冊だ。限られたリソースを有意義な投資に変え、それが社会

に大きな改善をもたらすはずだ。あなたのような人々が持てるリソースで可能な限り最大の有意義なインパクトを生み出す手助けをするために、本書は書かれた。

民間非営利組織（Nonprofit Organization）の数はアメリカだけでも100万を超え、世界中には何百万という組織が存在する。その数と幅広さ、奥深さはここ数年劇的に伸びており、これからも伸び続けるだろう。社会的企業とインパクト投資の分野でも、急激な成長が見られつつある。社会的投資が流れこむなか、その投資がインパクトを確実に生み出せるようにする方法を見つけることが重要だ。インパクト投資業界は政府や民間非営利組織の投資から得られた数十年分の教訓に学ぶことができる。投資が目指すインパクトを生み出す道筋に沿っていることを確認するためには、現場での調査と継続的な評価の両方が必要だ。

一般の営利企業も、インパクトの理解と管理に対する関心を強めている。社会問題はもはや利益より後回しにされる問題ではなく、企業は費用対効果分析の対象にはならない問題、たとえば児童労働の回避など、数多くの課題を抱えている。今では世界トップクラスの企業のほとんどが社会的インパクトを定期的にモニタリングし、持続可能性についての年次報告書を作成している。インドは最近、大企業が利益の2％を社会的課題解決のために割くか、それができないならその理由を公表することを求める法律を可決した。

だが、組織の増加と関係者全員の善意を当てにするだけでは、物事はうまくいかない。組織は自分たちが変化を起こせているかどうかを知る能力を身につけ、時の経過とともにもっとうまくやれる

| 不愉快なサプライズ | チャンス |
|---|---|
| 実績測定に関する組織の能力が不足している | 明確な社会的インパクト戦略と行動計画に対する要望 |
| 高度な社会的インパクト測定システムを構築するためのインセンティブや市場規律が不足している | 測定システムの構築とそのために必要なリソースの増強に対する圧力 |
| 真剣かつ高額な投資が社会事業部門に不足している | リソースをインパクト市場に引き寄せるための新たなビジネスモデルや投資モデル |
| 実績測定への注力が、組織的インパクトのごくわずかな一部に過ぎない場合が多い | 社会的インパクトに関するデータのための統合されたインパクトモデルや市場の開発 |

表1　サプライズとチャンス

ように賢い投資をする方法を学ばなければならないのだ。

社会的利益を生み出そうと努力する組織や業界とともに活動するなかで、私たちは投資家や組織が社会的変化を起こそうとする際に直面する困難に幾度となく驚かされた。

この不愉快なサプライズは、組織やソーシャルセクター自身が正のインパクトを生み出す努力の過程で直面する障害に関係している。だが表1に示したように、サプライズが一つあるごとに、それを乗り越えて能力を向上させていけるチャンスが生まれるのもまた事実だ。

本書は、社会的変化に真剣に取り組み、もっとも効果的な方法でリソースを活用したいと願う人々のために書かれている。本書には多種多様なツールや技術が詰めこまれているが、中心となるメッセージは単純なものだ。インパクトを起こすために必要なのは以下2点だ。

● 自分にとって成功が何を意味するのかを定義する
● それを達成したときにどうやってそのことを知るのかを考える

| アウトプットに基づく目標 | インパクトに基づく目標 |
|---|---|
| 1万人のホームレスに食事を提供したい | 飢餓を5%削減したい |
| 100万個の防虫処理済みの蚊帳を配布したい | マラリアを5,000例削減したい |
| 1万世帯を、薪の調理からガス調理へと切り替えさせたい | 二酸化炭素の排出量を50%削減したい |
| 500人の小学生に読み書きを教えたい | 村の識字率を10%向上させたい |

表2　アウトプットに基づく目標とインパクトに基づく目標の比較

　この重要事項を決めてしまえば、現状を評価して能力を向上させるための変化を起こすのはずっと簡単になる。投資家やサービス提供者の多くが、生み出しているインパクトについて誤解するという罪を犯している。彼らは善意が有意義な活動に結びつくものだと決めつけ、活動の量と結果の質を混同し、重要な判断を証拠ではなく直感に基づいておこなうことでその間違いを犯しているのだ。読者の中にも、そうした習慣を持つ人がいるかもしれない。であれば、本書はそれを克服するための貴重なツールを提供できる。

　よく見られるのが、生み出されるインパクトではなく、組織が生み出すものによって成功を定義するという間違いだ。**表2**は組織のアウトプット（事業が生み出す直接的結果）に基づく目標の例と、そのアウトプットが生み出すインパクトに基づく目標の例とを比較したものだ。あまり違いはないように思えるかもしれないが、インパクトに意識を集中させるのは重要だ。行動は必ずしも期待通りの結果を生むわけではなく、直感は必ずしも正しいとは限らず、そして

インパクトを理解しなければそれを改善することは難しいからだ。

人間は、誤るものだ。人が見聞きするものはその人が何を信じているかによって大きく左右されることは、心理学的研究によってこれまでに幾度となく証明されてきた。経済が回復しつつあると信じるか、悪化しつつあると信じるかは、今自分に仕事があるかどうかによって左右されるかもしれない。学校制度が良いか悪いかは、自分の子どもの学習程度によって影響されるかもしれない。そして組織が提供する無料の食事が飢餓を削減していると思うかどうかは、以前食事を提供したときに心のこもった感謝の言葉をかけられたかどうかによって左右されるかもしれないのだ。

本書は、あなたにとって一番重要なインパクトを明確にする手助けをするものだ。そして、そのインパクトを測定して改善していくための手法を提供する。地球温暖化への対策や貧困撲滅のように、測定が難しかったり特定の投資や組織の取り組みが原因だと言い切るのが難しかったりする長期的なインパクトであっても、潜在的貢献と実際の貢献を評価する方法はある。実際、本書の目的は読者を「ランダミスタ」（事業の結果がインパクトを生み出せているかどうかを指す業界用語）に仕立てようとしているわけではない。それらの手法も特定の状況下では有益だろうが、ロジックやその他の知的ツール、証拠などを使ってインパクトを評価し、実証する方法はいくつもあるのだ。

本書の構造は、「社会的インパクト創造サイクル」に基づいている。これは、インパクトの創造と改善にもっとも必要と考える手順を説明するため、私たちが考案したものだ。このサイクルについては第1章で紹介したのち、本書を通じて詳しく解説していく。このサイクルは、社会的インパ

クトを最大化しようと努力する企業や民間非営利組織、投資家らが直面する5つのもっとも根本的な質問をもとにしている。

① 何を投資するのか？
② どの問題に取り組むのか？
③ どのような手順を踏むのか？
④ 成功はどのように測定するのか？
⑤ インパクトを大きくするにはどうすればいいのか？

これらの質問に答えるためにフレームワークを構築し、組織の成功例を紹介する短いケーススタディを掲載し、行動指針を提供した。さらに、本書の付録となるオンラインの手引き「社会的インパクト自己評価ツール」も開発した。このツールは右の5つの質問に答え、社会的インパクト創造の旅における現状を評価する手助けをしてくれるものだ。この自己評価ツールに関する詳細は、287ページを参照していただきたい。本書は5部に分かれている。それぞれの内容は以下のとおりだ。

## 第1部　何を投資するのか？

第1章「社会的インパクト創造サイクル」では社会的インパクト創造サイクルを紹介し、それが

社会的インパクトを定義し、測定し、改善していくために投資家や寄付者の意思決定を左右する複雑に絡み合う動機を探求し、投資家がインパクト創造のために貢献できるリソースについて説明している。

## 第2部 どの問題に取り組むのか？

第3章「問題を理解する」では投資家が解決したい社会的課題を選ぶ方法について考え、その取り組み方や対象とするべき人々や地域について触れる。

第4章「投資の選択肢を理解する」では投資の構造と対象決定に際しての選択肢を検討し、積極的なかかわり方から消極的なかかわり方まで、投資家が投資先の組織で果たすさまざまな役割について説明する。

## 第3部 どのような手順を踏むのか？

第5章「社会的インパクトがどのように生み出されるのか」では組織が製品やサービスを通じて、業務を通じて、そして投資を通じて、正あるいは負の社会的インパクトを生み出す、基本的な道筋をまとめている。

第6章「行動をインパクトにつなげる」では、インパクト創造の計画と指針の基本的な材料である、ミッション、戦略、セオリー・オブ・チェンジ（社会変革理論）、そしてロジックモデルについ

て説明している。

## 第4部　成功はどのように測定するのか？

第7章「測定の基本」では実績全般、特に社会的インパクトの測定に伴う基本的な技術的・行動的概念について触れる。

第8章「測定手法」ではインパクト測定の基本的な手法を列挙し、主だった組織が使用しているツールの例を紹介する。

第9章「インパクトを測定する」では第6章で触れたインパクト計画と第7章・第8章で触れた測定基盤をさらに掘り下げ、組織が社会的インパクトを測定・報告するための手引きを示す。

## 第5部　インパクトを大きくするにはどうすればいいのか？

第10章「社会的インパクト測定の成熟度」では5段階の成熟度モデルを使って既存のインパクト測定システムの質を評価し、より効果的なシステム開発の指針を示す。

第11章「インパクトを大きくする」ではイノベーションや組織の規模拡大（スケーリング）、業界や分野全体で知識とリソースを共有することによってインパクトを増大させる方法を検討する。

第12章「行動への呼びかけ」は「社会的インパクト創造サイクル」の慎重な活用を通じて、社会的インパクトを劇的に大きくする大きなチャンスをまとめている。

「社会的インパクト創造サイクル」と本書の各章には、この分野で私たちが数多くの仕事から得た経験、関連する多くの分野に関する出版物の広範な検証、そして社会的インパクトの測定について実施した大規模な現地調査プロジェクトの調査結果が組み入れられている。

現地調査についてはアメリカとイギリス、インドへの現地訪問や数十人のリーダーたちへの取材が含まれる。プロジェクトについては投資家と被投資家の両方を対象とし、政府機関や非政府組織、社会事業、企業の持続可能性における自組織の製品やサービスやサプライチェーンが生み出すインパクトに関心を持つ企業経営者たちに取材をおこなった。ほかにも大小さまざまの公共財団や企業財団、個人による私立財団のリーダーたちにも話を聞いた。中には十分に発達したモニタリングおよび評価部門を持つ組織もあったし、そのような部門を作るべく苦労している組織もあった。そうした組織のすべてが、社会的インパクトを特定し、定義し、測定し、改善するもっと良い指針を与えてくれる本の必要性を訴えていた。測定のプロと言われる組織でさえもだ。

本書には、これらの組織との共同作業のなかで生まれた本書独自の新しい課題や議論が含まれている。私たちには大学とのつながりがあるため、有意義な見識を得られるというメリットもあった。特定の支援者や支援対象者に焦点を当てる代わりに、本書ではさまざまな国の現場で活動する組織と協働するべく、何度も現地に赴くこともできた。さらに、大学での経験のおかげで過去の学術的・経営的研究を徹底的に活用することもできた。

本書は大小にかかわらず、社会的インパクトの測定を改善するという難題に立ち向かう構えができていない組織も、社会的インパクトの測定があまりできていなかった組織も、社会的インパクトの測定があまりできていなかった組織も、社会的インパクトの測定があまりできていなかった組織にふさわしい本だ。社会的インパクトの測定があまりできていなかった組織も、社会的イン

パクトを大きくするために測定が重要であることを理解している強力なリーダーシップを持つ組織も同様だ。序文には、取材をおこなった数多くの組織を一覧に記した。さらに、次のページに記した組織は研究・調査の対象としたものだ。

財団やNGO、企業、政府機関、社会的投資企業で活動する個人も、実践的なより良い指針を必要としている。開発途上国、先進国いずれのプログラム管理者も、その他のスタッフも、インパクトを大きくするために業務を改善する際には指針が必要だ。受益者や不干渉型の寄付者でさえ、社会的インパクトについてももっと徹底的に考えることで得るものはある。「社会的インパクト創造サイクル」の手順に従えば、投資家も組織もより厳密に成功を定義し、行動と目指すインパクトとの因果関係を理解して実際のインパクトを測定し、増幅させることができるようになるのだ。

この10年、無駄になった資金や「無駄な援助」についての話が繰り返し聞かれてきた。その結論は多くの場合、社会的関心になど一切参加しないほうがましで、市場の力に任せるべきだというものだ。だが環境や社会の問題はなくなるわけではなく、世界は非営利組織や企業、社会的投資家のリソースに加えて社会的関心を持つ組織の専門知識を今まで以上に必要としている。こうしたリソースはもっとも賢く、もっともインパクトの大きな形で、しかも今すぐに活用されなければならない。さあ、社会的インパクトの旅に出よう。

アメリカン・エキスプレス
全米慈善活動研究所
アニー・E・ケイシー財団
アショカ
AT&T
バンク・オブ・アメリカ
ランラン学習能力開発センター
ベストバイ
ベター・ビジネス・ビューロー
ベティ・フォード・センター
ビッグ・ソサエティ・キャピタル
カルバート・インベストメンツ
キャンベル・スープ財団
CAREインターナショナル
チャリティ・ナビゲーター
チルドレンズ・エイド・ソサエティ
クリサリス
コカ・コーラ株式会社
コード・フォー・アメリカ
コネクテッド・バイ・25
家庭内暴力に抵抗する協調的行動
クリエイティブ・コモンズ
ダナ・ファーバー癌研究所
薬物乱用予防教育 (D. A. R. E.)
ドミニ・ソーシャル・インベストメンツ
エンデヴァー
エクソン・モービル
フードサイクル
ファウンデーション・センター
ギル財団
ガールスカウト
ギブウェル
グローバルインパクト投資ネットワーク
ゴールドマン・サックス
草の根事業基金
グリーンエクスチェンジ
ガイドスター
ハビタット・フォー・ヒューマニティ
HLLライフケア
ホープ・コンサルティング
ヒューストン・フードバンク
インテレキャップ
国際労働機関
ユダヤ職業サービス

ジョン・S・アンド・ジェームズ・L・ナイト財団
JPモルガン・チェース
キックスターター
キッズ・ウィッシュ・ネットワーク
韓国退役軍人国立博物館および図書館
クレスゲ財団
ローラ・アンド・ジョン・アーノルド財団
法執行教育プログラム
ライフスプリング病院
ロックス・オブ・ラブ
マイヤー・メモリアル・トラスト
飲酒運転に反対する母親の会
ナヤ・ジーヴァン
ニューモント・ガーナ・ゴールド・リミテッド
オッド・セキュリティーズ
パタゴニア
プーマ
レイジング・マラウィ
ルート・キャピタル
ロイヤル・バンク・オブ・スコットランド
ソーシャル・インパクト・エクスチェンジ
セント・アンドリュー・ソサエティ
サンライト財団
タージ・ホテルズ・リゾーツ＆パレス
ジム・グループ
ティッピング・ポイント・コミュニティ
トムズ・シューズ
トライアングル・コンサルティング・ソーシャル・エンタープライズ
トリオドス銀行
英国法務省
ユニリーバ・インドネシア
国連児童基金 (UNICEF)
アメリカ合衆国国際開発庁 (USAID)
アメリカ合衆国保健福祉省
アメリカ合衆国会計検査院
アメリカ国家免税団体分類
ベンチャー・フィランソロピー・パートナーズ
ベスタガード・フランゼン
ビジョン・スプリング
ウォルマート
ウェルカム・トラスト
ウェルズ・ファーゴ
世界自然保護基金 (WWF)

# 第1部
# 何を投資するのか？

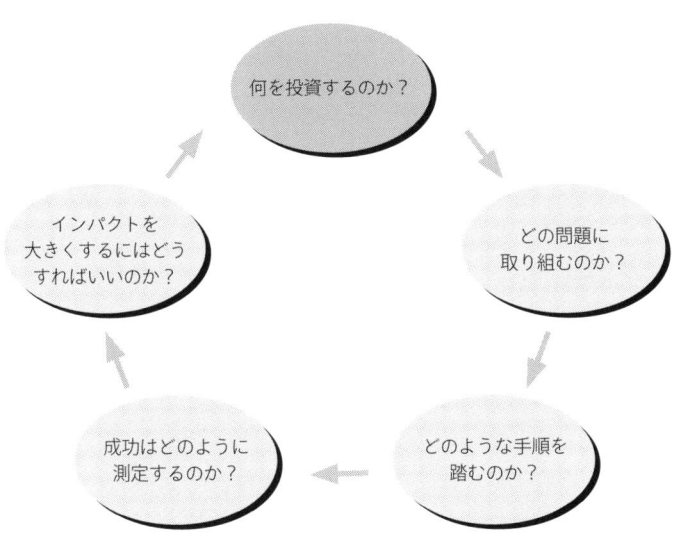

# 第1章　社会的インパクト創造サイクル

どのような非営利団体でも、どのような企業でも、どのような投資家でも、社会的インパクトを生み出すものだ。本書を読んでいるなら、読者のあなたも、社会的変化に貢献するためにインパクトを高める方法を探している一人だろう。社会的インパクトに投資すると決断した時点で、あなたはあなたにしか経験できない旅に出ようとしている。異なる人や組織が、同じ場所から旅をスタートさせたり同じ場所に到達したりすることはない（その理由はのちほど説明する）。本書は、初期投資から目標とする変化に到達するまでの複雑な迷路の中で、読者を導いてくれる旅の案内役だ。

本書は、サイクルという概念を中心に据えている。このサイクルは、投資からインパクトに至る旅路のあらゆる段階で、十分な情報を基に熟考された選択をおこなうことで最大限の社会的インパクトを与えられるよう、手助けしてくれるものだ。次の段階に進む際に、どういった要素について考えるべきかは順番に説明していく。社会的インパクトへの投資が初めてであれ、あなたが下す選択は必ず、インパクトをもっとも効果的に生み出すにはどうやってきたのであれ、あなたが下す選択は必ず、インパクトをもっとも効果的に生み出すにはどうすればいいかという合理的な考えと、どのインパクトにもっとも価値があるかという感情との両方

「社会的インパクト創造サイクル」（Social Impact Creation Cycle）は、重要だと考えられるインパクトを生み出すための計画立案とその実行をしやすくするよう、そして途中で負の影響を極力生み出さないように設計されている。投資家、篤志家、またはボランティアなら、このサイクルは投資先の組織が目標とするインパクトについて理解し、目標を達成できるよう手助けしてくれるものだとわかるだろう。企業や非営利団体なら、このサイクルに沿って活動すれば、なによりも貴重なリソースを引き寄せて、もっとも効果的に使えるはずだ。利用者が誰であれ、このサイクルを使えば、社会への投資がどうやって社会的変化につながるかという全体像が理解できるだろう。

どのような組織でも、社会的インパクトという目標を設定し、達成するのは簡単ではない。慈善組織なら、対象とするコミュニティに最大限の恩恵を与えられるのがどのようなインパクト投資または寄付なのかを判断し、リソース配分にあたって難しい判断を迫られる。財団なら、営利目的の酪農場に投資すべきか、非営利の小学校に投資すべきか、社会的企業（Social Enterprise）の医療プログラムに投資すべきか悩むかもしれない。政府系基金または政府系機関なら、事業の対象とする最低条件を、もっとも助けを必要としている国民に合わせて最適化しようと考えるかもしれない。医療のような分野に投資することに決めたとしても、次はその投資がマラリア撲滅に向けられるべきか、HIV／エイズに向けられるべきかという判断が必要になる。財団は新たな研究を促進するべきか、それとも開発済みの治療法をもっと普及させるべきか？ 投資先はアフリカか、アメリカ

か？　個人が社会的投資をしようとする場合も、同じ葛藤に直面する。選択肢はあまりにも多く、そして難しいものだ。

企業は労働慣行、環境に対する責任、コミュニティにおける活動などに関連する選択肢に出会うたび、持続可能性（サステナビリティ）と財務実績との間でバランスを取らなければならなくなる。そして、こうした企業の活動における社会的インパクトの特定と測定は、経営判断に重大な影響を与える場合が多い。そのうえやっかいなことに、どの部門が測定をおこなうかによってその方法が異なる場合が多い。財務的な成果の予測と測定は当たり前におこなわれているのに、社会的インパクトの測定は難しすぎると感じる組織がほとんどだ。ある調査では、より慎重かつ完璧な社会的インパクトも生むことができる社会的企業などの組織を見極めようとするなかで、困難に直面する。社会的インパクトが活動の第一目標であるにもかかわらず、それをどうやって測定し、改善すればいいかをよくわかっていない組織や個人が多い。

インパクト投資業界という成長分野にいる個人もまた、財務的な利益目標を達成しながら社会的インパクトも生むことができる社会的企業などの組織を見極めようとするなかで、困難に直面する。社会的インパクトが活動の第一目標であるにもかかわらず、それをどうやって測定し、改善すればいいかをよくわかっていない組織や個人が多い。財務的な成果の予測と測定は当たり前におこなわれているのに、社会的インパクトの測定は難しすぎると感じる組織がほとんどだ。ある調査では、より慎重かつ完璧な社会的インパクトの測定に対するニーズはますます高まっている。ある調査では、より慎重かつ完璧な社会的インパクトの測定が重要だと回答し、出資者の70％以上が、ファンドマネジャーの80％以上が、実績評価に関する情報が十分に得られていないと考えていることがわかった。社会的インパクトはいまやNGOの進捗報

34

告書や財団の年次報告書、支援者や投資家などへの外部向け報告書だけでなく、企業の年次報告書や持続可能性報告書でも議論されるようになってきている。

だが、組織が正式に社会的インパクトを評価したとしても、必ずしもきちんとできているとは限らない。世界でもっとも名高い開発系銀行の一つである米州開発銀行でさえ、実行中のプロジェクトのうち受益者に関するデータを収集しているのは全体の6分の1以下であり、第三者への影響についてのデータがあるのはわずか3％に過ぎないと報告したことがある。[3] だがこれらのデータは、プロジェクトの社会的インパクトを評価するためには欠かせないものなのだ。

プロジェクトの社会的インパクトを評価するためには、組織はもっと学ぶべきだ。最大限の社会的インパクトを生み出すことができたかを見極めるモニタリングと評価の方法についても、もっと理解する必要がある。

社会的インパクトについての情報を収集し、分析する体系的なプロセスは整っていないことが多い。民間非営利組織はよく、実績を評価する際に財務的効率を指標に用いる。実際にはプログラムや組織のインパクト度を測定するべきなのに、その情報をどうやって入手できるかがわからないからだ。企業や財団も、同じような悩みを抱えている。皆、さまざまなプロジェクトに関する企業や財団からの情報を、完全には把握していない。

実績に関する情報を求める内外からの要求に加えて、どれだけのインパクトを生み出すことができたかを見極めるモニタリングと評価の方法についても、もっと理解する必要がある。

このような測定のばらつきを解決するために求められるのが、プロジェクトの社会的インパクトをもっと幅広く評価する必要がある。そこで求められるのが、全体像を捉える強力なツールだ。「社会的インパクト創造サイクル」は、プロジェクトやプログラムや組織が生み出す社会的インパクトをより深く

理解し、多くの問題に対処できるよう手助けしてくれる包括的なツールだ。「社会的インパクト創造サイクル」について詳しく見る前に、本書で使用する用語の実用的定義を定めておいたほうがいいだろう。これらの用語にはまだ一般的な定義が定まっていないが、どういうときに使われるかを知っておけば、本書を読む際に役立つはずだ。

**社会的インパクト**（Social Impact）とは、活動や投資によって生み出される社会的・環境的変化を指す。社会的インパクトが対象とするのは平等、生活、健康、栄養、貧困、安全、正義といった問題だ。環境的インパクトには環境保護、エネルギー利用、ゴミ、環境衛生、資源の枯渇、気候変動などが含まれる。「社会的インパクト」という言葉が本書で使われるときは、投資によって生じる社会的変化と環境的変化の両方（正のインパクトも負のインパクトも、意図的なものもそうでないものも）を指している。

**投資**（Investment）にはさまざまな形がある。時間や専門知識、物理的資産、ネットワーク、評判、投資などの形をとる。本書では、資金やその他のリソースの活用も社会的投資に含まれる。寄付や融資、社会的リターンを期待する投資などの形をとる。本書では、資金やその他のリソースを寄付または投資した者を、投資家と呼ぶ。社会的インパクトを生み出したり社会目的をもって活動したりする組織のために有償・無償で働いている者も、やはり投資家だ。

**社会的組織**（Social Purpose Organization）とは、正の社会的インパクトを生み出すことを唯一の、あるいは一部の目的とする組織だ。これらの組織には民間非営利組織、財団、社会的企業、社会的

## 社会的インパクトの測定

**社会的インパクトの測定**（Social Impact Measurement）は、活動の結果生じる社会的インパクトの変化を特定するためのものだ。ほとんどの組織が、アウトプットを測定している（たとえば食事を何食提供したとか、雇用をどれだけ生み出したなど）。社会的インパクトの測定は、こうした成果が最終的に個人や環境にどれほど影響を与えたかを評価する（たとえば生活の質の向上や、保護できた生物種など）。

**ロジックモデル**（Logic Model）とは、投資されたリソースが、望ましい社会的・環境的インパクトを生み出すまでに、論理的にどのような順序をたどるかを表す。組織はロジックモデルを使ってこの順序を追っていき、リソースを投資する前に活動がちゃんと組み立てられていることを確認する。

本書は、リソースが貴重で限られており、そのリソースを使って最大限の社会的インパクトを生み出すことを目指すという前提で話を進めている。本書で紹介する考え方や取り組み方は、どのようなインパクトを生み出したいか、そのインパクトを生み出すためにはどのように貢献するのが一番良いかをより深く理解できるようにしてくれるだろう。

## 社会的インパクトの創造と測定

本書は、**図1**に示した「社会的インパクト創造サイクル」を中心に編成した。このサイクルは、

以下の5つの質問を中心に構築されている。

❶ 何を投資するのか？
❷ どの問題に取り組むのか？
❸ どのような手順を踏むのか？
❹ 成功はどのように測定するのか？
❺ インパクトを大きくするにはどうすればいいのか？

これらは、最大限の社会的インパクトを生み出すためにどのように組織の活動を推進し、資金を拠出し、運営するかについての中核を成す質問だ。このサイクルは個人であれ、財団であれ、企業であれ、投資家であれ、すべての資金提供者に適用できる。また、受益者に対してサービスを提供したり、支援したり、活動したりする組織にも適用できる。支援者や投資家は自分の人的、物的、金銭的リソースが社会的インパクトを生み出すためにはどう使われるのがベストか、どの問題が優先されるべきかに焦点を当てることができるし、NGOの運営者やその他のサービス提供者は目の前の社会問題にどう取り組めばいいか、どうすれば最大限の社会的インパクトを得られるかに焦点を当てられる。営利企業は、対象となる顧客や利害関係者にどのようなインパクトが生まれるか、それをどのように管理すればいいかに焦点を当てられる。こうした問題はどれも、社会的インパクトとそれが生み出されるプロセスに関心を持つ者が検討して損のない、非常に重要な

## 第1章 社会的インパクト創造サイクル

[図：5つの楕円が循環する図]
- 何を投資するのか？
- どの問題に取り組むのか？
- どのような手順を踏むのか？
- 成功はどのように測定するのか？
- インパクトを大きくするにはどうすればいいのか？

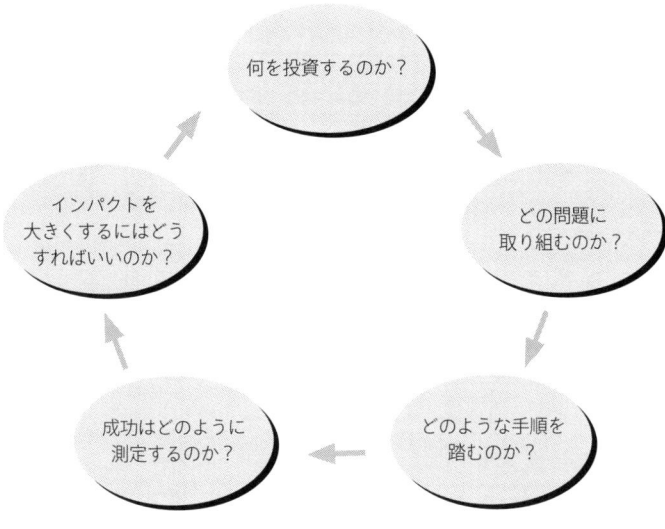

図1　社会的インパクト創造サイクル

そして誰でも、ほかの人々の関心事や問題をもっと深く理解すれば学べることがある。投資側は投資先の組織の関心事や運営方法を理解すればもっとうまく投資できるようになるだろうし、運営側は投資家のニーズや関心事を理解すればもっとうまく活動できるようになるはずだ。

なぜ投資家のリソースや関心事、あるいは社会的インパクトの測定が、それを利用する個人や組織の価値観とは切り離せないのかという議論はほとんどない。また、広く知られているがあまり測定されないのが、成功事例やイノベーションの共有によって生まれたインパクト、目標に向かって連携したことで生まれたインパクトだ。効果的な意思決定にとって重要な点であるにもかかわらずこれまできちんと説明されてこなかったこうした課題について、本書ではしっかりと取り上げる。

**第一段階　何を投資するのか？**——この最初の段階では、まず投資目標について考える。なぜ投資をするのか？　この投資によって何を達成したいと思っているのか？　社会的リターンだけが目的なのか、それとも金銭的リターンも求めたいのか？　関係強化やブランド構築、受けた利益を還元するなど、ほかにも目標があるのか？　また、社会的変化のためにどのリソースを投資してもいいかについても考える必要がある。時間を投資するのか、資金か、専門知識か、ネットワークか？

**第二段階　どの問題に取り組むのか？**——次に、どのような問題に取り組みたいのか、それとも複数の問題に取り組みたいのかを決める。自分にとって、もっとも重要な社会的・環境的課題がなんなのかを考える。さらに、用いる手段は調査なのか、サービスの提供なのか、権利を求める活動なのか、生態系の保護なのかなど、介入方法についても決める必要がある。そして投資したいのは社会的企業なのか、非営利団体なのか、企業なのか、どのような組織なのかを決定し、その組織に対する投資はベンチャー投資でおこなうのか、株式か、融資か、無償かを決める。ほかにも、投資先の組織における自分の役割も決める必要がある。外部オブザーバーになるのか、それとも運営やガバナンスに直接携わりたいのか？

**第三段階　どのような手順を踏むのか？**——目標が定まったら、求める変化を生み出すための計

第1章 社会的インパクト創造サイクル

画を立てる。社会的インパクトは組織のミッションや文化に由来するものであり、その組織が提供する製品やサービス、活動、あるいはパッシブ投資〔訳注／詳しくは第5章参照〕によって生み出されるものだ。自分の投資によって社会的インパクトを生み出すさまざまな方法を検討する必要がある。目標とする社会的インパクトを得るために、まずはどのような行動がそのインパクトを生み出せるかについての仮説を立てる。次に、組織の行動や成果がどのようにして利害関係者や環境に正のインパクトを与えるべきかを正確に示すロジックモデルまたはアウトプットの連鎖（リザルトチェーン）を構築する。そして最後に利害関係者を特定し、組織が彼らに与えるインパクトを推測する。その際、予定している介入方法が受益者にとって有益であり、かつ望まれていることを特に注意して確認するべきだ。

**第四段階　成功はどのように測定するのか？**──成果の測定と管理システムがあれば、投資がどのように社会的変化を生み出しているかが目で見えるようになる。ここでは、測定の目的を考える必要がある。目標を知らしめるために、あるいは投資家の要求に応えるために行動がどれほど効果的だったかを知りたいのか？　そのためには、求めている指標が得られる測定システムを選ぶ必要がある。調査なのか、分析なのか、実験なのか？　それらを決定してから、実績データを収集し、活用できるようにする実績測定システムを構築するための計画を立てるのだ。

**第五段階　インパクトを大きくするにはどうすればいいのか？**──このステップでは、実績測定

システムの特質を評価することになる。集めた指標、達成した目標、それらと戦略との関係性などを評価し、インパクトをさらに高めるためにシステムを改善するのだ。最後に、組織とそのインパクトを高めていくための戦略を検討する。その戦略にはイノベーションの源や規模拡大に必要なもの、自分の組織の枠を超えてインパクトを広げていくための連携や能力共有の機会などが含まれる。

図1の「社会的インパクト創造サイクル」のそれぞれの要素は矢印でつながっており、最後の要素から最初の要素へも矢印が伸びている。この矢印は、サイクルの中の段階を一つひとつ進んでいくのが一回限りのプロセスではなく、行動を修正して成果を改善するためにサイクルを繰り返すなかで、それぞれの質問にまた立ち返るという意味だ。

## 説明責任の必要性

政府が社会的・環境的問題に対処するために必要なリソースをすべて提供することは、日々難しくなっている。そのため非政府サービス組織や財団、インパクト投資家、民間企業がその役割を担うことが多くなってきた。こうした組織に寄付や投資をおこなう者は当然、投資したリソースの使い道についての説明を求める。満たされていないニーズが多い受益者やコミュニティもしかりだ。さらに、政府がこうした投資に税制優遇を与えるのなら、最大限の社会的インパクトが得られるようにその投資を賢く使うべきだという要求が出るのも当然のことだろう。

どのような財団、NGO、インパクト投資家であれ、もっとも重要な活動の一つが、求められる成果がどんなもので、それを現実的に達成するためにはどうすればいいかを熟考することだ。思ったほどの効果が得られなかった活動にありがちなのが、組織が成功を十分明確に定義しておらず、成功へとつながるロジックモデルをしっかりと構築していなかったという事態だ。あまりに多くの場合、ロジックモデルに空いた大きな穴と、目標とする社会的インパクトにつながるはずの行動を裏付ける根拠の少なさという2点が見受けられる。これらのロジックモデルは経験的証拠か明白な論理、あるいはその両方によって裏付けられているべきものだ。だがそのどちらも存在しない場合があまりに多い。見てのとおり、「社会的インパクト創造サイクル」はロジックモデルを明確にし、それによって組織の説明能力を強化する効果を生む。

## インパクト測定ロードマップ

社会的インパクトの測定や増強が重要であることは一般的に理解されているものの、いざインパクト測定システムを実施するとなると当惑する人が多い。今は成果を効果的に測定・管理できているとしても、過去に見落としてきた部分を強化できる方法があるはずだ。インパクト測定ロードマップのそれぞれの段階を経ることでそうした方法を特定し、インパクトを最大化することができるようになる。

インパクトの測定は難しいプロセスになる場合が多いため、慎重な計画が必要だ。**図2**に簡単に

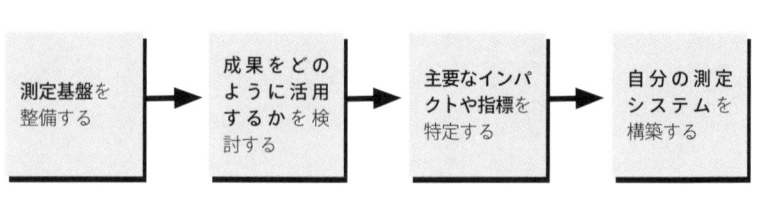

```
測定基盤を整備する → 成果をどのように活用するかを検討する → 主要なインパクトや指標を特定する → 自分の測定システムを構築する
```

図2　インパクト測定ロードマップ

まとめた「インパクト測定ロードマップ」(インパクト測定については第9章で詳しく説明する)には、4つの段階がある。第一の段階では、組織の行動によって生じることが期待されるインパクトやその他の正あるいは負のインパクトを定義し、それに基づいて測定の基盤を整備する。第二の段階では、測定の目的と、それがどのように使われるかを定める。その情報を基にして、第三の段階ではどの測定が自分のミッションと利害関係者にとってもっとも重要かを見定め、適切な指標を選ぶ。そして最後の段階では成果を収集し、分析し、報告し、インパクトを改善する行動に役立てるための実績測定システムを構築する。

正の社会的インパクトを生み出そうという明確な目標のもとに、毎年何十億ドルもがNGOや政府、財団によって消費されている。そしてさらに何十億ドルもが、同じように重要な社会的インパクトを目標とする営利企業などの組織によって消費されている。だがその資金の大半が、実際には無駄遣いされているだけだ。その一部はたしかに無駄や非効率が原因であり、排除されるべきだろう。だが、善意に基づいていても重要な社会的変化を生み出すことに失敗したために無駄になってしまった資金も多い。そのような失敗は、本書で投げかける5つの質問に十分注意を払えば、避けられるものだ。

予算や資金調達、効率も重要ではあるが、ソーシャルセクターの新たなボトムラインは社会的インパクトだ。社会的インパクトの定義や測定、改善をもっと慎重におこなえば、劇的な社会的・環境的変化が生み出せるはずだ。本書の「社会的インパクト創造サイクル」は、まさにそれを実践するための手引きとなるだろう。

> **行動指針**
> ❶「社会的インパクト創造サイクル」の5つの質問のうち、今の自分にとって一番大事なのがどれかを見極める。
> ❷ 現行の実績測定システムを、「インパクト測定ロードマップ」のそれぞれの段階を経るなかでどのように改善できるかを検討する。

# 第2章 投資家を理解する

何を投資するのか、そしてその投資からどのような社会的インパクトやその他のリターンを期待するのか? この2つこそ、投資家が社会的投資を検討する際におこなわなければならない最初の大きな決断だ。社会的インパクト創造サイクルの冒頭でこれらの問題について慎重に検討しておけば、投資の範囲と奥深さ、そして生み出すリターンを最大限に伸ばすことができる。

多くの組織が投資家へのリターンの重要性を認識しており、それを提供できる方法を考案してきた。たとえば、辺境地域の貧困層を支援する活動をしている組織の中には、提供されるリソースがどのように変化を生み出せるかを、直接投資家に見せているところがある。投資家がプロジェクト実施地域を訪問し、自分の投資で直接恩恵を受けた人々と話すことができるのだ。ガーナの《シナピ・アバ・トラスト》が貧困層の学校で収容人数を増やすための融資を始めたときも、寄付金の提供者やコンサルタント、ボランティア、事務局スタッフを現地に招待し、投資がどのように生かされているかを見せた。現地を訪問した人々の多くにとって、これは人生を変えるような体験だった。自分たちの投資によって子どもたちの人生が本当に大きく変わっていることを、新しい安全な教室

第2章　投資家を理解する

で明るく真剣に取り組む子どもたちの姿がはっきりと証明してくれたからだ。こうして投資家たちはこの現地訪問で忘れられない感動的な体験をし、わずかな投資でもできる善行についての考え方がそれまでとはがらりと変わったのだった。

インパクト投資の旅路を進むなかでつい見過ごされがちだが実は重要な要素が、投資の動機を理解するということだ。これこそ、意図に合った成果を確実に得るための第一歩だ。自分は何者なのか？　何を一番大事に思っているのか？　そして何を投資するのか？

この章では、これらの質問に答えるための基礎作りをしていこう。具体的な動機や活動内容、投資・再投資する対象を決める前に自分の動機の原動力となっているのが何かを理解しておけば、投資結果が本当の意味で投資目標を反映したものになるはずだ。目標を確認しておくことで、自らの具体的な価値観や関心に沿った、賢くてインパクトの強い投資をおこなう備えができる。こうした個人として、投資家としてのアイデンティティの本質に根ざしていることだからだ。

どこかの機関を代表して投資するのなら、動機を再確認することでその機関の社会的投資がミッション・ステートメントや組織文化に沿ったものかどうかがはっきりする。また、結果に驚かされることも少なくなるし、投資先の選択をやり直さなければならないということも減るだろう。投資選考のプロファイルの作成から始める投資プロセスを始める際にはビジョンを明確にするため、投資選考のプロファイルの作成から始めるといい。ただ惰性で投資したり、他人の影響を受けて投資したりするよりも、社会的投資が

## 何が社会的投資の動機となるのか？

2011年、アメリカのスーパーマーケットチェーンの《ウォルマート》は、その年の税引前利益の4％以上にあたる合計3億4200万ドルもの現金を社会的課題の解決のために寄付した。同社はさらにその倍以上に相当する6億1700万ドルぶんの現物寄付をおこない、2012年にはウォルマートとウォルマート財団で合わせて10億ドル以上を寄付している。ほかの企業も2011年には社会的課題の解決のために多額の寄付をおこなっており、《ゴールドマン・サックス》は3億3700万ドル、《エクソン》や《ウェルズ・ファーゴ》《シェブロン》《バンク・オブ・アメリカ》、《JPモルガン・チェース》も皆、2億ドル以上を寄付した。直接インパクト投資をしているようがいまいが、企業はますます、通常業務の過程で生み出される社会的・環境的インパクトに

自分にとってどんな意味を持つのかをまず明らかにするのだ。組織の綱領を見れば、インパクト投資の方向性や期待されるボトムラインを明確に定義すれば、特定の投資がもたらし得る成果の優先順位を定めることができ、特定のスキルや関心を活用して最大限の効果を生み出せる機会を見いだすことができる。なぜ投資をおこなうのかを理解すれば、どのようなリソースを提供してもいいのかがわかる。ここでのリソースとは、金銭的なものだけに限らない。経験やアドバイス、現場レベルでの参加も、社会的インパクトを生み出すことができるのだ。

第2章 投資家を理解する

注目するようになってきている。今では世界のトップ250の大企業のうち95％が、自社の生み出す社会的インパクトをトラッキングして公式に報告をおこなっている。社会的インパクト関連の投資が増え、そのインパクトをもっと可視化しようという意思が反映された結果だ。

個人からの寄付も、近年は同様に目覚ましい増加を見せている。《ギビング・プレッジ》は、世界中の有力な大富豪が100人以上も登録している活動だ。この活動には億万長者でマイクロソフトの共同創業者ビル・ゲイツ、フェイスブック創業者のマーク・ザッカーバーグ、ヘッジファンド会長でアメリカビジネス界の有力者T・ブーン・ピッケンズ、ルーカスフィルムの設立者であるジョージ・ルーカスらが名を連ねている。ギビング・プレッジとはどういうものか？ 世界でもっとも裕福かつ有力な人々が、財産の大部分を人道目的に寄付することを誓うキャンペーンだ。こうした人々の寄付も莫大だが、彼らがそれぞれ立ち上げている財団による寄付もまた莫大だ。1994年以降、《ビル＆メリンダ・ゲイツ財団》はマラリアや結核などの対策やアメリカ全土の教育プログラムのために、260億ドル以上の助成金を出している。

小額投資家も、惜しみなく寄付をおこなっている。アメリカでは、慈善目的の寄付金は全米で3000億ドル近くになり、その82％が個人によるものだった。合計すると、2011年の寄付金の3分の2以上が個人や一般家庭によるものだ。加えて、推定1007万もの人々がソーシャルセクターで働いており、2012年には6400万人のアメリカ人がボランティア活動をおこなった。政府機関も膨大な量のリソースを投資している（アメリカ合衆国経済分析局によれば米国経済の13.2％を占める）。では、あなたの投資は貴重な社会的インパクトを生み出せているだろうか？ 何を達成

しようとしているのかをはっきりと理解していなければ、それは到底わからない。投資の理由を熟考するのが、第一歩としてはふさわしいだろう。

## 価値観は投資の動機となる

組織や個人を寛大な気持ちにさせるのはなんだろう？ なぜ人々は財布の紐をゆるめ、苦労して稼いだ金を赤の他人にあげようという気になるのだろう？ 個人が社会的課題のために金を寄付する場合、その個人は大っぴらにであれひっそりとであれ、自分にとって何が大切で、どのような価値があるかを表明していることになる。そういう意味では、すべての社会的投資は価値観を動機としていると言える。与える行為によって、自らの信念を表明していることになるのだ。投資の形や規模、単独で行動しているのか組織を代表して活動しているのかにかかわらず、投資家の価値観は彼らがおこなう社会的投資の原動力だ。寄付や投資といった行為からその投資の成果やインパクトへと着目点を映した投資家にとっては、価値観はさらに重要なものになるのではないだろうか。

個人や組織は金や時間、その他のリソースを投資することで、何を達成しようとしているのだろうか？ そして、そのリターンとして何を期待しているのだろうか？ これらの質問への答えは、投資家の数だけある。ほとんどの場合、投資家はいくつもの目標を念頭に置いている。それらの目標をまとめた大目標が、社会的インパクトだ。社会的インパクトに対する関心と投資への気運は高まっており、多くの個人や組織にとって、正の社会的変化への貢献は最優先事項となっている。

本書では、「投資」という用語の意味を従来の金銭的投資からさらに広げ、投資家が求めるリターンの範囲や投資するリソースまで含めたいと思う。本書の読者として想定しているインパクト投資家は、投資に対する社会的リターンを求める。それは金銭的リターンに付随するものかもしれないし、まったく置き換えるものかもしれない。投資家は、自らの投資によってなんらかの社会的・環境的変化を期待する。社会的リターンへの取り組みから生まれるその他の見返りには、与えるという行為に対する誇りや投資するという行為に対する喜びなど、個人的な見返りも含まれる。

## 社会的投資の目標

社会的インパクトを与えることが投資家の唯一の動機であることはめったにない。目標達成に向けて投資を最大限に活用するためには、投資家にしても受益者にしても、目標をはっきりさせておくことが大事だ。たとえば、公衆衛生の分野で社会的変化を追求することをミッションに掲げている財団であれば、老化についての研究や介護士の訓練、高齢者向けサービスなどに投資をしているかもしれない。だがその同じ財団が、本部のある町で地元の芸術団体にも投資をしているかもしれない。さまざまなリターンについて考えることで、この一般的な習慣の意味がわかってくる。

投資に対するリターンは、ざっくり4つのカテゴリーに分けられる。アイデンティティのリターン、プロセスのリターン、金銭的リターン、そして社会的インパクトだ。**図3**には、それぞれのカテゴリーを特徴づけるリターンの例を記した。記載された例にはゆるやかに重複していたり相互に

関係していたりするものがあるが、中には特定の投資判断ゆえにほかの例よりも重要なリターンがあることに、投資家は気づくだろう。

投資家は人それぞれで、ほとんどの場合、複数の動機に基づいて活動している。その動機の特徴を形作るのは、動機の優先順位だ。たとえば、大学の諮問委員会への参加を依頼されたとしよう。そして、大学の影響力を高める手助けをしたいから引き受けることにする。だがよく考えてみたら、自分が学生時代に大学から多くを与えてもらったから大学に恩返しをしたいという、もっと重要な動機があるかもしれない。同様に、奉仕活動に参加する一番の理由が、コミュニティの有力者と一緒に活動して人脈を作るチャンスを手に入れたいからかもしれない。どこに投資・再投資するかを決める前にこうした目標について考えておくことで、投資が意図したとおりの結果を確実に出せるようにしやすくなる。

金銭的リターンはしっかりと理解されており、どのような個人や組織でも慎重に管理している。そして、社会的インパクトは本書の要だ。だがそれだけでは十分に説明しきれない個人的・心理的な理由からも投資をおこなう。投資家としての私たちは金銭的や社会的リターンの観点だけでは十分に説明しきれない個人的または組織のアイデンティティに直接的に、そしてしばしば個人的に返ってくるようなものだ。このリターンの中心には社会的変化を生み出し、またそこから生まれるような、与えたいという本能的欲求と心理的な利益がある。構造上、金銭的リターンの代わりに「ブランド戦略」（たとえば《ナイキ》の「Just Do It.」キャンペーンなど）のような マーケティング上の利益や、製品に大義を付与する（淡水源の保護と組織の水利用効率の向上を目的とし

**アイデンティティのリターン**とは、投資をおこなう個人または組織のアイデンティティに直接的に、そしてしばしば個人的に返ってくるようなものだ。

| アイデンティティのリターン<br>・助け合い<br>・満足感<br>・評判 | プロセスのリターン<br>・知識<br>・経験<br>・人脈 |
|---|---|
| 金銭的リターン<br>・利益<br>・価値の増加 | 社会的インパクト<br>・社会的<br>・環境的 |

図3　何が社会的投資の動機となるのか？

た《コカ・コーラ》と《世界自然保護基金》との連携）などの活動が含まれる場合もある。

**プロセスのリターン**は投資家と投資先との関係を反映し、その関係の結果として双方に生じる互恵的メリットを反映している。ここで反映されるのは投資の最終受益者が受ける直接的なインパクトよりもむしろ、活動に携わった組織間の連携や人脈などのメリットだ。**金銭的リターン**は時間の経過とともに増加するキャッシュフローや資産価値を指し、**社会的インパクト**は投資家が追い求める社会的・環境的変化を指す。[12]

## アイデンティティのリターン

アイデンティティのリターンとは、投資の結果として生じる個人的・心理的見返りを指す。投資の多くが、与えたいという衝動や、過去に受けた恩恵や利益に感謝して「恩返ししたい」という欲求または義務感からおこなわれるものだ。投資または寄付は、投資家のアイデンティティや個人的幸福に欠かせない利他的衝動に基づいておこなわれるかもしれ

ない。仲間やコミュニティからの評価も、投資家の寛大さに対する個人的見返りと言えるだろう。組織であれば、社会的投資に社名が伴うことで組織の評価やブランド価値を高められるかもしれない。このように、アイデンティティのリターンは大きく3つのカテゴリーに分けることができる。

● 助け合い――自分を幸せにしてくれたコミュニティへの恩返し、または自分に便益をもたらしてくれた特定の組織への恩義的感覚。

● 満足感――投資をおこなうことで得られる心理的便益。

● 評判――特定の社会的投資のために高まるコミュニティ内での評価またはブランド価値。

助け合い――多くの人にとって、社会的課題のために行動するということは、自分が享受した幸運や社会から受けた利益の恩返しをするという、義理や責任を果たすことと同義だ。愛する者が重い病気にかかった家族や友人は、自分たちが受けた支援に感謝して、同じ病気に苦しむほかの人々を助ける活動を支援するかもしれない。大学の卒業生が受けた教育に対する感謝を大学に示すかもしれないし、国外へ移住した人々の中には母国や移住元の国、あるいは移住先コミュニティの機関など、もっとも身近に感じるコミュニティに一番多くの寄付をする者もいる。稼いだ収入の一部を寄付することが習慣となっているコミュニティもあるし、ボランティア活動に時間の一部を割くことが当たり前とされる文化もある。また、与えるという行為に精神的な要素が含まれ、精神的なつながりや責任を表明し、強める手段となっている文化もある。寺院に多額の寄付をするインド人などがその

良い例で、アジアでは個人からの高額な寄付金の半分近くが宗教団体に贈られている。つまり、受益者への直接的な社会的恩恵に加えて、投資家は借りを返すことができる、あるいは受益者である組織やコミュニティの将来的利益となる形で恩を先送りすることができたという心理的便益も得ることができるのだ。

**満足感**——小切手を切るときの満足感、受益者の成功を知らせるメールを開封するときの喜び、投資のインパクトをその目で見たときに覚える感動など、投資家にとっての報いてくれるのが心理的便益だ。「温情供与(ウォーム・グロー)」と称されることもあるこの心理的満足感は投資そのものから生じる場合も、投資による成果から生じる場合もある。社会的インパクトが目標である一方、満足感は与えるという行為から直接もたらされる場合もあるし、達成された社会的インパクトからもたらされる二次的効果の場合もあるのだ。

**評判**——投資判断を下す人々は社会的・感情的な生き物だ。したがって、社会的投資に伴う個人的なインパクトも、投資家にとっては価値のあるものかもしれない。たとえば、ファンドレイジング(資金調達)活動への参加は、投資家が尊敬される存在になれたと感じられる活動だ。企業は、社会的課題解決に取り組むことで「ブランド価値」という莫大な便益が得られると信じている。解決したい社会的課題のために活動する企業はブランド認知度が高まったり、印象を良くすることができたりするかもしれない。著名な個人や組織は、評判の良い組織と一緒に活動することで、戦略的に

## プロセスのリターン

プロセスのリターンとは、プロジェクトに参加するプロセスから生まれる便益を指す。投資家の中には、その特定の活動が現地でどのようにおこなわれているかといった、新しい知識を学ぶ機会を恩恵と考える人もいる。あるいは、社会的インパクトを生み出そうとすることや、受益者との交流といった、投資行為そのものを恩恵と受け止める者もいる。また、社会的投資から新たな関係や人脈が生まれることもあるかもしれない。プロセスのリターンは、主に3つのカテゴリーに分けられる。

- ● 経験——投資の結果得られる技術や理解。
- ● 知識——組織や協働によって得られる情報や学び。

自らの評判を高める目的で投資する場合もあるかもしれない。前をつけたり公の場で認知されたりすることで、その後さまざまなルートで投資家と投資先の双方が利益を得られるような、評判という形の成果を得ることができるのだ。

社会的インパクト活動のさまざまな側面に付随する感情について事前に考えておけば、他者との関係を構築したり、投資から生じ得るさまざまな結果に付加価値をつけたりする際に役立つだろう。

## 第2章　投資家を理解する

● **人脈**——投資先との連携によって生まれるか強化される、個人的またはビジネス上の関係。

**知識**——投資先の活動に積極的に参加したり経過を追ったりする投資家は、その投資目的や分野についてさまざまな知識を獲得し、学びを向上させることができる。1つの状況で学んだことが別の状況に応用できるケースは多く、学びが概念的あるいは文脈的枠組みを超えたとき、イノベーションが生まれることもある。社会的課題解決を追い求める組織の多くに見られる取り組みと情熱の文化もまた、受益者にとっては見識を深められる重要な場となり得る。社会的組織は非常にリソースが限られていたり、リスクの高い流動的な環境で活動したりする場合が多いため、素早い学習能力やイノベーション、変革の能力を身につけやすい。その能力は別の環境で活動する投資家にとっても有益だし、勉強になるものだ。

**経験**——これは、多くの投資家にとって大きな魅力となる。学んだ教訓の多くが、人生のほかの状況にも応用できるからだ。新しいことを学び、理論と現場の違いを経験することは楽しくもある。専門家から指導を受けながら、問題を検討して対策を実施するという挑戦に取り組みたいという者もいるかもしれない。個人であれ組織であれ、特定の分野で経験を積むことは、投資の大きな目的となり得る。たとえばパイロット的な取り組みによって特定分野の実践的なスキルを身につけ、その経験によって得られる社会的インパクトをさらに深く理解し、将来実施するプロジェクトに役立てられるようにすることも目的の1つだ。

**人脈**——関係強化も投資の1つの動機だ。宗教的な寄付、友人や同僚が支援する活動への寄付なども人間関係の強化につながるし、社会的組織で理事会のメンバーやスタッフとして活動することも同様だ。こうした関係は投資家にとっても投資先にとっても、幅広い恩恵をもたらすことができる。投資先にとっては、理事会やスタッフの能力を向上させたり、より幅広い投資家やリソースのネットワークにつながりができたりするかもしれない。投資が投資家と受益者双方の関係にどのように影響し得るかを考えていけば、リソースや活動のより効果的な分配に役立つだろう。「ディール・メイキング（取引形成）」の観点から言えば、投資家は理事会に名を連ねることで強力な人脈やネットワーキングの機会が得られる。たとえば上級管理職がプロジェクトに多額の投資をおこない、その見返りに投資先の組織の役員になったとする。するとその管理職はほかの企業リーダーと対等な関係を築き、自らの社会的・商業的地位を高めることができる。同僚が推進する活動を支援することでその同僚との人間関係を強化し、それが投資家にとっても、支援する対象にとってもメリットとなる場合もある。

## 金銭的リターン

企業、インパクト投資基金、それに財団や民間非営利組織も、同時に2つのボトムラインを追求している。財務的実績と、社会的実績だ。財務的実績はコスト管理だけからでも得ることはできる

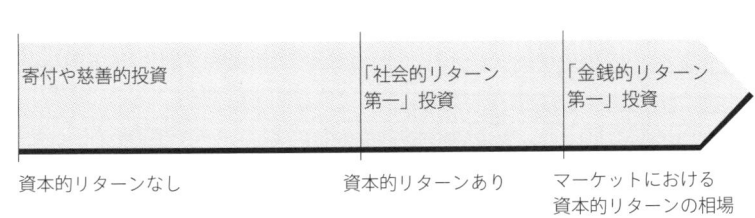

| 寄付や慈善的投資 | 「社会的リターン第一」投資 | 「金銭的リターン第一」投資 |
|---|---|---|
| 資本的リターンなし | 資本的リターンあり | マーケットにおける資本的リターンの相場 |

図4　投資のさまざまな種類

し、投資先の資産価値増加や収益増加によって生み出すこともできる。図4の線は、さまざまな投資の種類それぞれに特徴的な金銭的リターンを示したものだ。

線が示しているのは、リターンや資本の回収をまったく期待しない寄付から、投資収益率（ROI）を生み出す「金銭的リターン第一」の投資までの連続したつながりだ。寄付や補助金の多くは単純に贈与であり、投資家に対する金銭的リターンは生まない。だが近年、慈善団体の起業家精神はますます高まっており、団体そのものが収益創出部門を持っている場合が多い。その収益だけで団体の経費すべてをまかなえるとは限らないが、このような慈善団体は図の中で、投資した資本の一部が金銭的利益の形で返ってくる組織の区分に含まれる。この区分では、継続的な寄付や補助金に対するニーズがやや低くなる。

「社会的リターン第一」の投資は、図の中ほどにあてはまる。投資家は拠出した資本の全額もしくは大半がなんらかの形で返ってくることを期待するが、商業ベースよりも低い投資回収率を受け入れる用意があるということだ。ここに位置する投資家はしばしば「インパクト投資家」と呼ばれ、彼らが投資する資本は「忍耐強い資本」、つまり投資が利益を生むことは生むだろうが、ずっと先になる資本、と呼ばれる

こともある。インパクト投資家の多くは投資が生む社会的インパクトのほうに重きを置くため、金銭的リターンは犠牲にしてもかまわないと考える。社会的企業もこの区分にあてはまる場合が多い。彼らはあえて、金銭的問題だけが唯一の重要事項ではないような、複合的なボトムラインを組み込まれていることもある。社会的・環境的問題は組織の最優先事項の1つとみなされ、主に将来の投資のために資本を確保しておきたいという動機からこの中間区分を目指すことが多い。しかし、社会的リターン第一の投資家の多くは、一部の社会的問題に対する長期的解決策を実施する第一歩を踏み出すには準市場型モデルが最適の形だと考えている。

市場相場の投資収益率と同等またはそれより高い利益のある投資は、通常の商業投資と考えてもいい。ただし、「金銭的リターン第二」投資という呼び方からは、金銭的リターンだけが唯一の重要事項ではないことが伺え、社会的問題も投資目的の大部分を占めていることがわかる。たとえば、マイクロファイナンス事業を実施すれば投資家は良い利益率を約束されるが、ほとんどの投資家はマイクロファイナンス事業が貧困地域にもたらすインパクトも重視する。金銭的リターン第一投資は通常の資本市場にも存在し得るが、社会的インパクトを避けるべき潜在リスクとしてではなく、積極的に追求すべき目標として設定しているのが通常の商業投資とは違うところだ。

たとえば、金銭的リターン第一投資をおこなっているアメリカの《スプリングヒル・エクイティ・パートナーズ》は、最大限の金銭的リターンを得ることを目標としつつ、パートナーのために測定可能かつ継続的な社会的インパクトを生み出すことも目標としている。スプリングヒルはア

フリカで貧困層のために活動する小規模企業を支援しており、年間10〜20％の利回りと、投資した額の6倍から12倍の社会的リターンの創出を目指している。

従来の企業とその投資家たちが社会的リターンを重視するのには、さまざまな理由がある。彼らは金銭的リターン第一の投資家で、その金銭的リターンとは別の貴重な目標として社会的リターンを求めているのかもしれない。あるいは、彼らは「金銭的リターンのみ目的」の投資家だが、自分たちに経済的インパクトを与え得る利害関係者にとって社会的インパクトが重要性を増していることがわかっているから社会的インパクトを優先しているのかもしれない。

金銭的リターンは、エネルギーや資材、物流コストの削減、ブランド価値の増加、顧客ロイヤリティの向上、社会や環境に特に悪影響を与えていると思われる企業を投資ファンドが投資先から排除するなどして得られる資本コストの減少まで、社会的インパクトに関連するさまざまなものから得られる。その一方、世界の貧困地域における貧困・医療・自然保護活動を支援するアメリカの《ムラゴ財団》は、優秀な社会的企業に資金を提供している。この財団の投資戦略は社会的インパクトの最大化を唯一の焦点としているため、その社会活動ポートフォリオの95％が人道的活動で、残りは融資となっている。

## 社会的リターン

本書では、社会的リターンを定義し、測定し、増加させる方法を説明している。本書を手に取った

読者なら、すでに社会的インパクトを主要な投資目的として検討していることだろう。社会的リターンについての詳細は後述するが、ここでは社会的リターンと金銭的リターンとのバランスについて触れておこう。そのためには、なにかしらの社会的基準が必要になる。ここではシンプルな評価システムを紹介して、それが投資機会を評価する際にどう役立つかを説明する。

それぞれのプロジェクトが、投資家の社会的目標を満たす度合いに応じて評価される評価システムを思い浮かべてほしい。ここでは、ある投資家が3つのプロジェクトを評価しようとしていると仮定する。

- プロジェクト1　ザンビアに営利目的診療所を建築するための資金融資
- プロジェクト2　ネパールの女子校を支援するための補助金
- プロジェクト3　チュニジアの給水プロジェクトへの資金提供

投資家はそれぞれのプロジェクトをその社会的目標に応じて評価し、その結果得られた社会的リターンの点数を期待される投資収益率と見比べる。**表3**は、この投資家が3つのプロジェクトを社会的・金銭的リターンに応じてどのように評価したかを示している。「貧困地域の支援が行き届きにくい人々に対処できる」の項目で、投資家はプロジェクト1と2に6点、プロジェクト3に5点をつけた。どのプロジェクトも支援の行き届きにくい人々に恩恵をもたらす内容だ。次に、「活動

| 期待される社会的インパクト | プロジェクト1 | プロジェクト2 | プロジェクト3 |
| --- | --- | --- | --- |
| 投資基準 | 診療所 | 学校 | 給水 |
| 貧困地域の支援が行き届きにくい人々に対処できる | 6 | 6 | 5 |
| 活動と成果との比例関係が証明されている | 7 | 4 | 7 |
| 投資終了後もプロジェクトが継続可能である | 7 | 2 | 5 |
| **社会的インパクトスコア合計** | 20 | 12 | 17 |

| 期待される金銭的リターン | プロジェクト1 | プロジェクト2 | プロジェクト3 |
| --- | --- | --- | --- |
|  | 診療所 | 学校 | 給水 |
| 投資収益率（ROI） | 20% | 2% | 30% |

表3　期待される社会的インパクトと金銭的リターンの比較

と成果との比例関係が証明されている」の項目では、投資家は学校のプロジェクトをほかの2つより少し低く評価した。これは、学校よりも診療所や給水プロジェクトのほうが証拠となるものがやや多かったことを意味する。そして最後に、「投資終了後もプロジェクトが継続可能である」の項目では、診療所が高く、学校は非常に低く、給水プロジェクトは中間の点数をつけた。総合的に見ると、診療所プロジェクトがもっとも高い社会的インパクトスコアを獲得し、給水プロジェクトが次点となった。

次に、金銭的リターンの推定額が算出され、給水プロジェクトは診療所プロジェクトよりも高い点数になった。金銭的リターンおよび社会的リターン双方の予測値が飛び抜けて高いプロジェクトはなかったので、投資家はどのプロジェクトがよりすぐれて

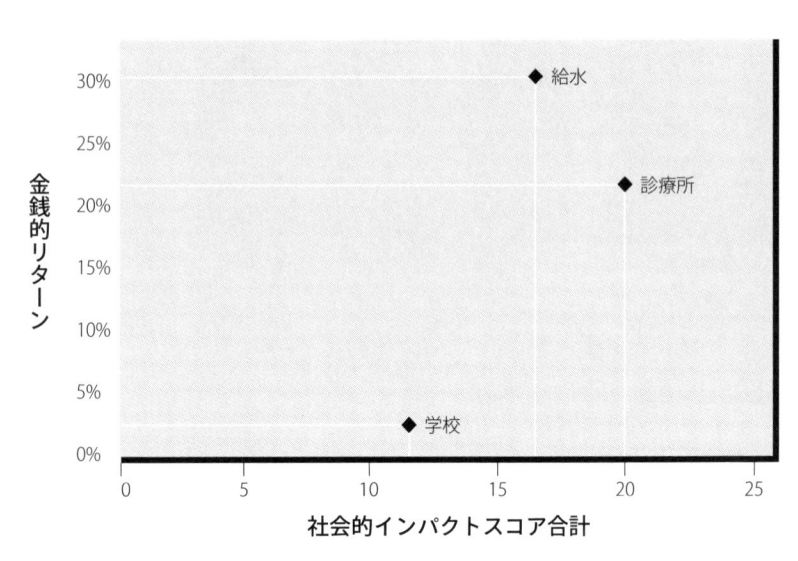

図5 リターンの度合いが異なるプロジェクト

いるかを決めなければならない。診療所プロジェクトの社会的インパクトスコアは20点で、推定投資収益率20％。給水プロジェクトの社会的インパクトスコアは17点で、推定投資利益率は30％となっている。社会的インパクトに関連するすべての判断に言えることだが、どのプロジェクトが最良かを決める客観的な方法は存在しない。それは投資家の価値観や関心、それにプロジェクトの具体的目標によって決まることだからだ。

それぞれの投資に期待される社会的インパクトが評価できたら、投資をグラフに落としこんで、どの投資がより良い組み合わせの社会的リターンと金銭的リターンをもたらすかを検討する。図5は、この投資家のグラフがどのようになるかを示したものだ。

ここで注意するべきなのは、期待される金銭的リターンが金融アナリストにも算出できるよ

## 何を投資するのか？

この問題は一見、簡単に答えられるように思えるかもしれない。社会的インパクトへの投資を考えるとき、人は主に時間と金を投資することを考える。ソーシャルセクターの規模とインパクトは社会的組織で働く人々の数と、それらの組織が集めた、あるいは使った金額によって測られることが多い。

ここで紹介したプロジェクトの評価をおこなうのに、別の投資家ならまったく異なる基準で社会的インパクトを評価するかもしれない。たとえば、どの投資がもっとも女性や少女に力を与えるか、あるいはどのプロジェクトが健康増進にもっとも役立つか、などだ。この投資家は、清潔な水へのアクセスが病気を減らし、少女が家族のために毎日長い距離を歩いて水汲みに行かなくてすむようになるから、給水プロジェクトがもっとも社会的インパクトが強いと判断するかもしれない。まったく同じ価値観を持つ投資家が2人いるということはないので、皆それぞれに自分の価値観や優先順位を熟考して、社会的インパクトの優先順位を決めていく必要がある。これは重要なポイントであり、のちほどまた触れよう。

うな客観的推定値だということだ。この推定値は投資家が誰であれ変わることはない。だが社会的リターンは価値観に左右されるもので、投資家によってその内容は異なる。投資家は、投資を評価する際にそれぞれ独自の基準を用いるのだ。

だが、時間と金の観点からしか投資について考えないというのはあまりに視野が狭く、インパクトを生み出せるはずの貴重でほかにはないリソースを排除し、創出できるインパクトの度合いを少なくしてしまう。たとえば、時間と金以外にも災害時に活用できる医療知識を持っていたり、集会所に使える建物があったり、支援してくれる仲間がいたり、投資先に助言できるようなビジネスの専門知識があったりするかもしれない。

ここで、自分のリソースを確認しておくことをお勧めする。インパクトを生み出すことに役立つようなものなので、自分または自分の組織が使えるものをすべて特定するのだ。また、手持ちのリソースの中で希少なため、あるいは特定の受益者のニーズにぴったり合うためにほかに代わりがないような貴重なものがあるかどうかも考えておいてほしい。

たとえば、あなたが歯科医で、社会的インパクトを生み出すために時間を貢献したいと思っているとしよう。地元のフードバンク〔訳注／生活に困っている人に食糧支援をおこなうNPOの活動〕で食べ物の配給を手伝ってもいいし、教会の募金集めのイベントで自分の時間をオークションにかけてもいい。歯医者に行けない貧しい人々に基本的な歯科治療を低費用で提供できるよう、歯科助手を育成するのもいいかもしれない。今ここに挙げた3つの選択肢はどれも同じだけの時間を要する活動かもしれないが、与えるインパクトは大きく異なる。客観的に見てどの選択肢がほかよりもすぐれているということはなく、あなたの選択はあなたの信念や関心、そして生み出したいと思っているリターンが何かによって左右されるものだ。

投資の選択肢について考えれば、投資できるリソースを増やすことができるし、その投資が生み

## 社会的リターン第一／金銭的リターン第一のポートフォリオ——《KLフェリシタス》

《KLフェリシタス財団》は、貧困問題に取り組む世界中の社会起業家や社会事業を支援するため、しっかりとしたインパクト投資戦略を採用しており、大きく2つのカテゴリーに分けられる。

● **社会的リターン第一**——社会的あるいは環境的リターンを最適化することが目的。その一部は新規のハイリスク領域に焦点を当て、相当量の社会的あるいは環境的リターンを得ることを期待する。低金利融資や株式投資などの「プログラム関連投資」(PRI)と、《KLフェリシタス》本体が直接おこなう「本体による社会的リターン第一投資」(CIF)が含まれる。

● **金銭的リターン第一**——金銭的リターンを最適化しつつ、同時に一定の社会的または環境的リターンを得ることが目的。財団のミッションに適うプロジェクトを金銭的に支援する「ミッション関連投資」(MRI)、持続可能性に取り組む組織への株式投資をおこなう「持続可能性投資」(SUI)、そして利益を社会貢献プログラムに循環させている組織への株式投資をおこなう「社会的構成要素投資」(SCI)が含まれる。

出典：KL Felicitas Foundation (2013) "Impact Investing Overview," http://klfelicitasfoundation.org/impact-investing-overview/

出す価値も増やすことができる。何が提供できるか、ほかにはないどんな価値を明確に理解すれば、インパクトはさらに高められる。投資によって最大限の社会的インパクトを生み出すため、リソースをより有効に活用できるようになるのだ。社会的インパクトに対する欲求がほかの目標と組み合わさったとき、手持ちのリソースの力を知っておくことがリターンを増やすことにもつながる。

投資家は、まずどんなリソースが投資可能性を見定めなければならない。人によっては、これは単純に使える現金がいくらあるかを調べるというだけのことになる。だが、社会的インパクトを生み出すのに使えるリソースはほかにもいろいろあるかもしれない。図6は、そうしたリソースの一例を示したものだ。

## 評判（Reputation）

評判は強力なリソースだが、過小評価されることが多い。評判に値段をつけるのは難しいが、だからと言ってこのリソースに価値がないという意味にはならない。それどころか、受益者が社会的インパクトを生むために必要としているのは投資家の評判だけという場合もある。広く尊敬を集めている個人や組織からの寄付は特定の組織にとっては何もかも、場合によっては活動の意義そのものをすっかり変えてしまうことさえあるのだ。アメリカの元大統領ジェラルド・フォードの妻ベティ・フォードは、1970年代に彼女自身の薬物依存症との闘いが公になったときに大変な注目を集めた。自分の知名度を活用し、ベティは薬物依存の治療期間を立ち上げるための支援を得た。

## 第2章 投資家を理解する

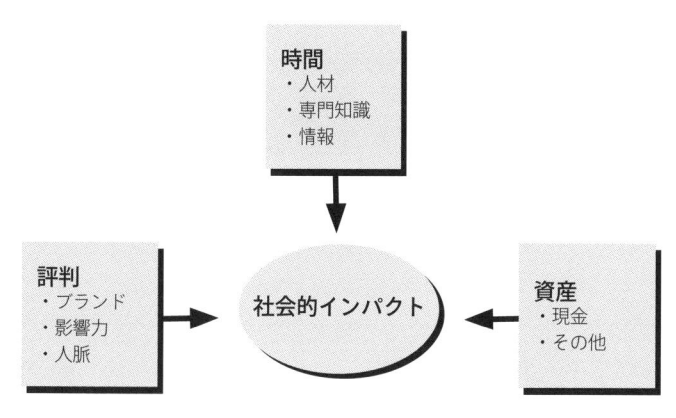

```
           ┌─────────┐
           │  時間   │
           │ ・人材  │
           │ ・専門知識│
           │ ・情報  │
           └────┬────┘
                │
                ▼
┌─────────┐  ╭─────────╮  ┌─────────┐
│  評判   │→ │社会的  │ ←│  資産   │
│ ・ブランド│  │インパクト│  │ ・現金  │
│ ・影響力 │  ╰─────────╯  │ ・その他 │
│ ・人脈  │                └─────────┘
└─────────┘
```

図6　インパクトを生み出せるリソース

そして、依存症の問題に直面した人々が、最適な治療を見つけることを助けた。

インパクトを与えるために、世界的に有名になる必要はない。社会的課題の解決を支援する意思があれば職場の同僚や近所の住人、家族、友人など、周囲の人々にインパクトを与えることはできる。幼稚園教師ジョニ・ハントリーが病気の治療のために髪の毛を失った子どもにかつらを提供する慈善団体《ロックス・オブ・ラブ》に髪を寄付すると決意した。そして、保護者の友人や知人たちも活動に加わったのだ。社会的組織の多くが大々的な宣伝を打っているわけではないので、認知度を高める行為やブランド価値を高める行為も、貴重な活動だ。

組織はしばしば、その善行に対する評判と結びつく有名なブランドを持っている。組織名をプロジェクトや社会的課題とを結びつけることで、容認度と正当性が高まることはよくある。中には、ある財団の名前を支援団体のリストに加えれば信頼性が高まるからと言って、1ドルでいい

から寄付をしてくれとその財団に頼むような組織もあるくらいだ。投資家の人脈には大きな価値がある。その人脈の中の個人や組織と投資先とを結びつけることで、必要な情報や援助、支援を提供してくれる数々のつながりが生まれるかもしれない。投資家が築き上げた人間関係や人脈は「社会関係資本（ソーシャル・キャピタル）」と呼ばれることもあり、金融資本よりも重要になる場合が多々ある。

## 時間（Time）

ソーシャルセクターで活動すること自体が、ことによると社会的変化を支持し、主導する人たちにできる最大の投資かもしれない。ソーシャルセクターの組織でキャリアを積む人材は、もっとも貴重な資産である時間、エネルギー、知性、そして熱意を社会的変化に投資することができる。ボランティアも、変化を推し進めるために時間を投資する。実現するため、完了することに誰かに引き受けてもらわなければならない職責があれば、ボランティアの出番だ。

時間には通常、専門知識も伴う。村を洪水から守るために土嚢を積み上げるといった作業であれば経験はさほど必要ないが、時間の投資が貴重なのは、知識も投資されるからだ。ボランティアも知識や意見、作業を提供することで不足分を補い、インパクトを生み出すために活用できるリソースに幅と深みを与える。

時間の投資によって積み重ねられた知識は保存し、共有し、繰り返し使うことができる。この知

識は指針や手順、技術、意思決定ツールなどの形を取る場合もある。こうしたリソースは、最近、組織的専門知識を直接入手できない組織にとっては特に貴重なものだ。たとえば《トヨタ》は最近、アメリカ最大の飢餓撲滅NPOであるニューヨーク市の《フードバンク》に自社の製造における専門知識を寄付した。この寄付により、フードバンクの多くの作業工程が改善され、食事提供までの待ち時間が大幅に短縮された。

研究概要や白書、政策方針書、ケーススタディなどの体系化された知識も、貴重な投資に含まれる。こうした投資は時間や組織の枠にとらわれないものが多いので、幅広い状況で社会的インパクトに貢献できる可能性がある。

公式な知的財産（IP）も投資できるものだ。IP投資の膨大なインパクトの例が、「グリーンエクスチェンジプログラム」だろう。これはもともと、スポーツメーカーの《ナイキ》と家電量販店の《ベストバイ》が共同で立ち上げた非営利団体《クリエイティブ・コモンズ》が考案したものだ。このプログラムは、持続可能性に関連する特許を開発した企業が面倒な交渉や法的契約の手続きなしに、無料でその知的財産を共有できる方法を提供する。ほかの組織の、特に研究開発部門の特許を含め、無料で使用を広く普及させることがその目的だ。

## 資産（Assets）

言うまでもなく、社会的変化を追求する個人も組織も皆、現金を必要としている。インパクトを生み出すために直接的に資金が必要なわけではなくとも、潜在的受益者にプログラムの存在を

知らしめるためにも資金は必要だ。当然、資金があればさまざまな形でインパクトを生み出すことができる。金銭的投資が要返済融資や返済不要の寄付などを通じてどのように構築できるかについては、のちほど触れる。

投資家の中には、1回限りの資本プロジェクトや高額投資などに使える、普通では手が届かないような大量の資金を持っている者もいるだろう。また、高額投資はいくつもの小額投資よりも有効な場合がある。投資の管理や確保にかかる費用が少なくてすむからだ。

だが、金銭的投資はその実施のタイミングによって価値が変わる。時間をかけて一定の頻度で提供される資金は、予算の状況が不安定な環境では実現が難しい長期的な取り組みを可能にする。とさには、プロジェクトの立ち上げ当初に現金をつぎこむことがそのプロジェクトを軌道に乗せ、リスクを嫌うほかの資金提供者たちの理解を得やすくする場合もある。たとえば、資金調達手段を提供する営利団体のウェブサイト《キックスターター》では、プロジェクトへの初期投資がその後ほかの投資家の関心や支援を集めることもある。プロジェクト立ち上げに必要な最終的投資も、やはり重要だ。その時点で提供された資金は遅延やストレスを回避可能にするし、プロジェクトを取り巻く感情的な空気を変えることもできる。

非金融資産は、投資先のニーズや投資家の指示に応じて現金に換えることができる。また、受益者が現金の支出を抑えるうえでも役立つ。在庫品、備品、車両、芸術作品などの寄付が一般的だろう。だが資産は、長期貸付の形でも投資可能だ。投資家が権利を持ったまま自分の資産を有効活用してインパクトを生み出したい場合に、土地などの財産を使用する権利を付与するという方法も

ある。

通信・IT企業は、困難なときに資産を提供してインパクトを生み出すことができる。自然災害が起こると、多くのIT企業が援助物資の物流や通信を支援するために手を差し伸べる。《AT&T》やほかの無線サービスプロバイダは、自社の顧客が日本の津波やハリケーン「サンディ」の被害者に寄付を届けられるよう、自社の電話回線や処理機器を提供した。

普通なら捨てられてしまうような資産も、適材適所でインパクトを生み出すことができる。アメリカの非営利団体《セント・アンドリュー・ソサエティ》は、2012年に3000万ポンドもの食料をかき集めることに成功した。アメリカでは、購入される食料の半分が無駄になっているのだ。この組織は飲食店の従業員に食料の貯蔵方法についての研修をおこない、廃棄食品が適切に保管され、ソサエティが回収して貧しい人々に配れるようにしている。投資可能なリソースを漏れなく確認し、そのリソースがどこで役に立てられるかを認識しておくことで、投資家は最大限のインパクトを生み出せるようになる。

最大限のリターンを求める投資家は、求めるリターンがどのようなものか、そのリターンを実現するために何を投資できるかについてじっくりと考える必要がある。目標とするリターンの範囲と使えるリソースを完全に理解し、その双方にしっかりと根差した投資戦略を立てることで、自分の目標を達成し、投資の生み出す社会的インパクトを最大化する準備は十分整うはずだ。

## 行動指針

❶ 投資からどのようなリターン（アイデンティティ、プロセス、金銭的、社会的）を得たいのかを決める。

❷ 金銭的リターンが目的なのであれば、市場相場よりも低い投資利益を受け入れることで社会的インパクトを第一にする覚悟があるかどうかを決める。

❸ インパクトを生み出すために投資できる貴重なリソース（評判、時間、資産）をすべて洗い出す。

# 第2部

# どの問題に
# 取り組むのか？

何を投資するのか？

どの問題に
取り組むのか？

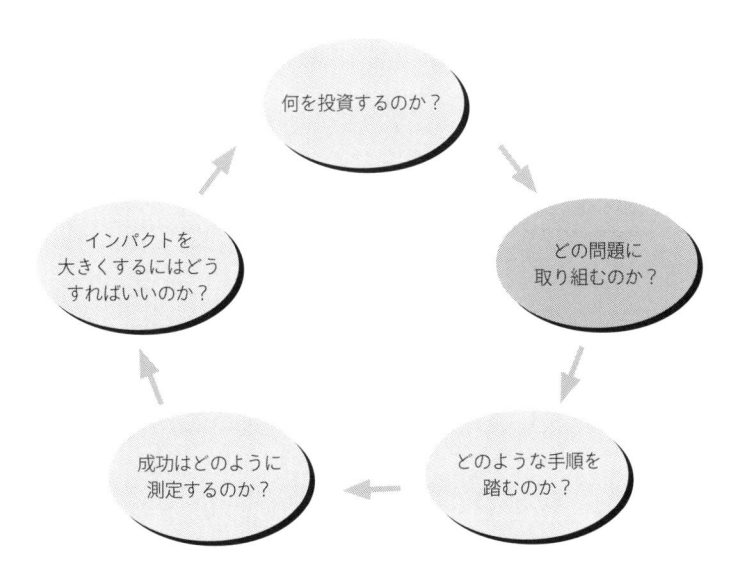

どのような手順を
踏むのか？

成功はどのように
測定するのか？

インパクトを
大きくするにはどう
すればいいのか？

# 第3章 問題を理解する

人は必ずしも秩序立った、思慮深いプロセスに基づいて社会的投資をおこなうわけではない。だがどの問題が自分にとって一番意味を持つかをじっくりと考えれば、それにもっとうまく対処できる取り組みにリソースを振り向けられる。医師であり、ハイキングの愛好家でもあったジョンは金と時間を定期的にアウトドア活動に寄付し、毎年夏には自然保護区を整備するボランティア活動をおこなっていた。だがある年の夏、彼の熱意の方向は変わることになる。メキシコの田舎を旅していたとき、大きな洪水によって村人が医療機関から切り離されてしまったのだ。ジョンはすぐさま現地へ向かい、必要とされていた緊急医療を提供した。傷に包帯を巻き、折れた骨に添え木を当て、出産に立ち会って赤ん坊まで取り上げたのだ。このときの経験が、将来取り組むことになるインパクトについての彼の考え方を変えた。今、彼は毎年夏になると医療設備のない村へ出かけていき、必要とされる人々に薬や治療を提供している。

医師であるジョンが直面した問題は、私たちが皆直面するのと同じ問題だ。投資はどの分野でも必要とされている。教育、環境、外交、宗教、芸術、そのほかにも多くの分野で、投資の増加は大

第3章　問題を理解する

変役に立つ。では、どの問題が一番重要なのか？　組織やアドバイザーはそれぞれの意見で順位を教えてくれるが、最終的な判断は、私たちの価値観によって決まる。

文化や信条、関心、経験などを踏まえて、どの問題が重要でどう対応するのが最善かについての意見は人それぞれに大きく異なる。社会的インパクトの指標についてどう対応するのが最善かについての意見は人それぞれに大きく異なる。社会的インパクトの指標について世界共通の基準を開発しようという努力は数知れずなされてきたが、社会的インパクトに対する人々の観点やその達成方法は一貫していないというのが現状だ。2人の人間がどちらも地域の安全を最重要目標として掲げていたとしても、1人は銃の所有権を通じて安全を追求しようとするかもしれず、そうすれば2人が同じ組織やプログラムに投資する可能性は低い。

だがそれよりもさらに問題なのは、多くの人々が何も考えず、投資がどのような正の社会的インパクトを生むのか、そもそも正のインパクトが生まれるのかどうかさえ気にせずに投資をしていることだ。これがガールスカウトの手作りクッキーを買ったり学校のオークションに寄付をしたりする程度のことなら問題ないだろう。だがもっと高額な投資をするのであれば、その投資が自分の価値観、信念、目標に合っているかどうかを慎重に検討しなければならない。これは個人だけでなく、組織にも言えることだ。組織の設立趣意、ミッション、文化は、投資の選択に方向性や制約を与える道しるべとなる。

特に重要なのは、どの問題に取り組むのかというものだ。この判断が、その問題にどう取り組むのが最善か、解決策に向けた進捗をどう測定するかといったその先の選択肢の輪郭を決定づけていく。ここを明確にしておけば、ある目的のために投資するリソースが自分にとってもっとも有意義

な変化を確実に生めるようにしてくれる。この判断については、受益者とその他の利害関係者双方の観点から検討する。

## 何が目的選択の動機となるのか？

営利組織なら、投資が組織のブランドや利害関係者の関心に適っていることを確認しながら、社会的投資の金銭的インパクトのほうに焦点を当てるかもしれない。たとえばアメリカン・エキスプレスは、その収益のほとんどを旅費から得ている。そのため、CSR（企業の社会的責任）活動の一部を観光業の改善に向けている。同社は1986年以降、中学校で旅行代理店や航空会社、ホテル、飲食店などの観光業界への就職を志望する生徒に対して研修を実施する《旅行・観光事業アカデミー》に資金を援助している。このプログラムは、地元採用に向けた教育の機会を増やすことで大きな成果をあげている。

財団や非営利団体なら、全般的な投資の方向性を定めるミッション・ステートメントがあるかもしれない。たとえば、ロバート・ウッド・ジョンソンが設立した《ジョンソン・ニューブランズウィック財団》（現在の《ロバート・ウッド・ジョンソン財団》）は、アメリカ最大の公共衛生分野の慈善団体だ。活動内容は時期によってさまざまだが、財団の主な目的は保健および医療分野に社会的変化をもたらすことにある。著名なメディア有力者ロニー・スクリューワーラーとザリナ・メータ・スクリューワーラーが設立したインドの《スワデーシュ財団》は、インドの辺境地域のエンパワー

メントを目指している。中には、投資活動の範囲を絞りこむ基準を設けている組織もある。《ゴードン・アンド・ベティ・ムーア財団》は次の4つの基準に則って投資先を選んでいる。

❶ 重要であること。
❷ 変化を生むことができ、持続するインパクトがあること。
❸ 成果が測定可能であること。
❹ ポートフォリオ効果〔訳注／複数の活動をおこなうことで、ある活動の実績が悪化しても、ほかの活動でそれをカバーできるリスク分散効果〕に貢献するものであること。

個人寄付者の動機の多くも、組織と同じようなものだ。問題の重要性とその問題解決のために投資家がどのような価値をもたらすことができるかが、検討する際のカギとなる。第2章で述べたとおり、個人の投資理由は人それぞれだ。関心や好み、熱意が大きな役割を果たすし、その投資家に影響を与えてきた経験も影響する。単なる思いつきで投資することもあるし、たまたま投資を求められたタイミングか、あるいは投資を求めてきた相手の人間性がきっかけとなる場合もある。いずれにせよ、問題の重要性と受益者のニーズについての認識が重要な基盤となっていることは間違いない。だが、すべての社会的投資家をつなぎあわせる究極の要素は、正の社会的・環境的変化に向けた活動を支援することでインパクトを生み出したいという欲求だ。

## インパクトを生み出す可能性

適切な目標を定めるためには、投資家の価値観や能力を考慮する必要がある。だが、社会的インパクトを起こすことが多くの社会的組織の一番の存在意義であり、投資家の多くがソーシャルセクターにかかわろうと決意する一番の理由であるにもかかわらず、投資家は必ずしも、自分のリソースをどこに投資すれば最大限の変化を生み出せるかを探ろうとしない。

中には、特定の問題を解決するのに役立つ、ほかの投資家にはない独自の能力やリソースを持っている投資家もいるかもしれない。たとえば、アメリカ最大級の財団である《ロックフェラー財団》は、大きな社会問題に共同で取り組むよう人々を集める力がある。学習フォーラムを開催したり実践コミュニティを立ち上げたりして受益者とパートナーを一同に集め、経験を共有し、学んだ教訓を広く知らしめ、相互の学びを向上させる活動をしているのだ。(3)

社会的・環境的ニーズはあまりにも多く、それらを選別してどの問題に取り組むべきかを投資家が決めるのは難しいかもしれない。だいたいは、組織のリーダーやほかの投資家との個人的関係、投資先候補の能力と知識に対する投資家自身の評価、世界的危機のような差し迫ったニーズなどに対して投資することになる。これらはどれも投資理由としては正当だが、投資家の価値観に合っていなければならない。そしてなによりも重要なのは、投資によって得られる社会的リターンも踏まえて決定していることだ。

第3章　問題を理解する

| 国連ミレニアム開発目標 | 生命維持体系に対する科学的合意 | 国連グローバル・コンパクト |
|---|---|---|
| 貧困と飢餓 | 気候変動 | 人権 |
| 普遍的初等教育 | 生物種の絶滅 | 労働 |
| ジェンダー平等とエンパワーメント | エコシステムの多様性の消失 | 環境 |
| 子どもの死亡率 | 環境汚染 | 腐敗防止 |
| 妊産婦の健康 | 人口増加と資源の消費 | 平和のための事業 |
| HIV／エイズ、マラリア、その他の疾病 | | 金融市場 |
| 環境の持続可能性 | | 開発のためのビジネス支援 |
| 開発に向けたグローバル・パートナーシップ | | 国連ビジネス・パートナーシップ |
| | | サプライチェーンの持続可能性 |

表4　社会的責任のフレームワーク（Social Responsibility Framework）

どの問題に取り組みたいかを考えれば、投資を貴重な社会的・環境的変化に確実に振り向けられる。どの問題に取り組みたいかという質問は、大きな投資判断の前や定期的な頻度で必ず再考するべきだ。こうして優先順位を考え直すことで、投資ポートフォリオのバランスが取れ、自分の優先順位にちゃんと合致するようになる。社会的投資による解決を必要としているさまざまな世界的問題を検討する際には、いくつかのフレームワークが役に立つだろう。中にはアメリカの国家免税団体分類のような政府の分類体系など、考えられる理念のすべてを体系化しようとするものもある。ほかのものは、重要な目標にもう少し焦点を絞りこんでいる。焦点を絞りこんだフレームワークの例を、**表4**に3つ挙げた。

国連ミレニアム開発目標は、世界的な経済開発のために必要な要素に焦点を絞っている。2000年9月に採択された国連ミレニアム宣言で、世界のリーダーたちは開発目標を達成するために行動を起こすことを誓った。それぞれの目標には具体的な対象や指標が設定されて

おり、190以上の国連加盟国が、2015年までにこれらの目標達成に向けて努力することに合意した。「21世紀の人類の生命維持システムを維持するための科学的合意」（通称「合意」）は、人類の繁栄と生存に対してもっとも高く、もっとも差し迫ったリスクをもたらす要因を特定するものだ。さらに、この「合意」はそれぞれの問題に対する解決策の概略も述べている。これまでに、世界中の2500人以上の科学者が「合意」への参加を表明した。国連グローバル・コンパクトは、国連主導のコーポレート・シチズンシップ活動だ。世界中の企業に対して持続可能で社会的に責任のある方針を採用するよう推奨しており、国連の6機関、そして労働組合や市民団体に支持されている。

こうした世界規模の問題だけでなく、地域レベルでも投資を必要としている問題は数多く存在する。社会的投資家は全般的な問題についての検討に加えて、自分の地域で起こっている問題にも十分注意を向けなければならない。地域の政治的、社会的、環境的問題は常にリソースを求めているし、投資家は地域で投資をおこなったほうが大きなインパクトを与えられるかもしれない。また、そこで活動する組織の活動内容や能力、正当性、有効性について理解が深いということもある。

投資家として、どの問題が一番重要かを教えられる者はいない。だが、問題を絞りこむために補足情報を入手することは可能だ。毎年重要目標のリストを発表している団体や、いった特定の問題について、もっとも見込みのある解決策についての指針を提供する組織がある。子どもの肥満とそして、世界のもっとも差し迫った問題のリストを提供しようと活動するところもある。選択肢を狭めていけば、こうした情報が自分にとって重要な質問への答えを得る助けになるだろう。

| イノベーション<br>新しいビジネスモデルや製品、プロセスを開発し、検証する | サービス提供<br>社会的問題に直接対処するため、製品やサービスを提供する | 能力開発<br>組織が能力を向上させてインパクトを生み出せるように支援する |
|---|---|---|
| 研究<br>問題や解決策に関する知識を増やす | アドボカシー<br>有益な社会的インパクトを与える法律に対する理解を促進する | インフラ<br>より大きなインパクトを実現できるようなネットワークや技術的支援を提供する |

表5　社会的問題に対する6つの解決策

## 問題の解決方法を検討する

取り組みたい問題が決まったら、解決する方法を決めなければならない。受益者に製品やサービスを売ったり与えたりすることで直接取り組める問題もあるだろう。だが社会的問題に対処したり、市場や政府レベルで解決策を構築する活動を支援したりするには、ほかにも多くの方法がある。

ここでは、社会的変化を生み出す一般的な手法を6つ紹介する。**表5**の上の3つの枠は、主に単独の組織や取り組みに注力する解決策──イノベーション、サービス提供、能力開発だ。下の3つの枠は、同じ問題に取り組む複数の組織にでき、同セクター内あるいはセクター間の複数の組織に利益をもたらす解決策を幅広く構築し、実施できるように考えられた、産業レベルの投資を含む解決策──研究、アドボカシー、インフラだ。

イノベーション（Innovation）は、社会的問題に対処するほかの手法とは区別される。新しくて前例のない解決策だからだ。イノベーションはインパクトを生み出す組織のどのような側面にも関連づけることができる。たとえば社会起業分野でよく見られるような製品やサービスのイノベーション、運営方法のイノベーション、ビジネスモデルのイノベーションなどだ。ライス大学のイノベーション、運営方法のイノベーション、ビジネスモデルのイノベーションなどだ。ライス大学のイノベーションを対処する画期的な解決策を考案する場を提供している。技術系大企業だけでなく、ジョーンズ経営大学院などライス大学のほかの学部とも連携し、解決策の開発に取り組んでいる。開発途上国で市販できる低価格な医療技術などがその一例だ。寄付額が20億ドルを超える財団《ジョン・S・アンド・ジェームズ・L・ナイト財団》は、メディア分野のイノベーションに大きな支援をおこなっている。財団が実施している5年間で2400万ドル規模の投資をおこなう「ナイト地域情報チャレンジ」は、地域のニュースや情報を増やす取り組みだ。地域コミュニティが独創的な方法で情報を入手できるようにするため、メディアや技術を活用した76以上のプロジェクトに出資している。[5]

**サービス提供**（Service Delivery）は、顧客や受益者に直接製品やサービスを提供する活動だ。これらのサービスは営利あるいは非営利で提供され、満たされていないニーズを満たしたり、正の社会的インパクトにつながる投資をおこなう。サービス提供組織として一般的なのは大学や病院だが、そのサービスの範囲は幅広い。たとえば、インドのムンバイに本部を置くNPO《マジック・バ

84

第3章　問題を理解する

》は、ジェンダーやリーダーシップ、健康、暮らしについて研修を実施する際にスポーツやゲームを使用している。マジック・バスが活動対象としているのは辺境地域で、設立以来15万人を超える子どもたちが恩恵を受けた。北京の《ランラン学習能力開発センター》は、学習障害について教え、親の小学生を対象とする社会的企業だ。このセンターでは2万人以上の親に失読症について教え、親が子どもたちのためにより良い学習環境が整えられるよう支援している[6]。オレゴン州ポートランドの《スクールハウス・サプライズ》が採用しているのは、ハイブリッド型モデルだ。さまざまな授業で必要となる学用品が箱詰めされ、親は学用品を一つひとつ買う代わりにこの箱をオンラインで購入する。この活動による利益と活動への寄付金は、教師が授業で使う学用品を無料で入手できる倉庫に使われる。

**能力開発**（Capacity Building）は、個人または組織の知識や技術、能力を向上させようという努力だ。能力が向上すれば組織はサービスやその他のアウトプットをより効率良く、効果的に提供できるようになる。一般的に能力開発の狙いはマネジメントや管理能力を向上させることで、組織が性能を改善させ、それによってさらに大きなインパクトを生み出せるようにする。インドの大手戦略的NPO《ダースラ》は慈善家や社会起業家に研修やアドバイス、資金援助、ネットワークを提供し、大規模な社会的インパクトが生み出せるよう支援する団体だ。《ポートランド・ステート・ビジネス・アクセラレーター》のような育成機関は、技術面や管理面の専門知識を提供し、出資者や優秀な人材、その他のリソースとのつながりを提供することで、社会起業家の組織設立を支援している。

**研究 (Research)** は、将来的により大きなインパクトを生み出せるよう、新たな知識を創出するためのものだ。従来の意味での研究だけでなく、新しい製品や技術、ビジネスモデルなどを生み出す開発作業も含まれる。ここで研究とイノベーションを区別しているのは、研究の場合は通常、活動の有効性や活動手法の正当性を確かめるためのテストが伴うからだ。テストに通れば、その活動は社会的インパクトを高めるために安心して複製・共有できる。たとえば、ボストンに本部を置く《ダナ・ファーバー癌研究所》は癌の診断、治療、予防に関する研究をおこなう民間非営利組織だが、この組織による研究の成果は世界中に広められ、組織内での教育プログラムや患者治療プログラムに活用されている。

**アドボカシー (Advocacy)** 活動も、インパクトを生み出すためには欠かせない重要な要素だ。多くの場合、社会的組織は政策関連の失敗があったために生まれる。天然繊維分野の《インダストリー財団》をはじめとするインドの民間非営利組織の多くは、貧しい人々が正当な権利を有する資源を政府から取り戻せるよう支援している。世界中の組織が、人々を支援したり環境を保護したりする法律を施行するために活動している。アメリカ最大級の財団《ウィリアム・アンド・フローラ・ヒューレット財団》は、気候変動と大気汚染対策のために活動する組織に出資する「環境プログラム」を実施している。結果は必ずしも投資家の目に見えやすい形ではあらわれないかもしれないが、重要な社会問題に関する思慮深い対話や交渉に取り組むよう関係者に圧力をかけるのが、政

策の変化を活動の中心に据えている組織のやり方だ。⑦

**インフラ（基盤：Infrastructure）** またはエコシステムに関する活動は、ネットワークや産業、セクターを強化する投資だ。社会的組織の支援や組織間のネットワークは成功事例やその他のリソースを共有して活用するためにも重要だし、基準を定めたりパフォーマンスを向上させたりするためにも役立つ。《ビル&メリンダ・ゲイツ財団》、そして金融会社《リクイドネット》との連携で生まれた《マーケッツ・フォー・グッド》は、社会的インパクトに関する情報の記録と交換を可能にする技術的根幹を提供することでソーシャル・セクターの情報格差を埋めようとする活動だ。⑧マーケッツ・フォー・グッド、ソーシャル・セクターのインフラが強化されれば組織間の情報がよりスムーズに流れるようになり、今よりもはるかに大きなインパクトが生み出せるようになるはずだと信じている。

## 対象市場

投資先を絞りこむ際には、受益者の社会的属性やデモグラフィック属性など、ほかにもさまざまな要素が投資家にとって重要となる（図7）。中でも特に重要な要素が、注力したい物理的な場所や地域だ。たとえば、自分が住んでいたり縁があったりする、ごく狭いコミュニティや地域での社会的変化を支援したいと思うかもしれないし、社会の変革が求められる大きな地域や国への投資の

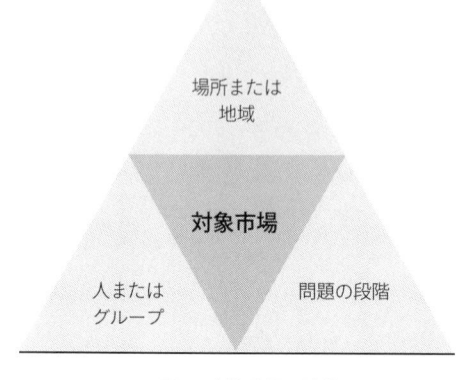

図7　対象市場の特徴

ほうに関心があるかもしれない。

変化の対象に人が含まれている場合、その社会経済的地位の選定も重要になってくる。極貧、貧困、中流など、どの階層に注力するのか。また、対象を個人とするのか世帯とするのか、村やもっと大きなコミュニティとするのか。出産前のケアなのか、乳児なのか、幼児なのかなど、対象とする年齢層も異なる可能性がある。男児か女児、女性か男性かといった選択肢もあるだろう。さまざまな人種や宗教の集団が対象となり得るし、職業や社会的関心によっても分けられる。

このほかにも、投資家は問題のどの段階に介入するかも選ぶことができる。問題が起こる前に防ぐのか、発生した時点で検知するのか、解決するのか、問題が解決したあとに回復するのかなどだ。たとえば、乳がん撲滅を目標に掲げる人は研究に投資することもできるし、がん検診や治療の実施、患者と家族の支援に投資することもできる。(9)

目標や活動内容と同様、こうした区分については個人

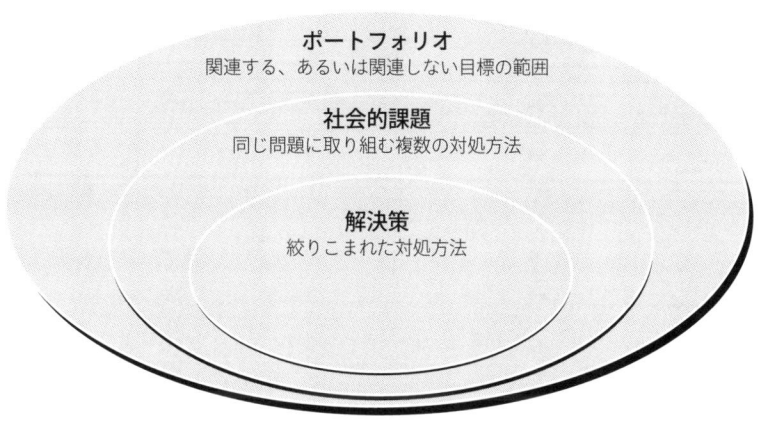

**ポートフォリオ**
関連する、あるいは関連しない目標の範囲

**社会的課題**
同じ問題に取り組む複数の対処方法

**解決策**
絞りこまれた対処方法

図8　投資の範囲

## 投資の範囲

投資目標や価値、そして投資する予定のリソースによって、投資家はさまざまな戦略をとる。大きな社会的問題に対する1つの解決策に注力するかもしれないし、特定の問題に対する複数の解決策に注力するかもしれないし、幅広くいくつもの目標に注力するかもしれない（図8）。

### 「解決策」志向（Solutions）

投資家によっては、投資対象を非常に具体的に定めており、信頼できる解決策によって有意義な社会的インパクトを生み出そうとする者もいる。このやり方を採用しているのが、たとえばアメリカの高校生の間で問題と

なっている飲酒運転を撲滅しようと活動するNPO《飲酒運転に反対する母親の会》、地域の学生団体とともに貧しい人々に食料を届ける方法を考えるイギリスの《フードサイクル》、アフリカで低価格で高品質な初等教育を提供する学校を作っている《ブリッジ・インターナショナル・アカデミー》、低価格な住宅を建てる《ハビタット・フォー・ヒューマニティ》などだ。《カブーム》はアメリカの子どもたちが健康で楽しく、思いどおりの未来を手に入れられるよう、遊び場を作る活動をおこなっている。このように目標が非常に具体的であっても、似たような目標を掲げる組織やプログラム、取り組みはいくつもあるのが普通だ。そのどれに投資するかを決めるには、その活動がインパクトを生み出せる可能性など、さまざまな要素を検討すればいい。ほかの投資判断と同じく、投資からどのようなリターンを期待するか、どのようなリソースが投資可能かを考えれば、選択肢も絞られてくるはずだ。サービス提供者をもっと正確に比較したければ、比較調査報告書を取り寄せたり、調査を依頼したりする方法もある。

「社会的課題解決」志向（Causes）

慈善活動への投資家は、同じ問題に取り組む複数のアプローチに注力したり、関連するいくつもの問題を対象に含めたりすることで幅広い解決策を追求する。特定の問題に取り組む方法はいくつもあり、困っている人に直接サービスを提供したり、対象分野を強化できるようなツールやリソースの開発を支援したりとさまざまだ。慈善活動への取り組みには通常、複数の手法への投資が含まれる。たとえば、バングラデシュに本部を置く世界最大の非政府開発組織《BRAC》は、貧困削

減のために教育、医療、金融サービス、その他のサービスを提供している。イギリスの《チルドレンズ・インベストメント・ファンド財団》は、乳幼児生存率、教育、栄養と飢餓など、子どものための7つの重要分野に注力している。《ロビン・フッド財団》はニューヨークで貧困を削減するために複数の戦略を実施する。インド最大のNGOである《プラサム》は国内の非識字率について調査を実施し、複数言語で識字率を高める対策を提供し、政府機関や学校、地元ボランティアと協力して活動支援のためのインフラを構築することで地域発展を促進している。

投資可能なリソースが相当量ある場合、投資家は目標とする社会的変化を生むために直接的かつ測定可能なインパクトを与えようと思うかもしれない。そのような手法は「触媒としての慈善活動」と呼ばれ、大規模で有意義、かつ持続可能な変化を生み出すことを目標としている。このような活動家は、どの組織に出資するかといった枠を超えて物事を考える。本当に解決したい社会問題を選び、自らの能力や人脈、リソースを駆使して解決策を編み出そうと努力するのだ。シーベル・システム社の創業者トーマス・シーベルがモンタナの覚醒剤問題に取り組もうと決めたとき、彼は単にその分野の1つの非営利団体に寄付したりはしなかった。代わりに、彼は問題について調査し、ティーンエイジャーが覚醒剤のもたらす害について認識していないことを突き止めた。そこで、シーベルはテレビでキャンペーンを打ち出し、覚醒剤の使用によって家庭が崩壊したり、愛する者を失ったりする可能性があることを周知させた。このときのCMは衝撃的な内容で、そのインパクトは甚大だった。2年後には、モンタナの覚醒剤使用率は全米5位から39位にまで下がったのだ。

## 「ポートフォリオ」志向（Portfolio）

個人投資家が選ぶもっとも一般的な手法は、社会的変化を生み出すだけでなく、自分個人にとっても意味がある活動に投資することではないだろうか。自分の投資が助け合いや恩返し、人脈づくりといった目的にどのようにかかわってくるかははっきりと理解している投資家もいる。地元の教会や学校、母校、大きな病気の研究への寄付など、互いに無関係な投資がすべて、1人の投資家の投資ポートフォリオに入っていることもある。組織によっては、非常に幅広い戦略を持つものもある。

《ウィリアム・アンド・フローラ・ヒューレット財団》はアメリカだけでなく世界全体の社会・環境問題の解決に向けて活動することをミッションに掲げており、貧困や気候変動、教育や医療、人権もすべて活動目標に含まれている。

いくつもの目標が含まれたポートフォリオへの投資は、投資家自身が取り組みたい問題が複数あって、投資できるリソースがふんだんにある場合は有意義な戦略だ。インドでもっとも有名な企業の1つである《ゴドレジ財閥》は、不動産から消費財、産業工学まで、幅広い分野で活動する7つの主要な会社から成る。財閥の親会社は環境と医療、教育という、顧客や利害関係者に大きなインパクトを与えられる分野に特に莫大な投資をおこなっている。それぞれの分野における取り組みも、かなり多様だ。たとえば環境への取り組みにはLEED〔訳注／「環境性能評価システム」。建築の環境性能について評価する制度。プラチナ認証はその最高レベル〕のプラチナ認証取得、野生動物の保護、ムンバイの「肺」として機能するマングローブ林の植林が含まれている。

## 価値観

投資家が目標とする社会的変化は、その投資家の価値観や家族、組織の設立者、同僚、地域などの価値観と強く結びついている。そしてこれらの価値観は、さまざまな文化的、社会的、経験的、歴史的要因によって決定づけられている。価値観は人それぞれ、組織ごとに異なり、また、時間の流れとともに変わっていくものでもある。

このため、何が社会的に有益かを示す世界共通の定義を作ることは不可能だ。たとえば、同性婚を社会的利益とみなす人もいれば、損失とみなす人もいるだろう。それに、たとえば二酸化炭素排出量の低減など、特定の成果が有益であることについては合意しても、貧困削減や女性の地位向上と比べて二酸化炭素排出量の低減のほうが重要かどうかについては、意見が分かれるはずだ。

投資家としては、どの価値観や成果が自分個人や自分が所属する組織の目標にとって一番重要かを考え、どこに投資すれば最大の社会的インパクトを生み出せるかを見定めることが重要だ。この目標は、関心事や前後関係、選択肢が変わる都度、見直すべきものでもある。

**行動指針**

❶ どの社会的・環境的変化をもっとも実現したいかを考えることで、投資目的を明確にする。

❷ どの問題を選択するかの指針となるような条件、たとえば組織のミッション・ステートメントなどを検討する。

❸ 自分の持つ固有の能力やリソースをどこに投資すれば最大限のインパクトを生み出せるかを見極める。

❹ 個別の組織を強化したり、総合的な目標に貢献したりするために採用する手法を選ぶ。

❺ 対象とする具体的な人々や地域を決める。

❻ 特定の問題に投資するのか、より幅広い社会的課題の解決に投資するのか、いくつもの問題を含むポートフォリオに投資するのかを判断する。

# 第4章 投資の選択肢を理解する

どこへどのように投資するかを決めるにあたって、社会的投資家が検討しなければならない要素はいくつもある。ここでは、「どのように」の部分に焦点を当てよう。投資家の前に並ぶ基本的な選択肢は以下のとおりだ（図9）。

❶ 投資をどのような形でおこなうべきか——寄付としてか、融資としてか、資本としてか？
❷ どのような組織に投資するべきか——非営利か、社会的企業か、基金か？
❸ 投資家としてどのような役割を担うべきか——干渉しない投資家か、顧問か、役員か？

## 投資と目的を合致させる

投資先を決定する際に大きな課題となるのが、自分の投資目的に合う具体的な組織や取り組みを見つけることだ。組織の全般的な評価をおこなう評価システムは数多いが、特定の投資家が抱く

```
┌─────────────────────────────────────────────────────────┐
│                      投資判断                            │
│                                                         │
│  ┌──────────────┐  ┌──────────────┐  ┌──────────────┐  │
│  │ 投資をどのような形 │  │ どのような組織に │  │ 投資家としてどの │  │
│  │ でおこなうべきか？ │  │ 投資するべきか？ │  │ ような役割を担う │  │
│  │              │  │              │  │ べきか？      │  │
│  └──────────────┘  └──────────────┘  └──────────────┘  │
└─────────────────────────────────────────────────────────┘
```

図9　投資の選択肢

目標と投資機会が合致していることを保証してくれるものはない。したがって、それぞれの投資が目指す社会的インパクトを確実に生み出せるようにするためには、投資家は自分自身あるいは所属する組織の判断で、投資目標と投資機会とがぴったり合致しているかどうかを見定めなければならない。

投資や組織の形を決める際には、この合致を頭に置いておく必要がある。投資サイクルの次の段階、つまり具体的な社会的インパクト目標やそれを達成するための戦略を定義し測定する段階へ進む前にも、合致の確認は重要だ。投資目標と投資機会は、少なくとも以下の4つの重要な側面で合致しているべきだ。

● 社会的インパクトのミッション
● 果たし得る役割と必要なリソース
● 金融リスク特性
● 説明責任の要件

**社会的インパクトのミッション**

社会的インパクトのミッションが合致していることが、あなたの目

標と投資に期待する成果との合致を保証する第一歩だ。社会的インパクトに向けて活動する者のミッションと投資に期待する成果との合致を保証する第一歩だ。社会的インパクトに向けて活動する者のミッションと投資の戦略は、投資家が重視する目的と理想的な対処方法とに合致していなければならない。これらの要素が合致していれば、投資家の社会的目標が実行組織の社会的目標と一致していることが確認できる。場合によっては、両者の目標もそれを達成するための手法も、完全に一致していることもある。だが一般的には、両者の目標は注力分野の中で交差し重なり合うために部分的には合致しても、すべてが合致するとは限らない。

出資額が少ない投資家であれば、合致の有無は実際の達成事項や指標に関する情報を補完した、ミッションの口頭あるいは文書による報告で確認できる。高額投資家であれば、投資先と直接議論や交渉を交わし、あるいは詳細な文書によってさらに徹底的に合致を確認することも可能だ。これは非公式にでも、寄付金の申請やデューデリジェンスのプロセスを通じてでもおこなえる。ときにミッションの合致は、多くの意味で価値観の合致でもある。合致を決定づける客観的な手段は存在しないが、投資家と投資先の両者がそれぞれ社会的インパクトの目標をはっきりと定義して提示している場合、両者が効果的な協力関係を結べる可能性は高い。さらに重要なのが、組織のミッションが明確で透明性が高ければ高いほど、その組織はミッションを効果的に追求するためのシステムや実践方法を構築しやすく、投資する側も支援しやすいということだ。資金獲得のため、あるいは有力な利害関係者を満足させるためなどの理由で投資先が本来の目的から逸脱してしまい、

投資家との間でミッションのずれが生じるという問題は頻繁に見られる。だがミッションを明確にし、価値観を徹底的に合致させておくことに十分留意しておけば、この問題は回避できる。

## 役割とリソース

社会的インパクトの目標の合致だけでなく、投資家が果たしたいと思っている役割と投資しようと思っているリソースに関連して、投資先が投資家のほかの目標をどの程度満たせるかを知っておくことも重要だ。投資家は投資関係の両側にいる全関係者に対し、自らの目標を明確にしておくといい。目標を検討して伝えるという作業が不十分だと、投資先が不満を覚えたり、関係がすぐに解消してしまったりといった結果につながる可能性もある。たとえば、戦略的判断に関与したいと考えている投資家は、投資先がそのような形での関与を希望し、重視しているだろうと予測しているかもしれない。投資家が意思決定プロセスに参加していない状態で投資家の期待に添わない決定や結果が生じた場合、協力関係は破綻するおそれがある。

## 金融リスク

投資リスクの度合いを合致させておくことも、協力関係を成功させるためには必要な要素だ。投資先がまだ新しく、ほかの資金調達または収入源があまり強くないなどの情報があれば認識しておき、投資家としての期待値や行動をそれに合わせて調整することが重要になる。中にはガバナンスを重視して、投資先の理事会にどの程度金融の専門知識があるかに加え、アメリカ国税庁の書式

990「所得税免除団体の歳入報告書」や年次報告書、監査報告書や認証評価報告書など、入手できる情報はすべて調べる投資家もいる。

財務基盤の強さを調べる手段がない個人投資家のために、アメリカの評価機関《チャリティ・ナビゲーター》は民間非営利組織の基本的な財務状況や、ファンドレイジングにかける予算と一般管理費の支出割合などの一般的な情報を提供している。アメリカの慈善団体評価機関《ギブウェル》も、事業の主要な財務面を詳細に調べ、投資を検討している投資家に詳細な評価レポートを提供する。ここが情報提供している組織の数はまだ少ないが、着実に増えている。

組織の能力もまた、投資リスクの管理には重要となる要素だ。インパクトを生み出すという約束を果たせるだけの能力を持っていなければならない。組織の能力についての情報を入手する方法はいくつもあり、その組織のことをよく知っている知人、同様の取り組みが生んだ成果、過去の実績、明確な目標と運営方針などが活用できる。業界によっては、標準化された経営評価システムもある。だがいずれの場合でも、投資先の組織は目指す社会的インパクトを生み出し、評価し、管理するための明確な戦略を持っていなければならず、これについてはのちの章で詳しく述べる。

**説明責任**　実績報告、すなわち社会的インパクトやその他の目標のモニタリングおよび報告も、投資を成功させるための重要な基盤だ。どのような合意を締結する前にも、投資家と投資先は必ず、測定と

報告に関する基本的な理念について意見を一致させておく必要がある。社会的組織の中には、行動と結果を紐づけるのは難しい、あるいは行動と結果のつながりが過去に十分証明されているなどの理由で、インパクトの測定を重視しないところもあるかもしれない。一方で、インパクトの測定を非常に重要だとみなす組織もあるだろう。そうした組織は、実績評価システムをプロジェクトの当初からプロセスに組み込み、プロジェクトの進捗に合わせて注意深くモニタリングし、管理する。

資金やその他の投資を社会的インパクトに転換させるという約束を果たすためには、投資家と投資機会の合致が重要だ。個人投資家は、自分の努力や金が目標とするリターンを生むことを確信したければ、合致させる投資機会に優先順位をつけておかなければならない。組織の幹部や理事会にはさらに重い責任が生じる。彼らが管理するリソースは、彼ら個人の物ではないからだ。組織の定款、ミッション、価値観、文化は、その組織にとって何が重要かを個人の物ではないからだ。組織の定款、ミッション、価値観、文化は、その組織にとって何が重要かを示す全般的な指針となる。だが管理職や理事は戦略や実務活動だけでなく、どのような社会的変化を追求するのか、そのためにはどのような役割やリソースが必要となるのか、そして現実的かつ望ましい金融リスクや説明責任はどの程度かなどについても合致を見ておく必要がある。

## 投資の形

社会的投資の形はいくつもあり、新しい投資手段は毎日のように開発されている。ここでは、投資の金銭的部分に焦点を当てよう。ただし、資金にはしばしば支持や助言、その他の支援が伴うこ

とは認識しておいていただきたい。金銭的投資の基本的な種類は以下のとおりだ。

**助成金・寄付金**——助成金や寄付金は、民間非営利組織への金銭的贈与という形で一般的に用いられる投資だ。その利用は特定の目的のみに限定されている場合もあれば、投資先が自由に使える場合もある。贈与は1回限り、あるいは複数回、あるいはプロジェクトが特定の段階に至ったときや測定可能な成果が達成できたときなどにおこなわれる。助成金や寄付金を与える投資家は金銭的リターンは期待していないが、投資先がその資金を使って社会的リターンを生み出すことは期待している。

**融資**——融資は市場金利でおこなわれることもあるが、市場以下の金利による融資として実施される場合もある。つまり、一般的な投資家のリスク特性には合わない融資だ。融資もさまざまな形でおこなうことができ、返済開始までの猶予期間を長く設定したり、借り手が元金を返せるようになるまでは利息だけ支払えばいいようにしたりもする。そういう意味では、アメリカの連邦直接借款も社会的投資と言えるだろう。学資ローンの金利を市場金利よりも低く設定することで、政府が国民の教育を促進しているからだ。開発途上国で活用するための新技術開発への投資など、中にはかなりリスクの高い投資もある。そのような場合、投資家は投資先のプロジェクトや組織がうまくいかなかったり、返済できなくなったりしたら、融資を助成金にしてしまってもいいと覚悟するかもしれない。多くの財団が、目的を絞った融資と慈善目的の助成金とを組み合わせている。たとえば《ビル＆メリンダ・ゲイツ財団》は、通常の寄付に加えて慈善投資や融資目的で10億ドルを保持している。

ベンチャー・キャピタル——ベンチャー・キャピタルの投資は、設立資金や成長資金のように、投資先の組織が十分安定し、成功できるようになるまでの初期の成長段階を支援するものだ。社会的企業の場合、その組織が経済的に持続可能で一般からの投資を受けられるくらい成功できるようになるまで、ベンチャー・キャピタルによって支援する場合が多い。

フィランソロピー・キャピタル——これは、組織が通常の株式による資金調達をできるようになるくらいまで成長させるための投資を指す。《エンデヴァー》《アキュメン》《スコール財団》《インテレキャップ》《レガシー・ベンチャー》《オミダイア・ネットワーク》など数多くの組織が、社会事業や社会起業家を支援するために資金を提供している。カリフォルニアに本社を置く衣料品会社《パタゴニア》は、「20ミリオン&チェンジ」という新たなベンチャー基金を社内に立ち上げた。これは衣類や食料、水、エネルギー、廃棄物問題を良い方向に変えようとする新興企業に投資するプロジェクトだ。

ソーシャル・ボンド——ソーシャル・ボンドとは、政府機関あるいは民間企業による社会事業への投資を支援するものだ。一般には多額の初期投資が必要だが社会的インパクトを生み出せるかどうか不確実な社会的プログラムに対して実施される。民間投資家が債券を購入する際は、対象プロジェクトが期待される社会的リターンを生まないかもしれないというリスクを背負う。目

標が達成できなければ、投資家は損をする。だがプロジェクトが目標を達成できた暁には、政府が規定通りの利息をつけて投資家に利益を還元する。この分野の先駆者は、イギリスの《ソーシャル・ファイナンス》だろう。この組織は2010年9月に、刑務所の再犯防止プログラムに初のソーシャル・インパクト・ボンドを発行した。ゴールドマン・サックスも、2012年にはソーシャル・インパクト・ボンドを通じてニューヨーク市の刑務所プログラムに1000万ドル近くを投資している。ゴールドマン・サックスは2013年にはシカゴの投資家J・B・プリツカーと協力し、約700万ドルをソルトレイクシティの幼児教育プログラムに投資した。イギリス、アメリカ、オーストラリア、カナダ、イスラエルは、それぞれ異なる規模でソーシャル・インパクト・ボンドを発行しはじめている。政府機関も、この形による投資の可能性を模索するようになってきた。アメリカ政府が発行した「ペイ・フォー・サクセス・ボンド」が2012年、教育や少年司法制度、労働力開発などの分野における優秀な取り組みを支援するために組んだ予算は1億ドルにのぼった。

信用強化——信用強化は非営利または社会的企業に対し、出資者の強い財力で返済保証の道を開くという支援をおこなうものだ。この支援にもさまざまな形があるが、もっとも一般的なのは借り入れ保証だろう。《クレスゲ財団》は受益者の借り入れにかかるコストが少なくてすむよう、借り入れを保証するための1億3500万ドルの予算を組んだ。アフリカと中南米で天然産物を生産する地方ビジネスに出資する非営利の社会的投資ファンド《ルート・キャピタル》は、融資の担保として未来の販売契約を使っている。零細企業が借金を返せなくなったら、契約の権利者はルート・

キャピタルに移る。商品の買い手は、企業ではなくルート・キャピタルは地方の零細企業が抱える資金問題を解決しているが、その返済率は99％を超えている。

**インパクト投資**——インパクト投資には前述のすべての種類の投資が当てはまり、リスク対リターンの比率が良くないため、一般の投資家にはあまり魅力のない投資先と受け止められる場合がほとんどだ。多くの投資が高い金銭的リターンを約束するものの、同様の一般的な投資よりもリターンが低かったり、リスクが高かったりするかもしれない。こうした投資は寄付や融資、株式投資など、一般的な形の場合もあるし、融資と株式を組み合わせて特定の段階を通過したときに融資を株式に変換したり、利息と収益創出を結びつけたりするなど、多様な投資手段が用いられるケースも増えている。寄付と株式、融資をすべて1つの投資パッケージに組み込む場合もある。アメリカの非営利国際ベンチャー・フィランソロピー・ファンドである《アキュメン》は、投資先にさまざまな種類の金融支援を提供している。投資の半分以上が株式の形を取り、約3分の1が債権や借り入れ保証だ。助成金の形を取る投資はごく一部に限られる。同時に、アキュメンは手持ちのリソースを活用し、自らが投資する額の4倍ほどにもなる資金を外部の資金源から引き出している。

インパクト投資は比較的不干渉な場合もあれば、ベンチャー投資のように、投資家が組織の運営に積極的にかかわったり、コンサルティングをおこなったりする場合もある。いずれの場合にせよ、

インパクト投資は大きな社会的リターンを生むことが期待される。インパクト投資ファンドは社会的インパクトを重視する傾向がより強く、投資先が社会的ミッションを明確にポートフォリオに表明していることを求める場合が多い。特定の分野に注力するものもあれば、多様なポートフォリオを明確に表明していることを求める場合が多い。特定の分野に注力するものもあれば、多様なポートフォリオを明確に表明していることもある。たとえば、ヨーロッパ各地に支店を持つ《トリオドス銀行》は、持続可能性に注力する企業やプロジェクト、財団向けに数々の金融商品を立ち上げている。

近年、インパクト投資ファンドは劇的な成長を見せている。ある調査によれば2012年、51人のファンドマネジャーが35億ドルの利益を出したと報告し、2013年の目標は57億ドルだと語ったそうだ。インパクト投資業界の2013年の目標は90億ドルで、今後10年の市場機会は2000億ドルから6500億ドル規模になると予想している。

## 組織の種類

意図的であろうとなかろうと、どのような組織も社会的インパクトを生む。これまでの一般的な社会的投資家は民間非営利組織に寄付をしたり、社会的事業選定プロセスの2つのリターンが得られる対象に投資したりするのが普通だった。

投資会社《カルバート・インベストメンツ》は、好ましくない社会的インパクトを生む可能性がある組織に投資しないための社会的事業選定プロセスを長年実施してきた。たとえば、投資家によっては搾取産業や人権侵害で知られる国で操業している組織や、銃を製造する企業などに出資を

## ベンチャー・キャピタルのモデル——《オミダイア・ネットワーク》

《オミダイア・ネットワーク》(ON) は、市場の力を通じて個人の潜在能力を解き放つことをミッションに掲げる慈善投資企業だ。ベンチャー・キャピタル業界の成功事例をフィランソロピー業界に応用し、しっかりとした事業計画を持つ持続可能な慈善事業に投資することで目標を達成している。

ONは、民間非営利組織がイノベーションを起こせるよう助成金を提供し、そのアイデアを実用化するための融資や株式に投資している。製品やサービスを助成したりリスクの高いベンチャーへの投資を奨励したりすることで、ONの助成金は将来的に大きなインパクトを生み出せる可能性を秘めた非営利組織のアイデアを育てる。たとえば、ONが支援している《クリエイティブ・コモンズ》は著作権の使用を許可し、クリエイティブな活動をもっと広く共有しようという活動を支援している。投資以外にも営利目的のベンチャーは、市場の力を活用することで社会的活動をおこなっている。ONのような営利目的のベンチャーは、市場の力を活用することで社会的活動をおこなっている。ONは厳しい社会経済環境の中でも目指す社会的インパクトを生み出しているのだ。ほとんどのマイクロファイナンス機関は、業界が一九八〇年代に生まれたころには助成金だけを資金源としていた。だがその商業性が明確になるにつれ、企業投資家も投資に名乗りを上げ、マイクロファイナンス業界のさらなる発展を加速化させていったのだ。[13]

第4章　投資の選択肢を理解する

したくないと思うかもしれない。

現在、投資マネジャーは正のインパクトを与えるファンドを幅広く取り揃えて提案している。金銭的リターンだけでなく、大きな社会的リターンを提供する業界のリーダーに意図的に投資するようなファンドだ。例を挙げると、カルバートが管理しているファンドには代替エネルギーを提供する組織に投資するものもあれば、清潔な水の確保を向上させる組織に投資するものもある。カルバートのほかにも、投資のすべてを特定の社会的インパクトに注入するインパクト投資家もいる。その一例が《スプリングヒル・エクイティ・パートナーズ》で、投資回収期間が非常に長いために通常の未公開株式投資家には敬遠されがちな、代替エネルギーの大規模プロジェクトに投資している。インパクト投資はさまざまな形の組織を通じておこなうことができる。中でも社会的インパクトを生み出し、管理するうえで特に一般的な形は以下のとおりだ。

**非営利**——民間非営利組織（NPOなど）は理事会によって管理され、株主は存在しない。組織の存在意義は金銭的リターンを生み出すことではなく、社会的問題に取り組むことだ。組織が創出した利益は創業者等に分配されることはない。組織がその利益を管理し、社会的プロジェクトに活用される。

**財団**——財団は自らも非営利組織であり、ほかの非営利組織が目標を達成するための支援をおこなうものが一般的だ。財団の多くが助成金を提供するが、自ら社会的投資にかかわるものもある。

助成先とともに活動し、その能力開発を支援する財団もある。また、経験を共有することで同じ分野で活動する助成先がリソースを有効活用できるようにする財団もある。アメリカの内国歳入法は、私立財団（Private Foundation）と公益財団（Public Foundation）を区別している。私立財団は通常、個人や一族などが出資し、寄付者は寄付金に対して意見が言える場合が多い。ただし、私立財団は一般市民から資金を集める公益財団よりも制約が多く、税制優遇も少ない。このほかに企業財団というものもあり、これは企業が特定の社会的利益のために設立するものだ。こちらは親企業から収益の一部や継続的な出資を受けている場合が多い。

**社会的企業**——社会的企業（Social Enterprise）は、社会目的を掲げる収益創出組織だ。社会的企業は事業戦略によって社会的インパクトを最適化しつつ、そのインパクトを持続可能なものにするために金銭的リターンも求める。インド政府系企業《HLLライフケア》が設立したインドの営利目的産科病院《ライフスプリング》と《アキュメン》はいずれも、成功を収めている社会的企業だ。彼らのビジネスモデルが有効であることが証明されれば、社会的企業は模倣され、世界中に広まっていくだろう。2008年にイギリスで立ち上げられた低価格スポーツジムのチェーンである《ジム・グループ》は現在40店舗以上を構え、社会的企業が儲かることを証明している。このグループは社会的インパクトだけでなく、50％を超える内部利益率を生み出し、出資元である《ブリッジス・ベンチャーズ》の投資者への利回りは3・7倍にもなった。半数以上のジムが支援の乏しい地域にあるため、グループは低所得層の人々に雇用機会を与え、地元住民の福利と健康の両方を改善

している。メンバーの約3割が、ジムの利用は初めてだとという。イギリスには6万を超える社会的企業が存在し、100万人近い雇用と240億ポンド以上の経済効果を生んでいる。

**企業**——企業の社会的責任（CSR）の活動や通常業務の中でソーシャルセクターに携わる場合がある。企業は地域コミュニティの支援や自分たちの専門分野に関連するプログラムの支援を通じて、あるいは自社の製造プロセスを管理することで社会的責任を果たす。欧米の大手企業の3分の2以上が、社会貢献活動を報告している。インドは最近、一定規模以上の企業が利益の最低2％をCSR活動に毎年配分しなければならないとする会社法を施行した。社会的利益を創造しようとする専門部署を設立する企業もあり、そのために収益や技術、時間を投入している。その一例が、《リクイドネット・フォー・グッド》だ。金融テクノロジー会社リクイドネットが立ち上げたこのプロジェクトは、ルワンダの孤児を保護して育てる《アガホゾ＝シャローム・ユース・ビレッジ》や、リクイドネットの専門知識を活用して社会的組織間の情報交換を可能にする《マーケッツ・フォー・グッド》などの取り組みを支援している。

**投資ファンド**——投資ファンドの中にも、社会的目的を持って活動するものがある。ファンドマネジャーは投資家から集めた資金を使って社会的企業やその他の社会的活動をおこなう組織に投資する。インパクト投資ファンドの例は無数にあり、その多くが運営とインパクトの観点から効果を上げていることが証明されている。《インパクトアセッツ》が、一流インパクト投資ファンド上位50

## 適切な組織を選ぶ

**政府機関**——政府は、ほかの組織では特別ではおよばない権力や活動可能範囲、影響力を持っているという意味で、ソーシャルセクターでは特別な役割を果たす。米財務省が主導する「コミュニティ開発金融機関」（CDFI）は、地域開発を促進するプログラムだ。CDFIファンドはその立ち上げ当初から何百もの金融支援助成金を提供してきており、対象地域に対する非政府系投資額の約20倍にもなる金額を創出している。アメリカ政府はほかの助成制度も実施していて、低所得住宅の税額控除やHOME投資パートナーシップなどがその一例だ。

**官民パートナーシップ**——官民パートナーシップとは、民間と政府機関との間の取り決めを指す。通常、プロジェクトはそのすべて、または一部を民間団体が出資し、プロジェクトの経済的リスクの大半はその民間団体が負う。投資に対するリターンは政府機関から直接、あるいはプロジェクトの資産やサービスを使用する他者から得られる。この手段を使えば、投資の債務やリスク特性のために政府が取り組みにくいプロジェクトへの出資も可能になる。インドの辺境地域の人々の地位向上を目指す《スワデーシュ財団》は、地方と政府、企業、そしてNGOからリソースを集め、自立可能な村落の開発を目指す官・民・コミュニティ連携パートナーシップを促進している。

第4章　投資の選択肢を理解する

ミッションを明確にしたら、投資家は投資先を具体的に選ぶ必要がある。その選択を助けてくれるのが、慈善団体調査機関だ。これらの機関はより効果的な投資でより大きな社会的インパクトが生み出せるよう、持続的な社会的利益を生む組織を調査し、評価し、推薦してくれる。代表的な機関としては《Bラボ》《チャリティ・ナビゲーター》《ギブウェル》が挙げられる。数多くの企業や非営利組織が社会的、環境的、ガバナンスなどの要素に応じて並べられたランキングもある。**表6**にはランキング情報を提供する組織を、**表7**には評価システムや指標を記載した。

投資先にふさわしい組織を選ぶうえで、特に重要な要素が2つある。インパクトを生み出せる可能性と、管理能力だ。本書で一貫して強調していることだが、インパクトを生み出せる可能性は、組織によって著しく異なる。ざっくりとしたレベルで、インパクトの種類と大きさが世界的に見てどの程度重要かを比較することは可能だ。近年、メディアでは、あまり命にかかわらない歴史的建造物の保全や学校の充実といったプログラムよりは、貧困や気候変動などの差し迫った重大な問題に社会的投資が向けられるべきだという議論が交わされている。だが、子どもの予防接種のような具体的な問題に取り組む組織の中でも、その能力とインパクトは大幅に異なる。ある組織が1つの学校で予防接種をおこなうために使う同じだけのリソースで、別の組織は村全体の予防接種をおこなえるかもしれない。または、ある組織が再犯率を3%引き下げる一方、別の組織は同じ時間と受講者数の訓練で再犯率を30%引き下げることができるかもしれない。遠大な志とサービスの提供だけでは不十分だ。組織は実際に生み出した、あるいはこれから生み出すことのできるインパクトを証明できなければならない。

| 組織名 | 組織の種類 | 対象地域 | 提供する情報 |
|---|---|---|---|
| ギブウェル | 非営利 | ほとんどの開発途上国、一部アメリカ | ・有効性、費用対効果、資金の必要性、透明性、自己監視力に基づく組織のランク付け。自社調査による<br>・評価した組織の2％を推薦 |
| チャリティ・ナビゲーター | 非営利 | アメリカ | ・経営状態、説明責任能力、実績報告に基づき6,000以上の慈善団体を評価 |
| Bラボ | 非営利 | アメリカを拠点に世界各地 | ・企業の社会的責任、企業ランキング、営利企業へのBラボ認証の基準 |
| ニュー・フィランソロピー・キャピタル | 営利 | イギリス、ただしドイツとインド、アメリカに拡大中 | ・さまざまな分野に関する無料の報告書<br>・具体的な組織についてのカスタマイズされた報告書。プログラムの有効性を重視 |
| ダースラ | 財団 | インド | ・さまざまな組織や取り組み、人々に関する調査報告<br>・非営利および社会事業のリーダー育成<br>・慈善活動家、財団、非営利組織を一同に集めるイベント |
| ベター・ビジネス・ビューロー | 非営利 | アメリカおよびカナダ | ・慈善団体の評価および報告<br>・慈善団体に関する苦情やレビュー |
| ファウンデーション・センター | 非営利 | アメリカを拠点に世界各地 | ・助成金提供者とその助成金のデータベース<br>・オンラインのリソースについて、非営利組織に関する報告書、ケーススタディ、その他の文書を11,000件以上保有 |

表6　情報仲介組織の一例

| 評価／指標 | 提供者 | 組織の種類 | 地理的活動対象 | 提供する情報 |
|---|---|---|---|---|
| S&I 100 | ソーシャル・インパクト・エクスチェンジ | 会員制組織 | アメリカ | 証拠に基づく100の非営利組織および16,000近い現地加盟組織に関するレポート |
| RBS SE100 | ロイヤル・バンク・オブ・スコットランド | 営利 | イギリス | イギリスの社会起業家がもたらした正のインパクトと財務実績に関する情報 |
| グローバルインパクト投資評価システム | Bラボ | 非営利 | アメリカを拠点に世界各地 | 企業やファンドの比較可能な評価や格付け |
| KLD社会格付け評価 | MSCI（旧KLDリサーチ・アナリシス） | 営利 | アメリカ | 機関投資家向けに企業の環境、社会、ガバナンス関連の調査 |

表7　評価システムの例

また、現在の能力を評価するだけでなく、組織が将来も成功し続けられるかどうかも投資家の関心事項だ。組織の内外で発生する問題や機会によって組織の方向性は頻繁に変わるだろうし、大枠の戦略も定期的に見直すことになるはずだ。投資先の組織の経営陣が、こうしたニーズに応えられるだけの能力があるかどうかは確認しておきたい。また、経営陣は効果的な実績管理システムを維持し、そこから得られた知識を継続的なインパクト向上のために活用する能力も持っていなければならない。

## 投資家が果たせる役割

投資先の組織で自分が果たしたい役割を決めるにあたって、投資家には幅広い選択肢がある。いわゆる「小切手帳慈善家」(Checkbook Philanthropists) は距離を置いて、あるいは匿名で

リソースを寄付し、そのリソースをどう活用するかについては一歩下がって組織に決めさせる。社会的投資はファンドに資金を拠出するという場合がある。そのファンドが投資家に代わっておこなう金銭的投資はリスク管理の観点からのみ管理される。これは、大規模な営利組織に投資する場合と同様だ。

金銭的投資に加えて、あるいはその代わりに、さまざまな役割を果たす投資家がいる。たとえば時間を投資する投資家は、投資先の組織の運営や管理になんらかの形で参加するかもしれない。裕福な一族は資金を拠出する対象の組織に積極的にかかわるべきだという風潮が、今ではかなり強くなっている。[20]

投資したリソースに関連してどの程度の関与を投資家が求めているのか、そしてそのリソースがどのように管理され、活用されるかというのが、果たされるべき役割を定義するうえで重要な要素だ。投資家の役割はある意味、投資されるリソースと、投資家にとってのそのリソースの重要性や価値によって決まるとも言える。通常、社会的変化を生み出そうと活動している個人や組織が唯一の投資家であるということはない。ほかの投資家もさまざまな役割を担っており、活動を指示・監督する運営委員会や理事会に名を連ねる者もいれば、単に遠くからリソースを提供するだけの者もいる。[21]

**貢献者**（Contributor）——貢献者とは、リソースを提供したらハイレベルでの交流や交渉をせず、投資先にそのリソースを管理させる寄付者や助成金提供者を指す。貢献者は投資先が効果的にリ

ソースを管理し、何らかの成果を出してくれるものと信頼するのだ。この関係は、提供されたりソースの重要性が投資家と投資先のどちらか、あるいは両方にとってさほど重要でない場合によく見られる。ほかには、与えられたリソースの価値を最大限に引き出す受益者の能力に対する信頼が高く、寄付者がリソースの用途に一切制約を設けていない場合もある。助成金の場合、投資

### 社会的組織の格付け機関——《ギブウェル》

《ギブウェル》は慈善団体を評価するアメリカの非営利組織で、2007年に立ち上げられ、慈善団体の評価、格付け、推奨をおこなっている。注目するのは慈善団体の有効性の証拠、費用対効果、透明性、自己監視力、そして資金の必要性だ。評価の結果はギブウェルのウェブサイトで公開され、投資家が選択をおこなう際に役立てられるようになっている。たとえば、辺境地域に医薬品を届けるアメリカの非営利組織《ヴィレッジリーチ》の最新レポートには、詳細な進捗が記されている。ギブウェルはヴィレッジリーチが直面している問題やどの程度の資金が必要か、どんなことを達成してきたかを明確に伝えているのだ。そしてギブウェルは、透明性とインパクト測定に向けたヴィレッジリーチの努力を特に高く評価している。

家がリソースの運用や成果について説明責任を求める場合が多い。助成金提供者と助成先との間のやり取りはさまざまな形でおこなわれ、重要なマイルストーンを達成できるかどうか、そして将来のプログラムについて合意ができるかどうかによって支援の継続が左右される。

**委託者（Contractor）**──委託者となると、まったく異なる関係が存在する。投資先が投資家の請負業者として働き、投資家の目標を支援するプロジェクトやプログラムを実施する場合に出てくる役割だ。助成金提供組織は具体的な社会的目標がある場合が多く、その目標を追求するために、同じような目標と適切な運営経験がある組織への投資をおこなう。

**擁護者（Champion）**──一部の投資家にとって、重要な役割とは組織または目的の擁護者であることを指す。擁護者は活動の代弁者として、政府や企業との連絡係として、寄付の調整者として、あるいはその他さまざまな役割を担う。擁護者は投資先がその善行を広く知らしめるための手伝いをし、組織の能力に見合った評価やリソースを受けられるようにする。

**アドバイザー（Advisor）**──投資家は、ビジネス戦略やリスク管理、プログラム実施の技術面など、さまざまな知識について投資先にアドバイスを与える。アドバイザーは広範囲におよぶパートナーとしての役割を果たすこともあり、エンジェル投資家【訳注／立ち上げ間もない組織に資金を提供する投資家】やベンチャー投資家にかなり近い役割を担ったり、特定の問題についてのコンサルタ

第4章 投資の選択肢を理解する

トとして働いたりする場合もある。アドバイザーは出資者の場合もあれば、同じような社会的目標を掲げて知識と経験をほかの組織と共有する組織の場合もある。低所得層の若者の地位向上を目指すアメリカの財団《エドナ・マコーネル・クラーク財団》は、事業計画や実績トラッキングシステムの開発、外部評価、人材開発、成長資金などの面で助成先を支援しながら、複数年にわたる無制約の投資をおこなっている。アメリカのフィランソロピー投資組織《ベンチャー・フィランソロピー・パートナーズ》が組織に投資をおこなう場合は、まず投資先との長期の信頼関係に基づくパートナーシップを築き、組織の能力を育成するために、複数年にわたる大規模な投資に加えて経営上のアドバイスや専門知識も提供している。

**実践者（Implementor）**——投資家が社会的変化を生む取り組みに直接携わっている場合、その投資家は同時に実践者でもある。NGOや社会的企業も実践者だ。

**補完者（Complementor）**——しばしば見落とされがちな役割が、この補完者だ。ある組織が別の組織を手助けし、その組織が社会的目標を達成できるように補完的な製品やサービスを投資するケースがこれにあたる。募金集めの活動が実施されているときに営業時間を少し長くするレストランなどがその例だ。ヒューストンで毎年おこなわれる「レストランウィーク」では参加飲食店が販売する1食ごとに一定額をヒューストンのフードバンクに寄付している。

協力者（Collaborator）——投資家間の協力も、社会的インパクトの追求においては重要だ。単独で活動する投資家も多いが、共同体の形を取り、リソースを1カ所に集結させて資金需要を満たしたり、コストやリスクを分散させたりする投資家も多い。《キヴァ》でマイクロファイナンスの融資をおこなったり《キックスターター》のプロジェクトのために資金を提供したりするためにリソースを持ち寄る小額投資家は、1つの目標に向かって協力する投資家のわかりやすい例だろう。インパクト投資ファンドに参加している大口投資家などは、幅広いポートフォリオのプロジェクトでリスクを分散させるために資金をプールする場合もある。財団は有望な投資先に対するデューデリジェンスやプロジェクトを評価する際に協力し合ったりすることもある。

### 行動指針

❶ 投資機会を1つずつ評価し、自分の社会的インパクト目標やほかの投資目標と合致しているかどうかを見極める。

❷ 金銭的投資をどのように構成するかを決める。

❸ あなたが求めるリターンをもっとも提供できる組織はどれかを見定める。

❹ 投資を管理するうえで自分がどのような役割を担い、どの程度積極的にかかわりたいかを決める。

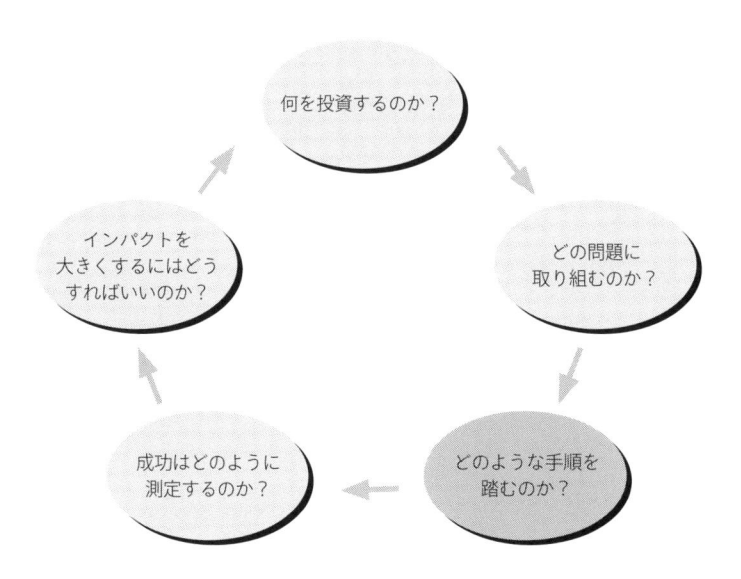

# 第3部
## どのような手順を踏むのか？

- 何を投資するのか？
- どの問題に取り組むのか？
- どのような手順を踏むのか？
- 成功はどのように測定するのか？
- インパクトを大きくするにはどうすればいいのか？

# 第5章 社会的インパクトがどのように生み出されるのか

社会的インパクトを生む方法はいくつもあり、さまざまな種類の組織がさまざまな方法でインパクトを生み出している。この多様性は特に、非営利組織と営利組織のアプローチで顕著に見られる。非営利組織や社会的企業は自らの製品やサービスが生み出すインパクトに注力しているが、営利企業は主に、自社の通常業務の過程で生み出されるインパクトのほうを重視するのだ。つまり、非営利組織は自社の製品を使う消費者や受益者によって生み出される社会的インパクトを中心に考える一方、企業が中心に考える社会的インパクトは、製品の調達・製造過程を通じて生み出されるものである場合が多い。

一般的に、社会的な目的を持つ組織がインパクトについて考える際には一次的インパクトの範囲、つまり自らが直接、そして慎重に管理するインパクトという限られた範囲だけに目を向けている。だがどのような組織も、二次的なインパクトを同時に生み出す。消費するリソース、雇用する人々、実施する手順、生産する製品や副産物などはすべて、プラスにもマイナスにも、社会的インパクトを生み出し得るのだ。

## 第5章　社会的インパクトがどのように生み出されるのか

組織が与える最大限の社会的インパクトを本当の意味で理解するには、自らの活動や製品が社会と環境にどのように作用するのかを広範に見る必要がある。これは簡単なブレインストーミングでできる場合もあるが、インパクトを与え得る主な領域をすべて洗い出す、より包括的なアプローチを使えば、より完全な理解を得られるだろう。

詳しくは第9章と第10章で触れるが、主要なインパクトの範囲を計画し、トラッキングするシステムは、求める変化を生み出すために大きく前進させてくれるツールだ。だが正のインパクトを保護して大きく育てつつ、負のインパクトが生まれる可能性を抑えたいと思うなら、二次的インパクトについても認識しておかなければならない。組織の一員として時間と知識を投資しているのであれ、寄付者や投資家として組織の運営に資金を提供しているのであれ、組織がおこなう通常の経過報告よりも幅広くインパクトの範囲を理解する必要がある。

組織の社会的インパクト目標を理解することは、その目標に同意することと同義ではない。たとえば、出席率を高めるために学費を安くした学校のモデルがあったとしても、教室の収容人数が多すぎ、生徒を共通試験に合格させるための暗記学習に依存してしまっていたり、女子教育の促進により、若い女性が故郷の村を離れて都会に出て行ってしまったりといった結果を生む場合がある。利害関係者はその価値観によって、これらの結果をプラスと見る場合もマイナスと見る場合もある。だからこそ、こうした組織の社会的利益を1つの尺度で客観的に比較するのは難しいし、その組織に客観的な評価や格付けをおこなうのも難しいのだ。組織は自らが生み出すインパクトを正確に定義して慎重にトラッキングする必要があり、さらにはそのインパクトをできるかぎり可視化

しなければならない。そうすれば、組織の活動によって生み出される成果が自らの価値観やインパクト目標が合致していると、幅広い利害関係者が感じられるようになる。

## ミッション第一

社会的インパクトを生み出す第一歩は、組織の社会的ミッションを可能な限り明確にしておくことだ。どのような製品、顧客、社会的変化の目標を持つのか（ミッションについて詳しくは第6章を参照）。非営利組織や社会的企業は社会的ミッションを掲げているし、財団やインパクト投資ファンドもミッションを持っている。企業の中で社会的変化の促進を担う部門にも社会的ミッションはある。もっとも重要なインパクトを生み出すためのルートは組織によってさまざまだが、どの組織もそれぞれの方法でインパクトを生み出していることに変わりはない。組織が社会的変化を生み出すために選べるルートは主に3つある（図10）。

● 製品およびサービス
● オペレーション（業務運営）
● 投資

ほとんどの組織がこの3つのどれか、社会的ミッションにもっとも合う道筋を通って一次的変化

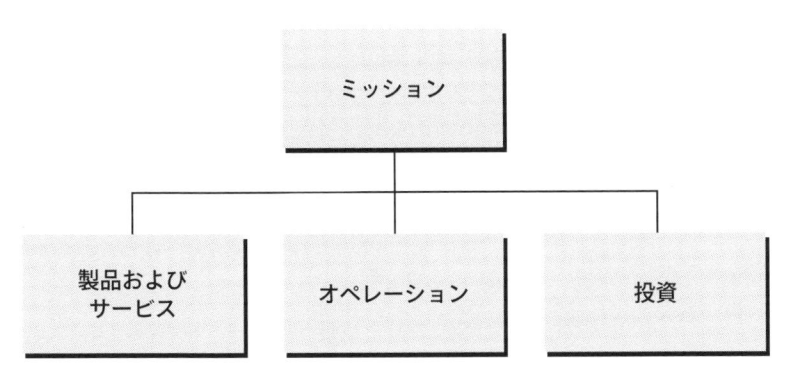

# 第5章 社会的インパクトがどのように生み出されるのか

```
        ┌──────────────┐
        │  ミッション  │
        └──────┬───────┘
    ┌──────────┼──────────┐
┌───┴────┐ ┌───┴────┐ ┌───┴────┐
│製品および│ │オペレー │ │  投資  │
│サービス │ │ ション  │ │        │
└────────┘ └────────┘ └────────┘
```

図10 社会的インパクトを生み出す主な道筋

に取り組む。一次的目標に加えて、組織はこの3つの道筋すべてについて二次的インパクトも生み出す。これらの道筋を理解し、管理することで、組織はその一次的目標を達成し、関与するすべての領域で高い社会的評価を保つことができるのだ。

組織の社会的ミッションは、これらのルートの中心的な要素になる。もっとも基本的なレベルで言えば、ミッションは組織が提供する製品やサービスがどんなものかを言い表し、それらの製品やサービスが対象とする主な受益者が誰かを示す。説得力のある社会的ミッションを打ち出し、そのミッションを促進するように組織を設計することが、すべての活動の基盤となるのだ。明確なミッションがあれば、組織はどのような方法でも継続的な変化を生み出しつつ、目標を追求することができる。運営上の細かい方法は時代とともに変わっていくし、戦略を変え、新しい市場に参入し、新しい製品やサービスを開発するかもしれない。だが明確なミッションがあれば、こうした変化は目標に対する組織の焦点をぼかすのではなくむしろ強化し、組織を本来のミッションから

ミッションとは、継続的なものだ。組織の理事会やプログラム、投資家や価値観が変わっても、ミッションはずっと残る。ミッションそのものが数々の判断の基盤となり、どの道を選ぶか、どの価値観がもっとも重要か、どの受益者を対象とするか、どのような人材を採用するかを決めさせてくれる。また、組織が利害関係者や業界にどのようなことを伝えたいかを決める基準にもなる。

強力なミッションは、存在そのものを通じて多くのことを伝えている。強力なミッションを掲げる組織の例としては、営利企業の《プーマ》が挙げられる。プーマはスポーツを中心としたライフスタイルを促進する先駆者でいることで、より安全で、より平和な、そしてよりクリエイティブな世界に貢献できると信じている。組織のミッションが十分に強力かつ明確である場合、そして組織がミッションを中心にアイデンティティと文化を構築している場合、膨大なメリットが生まれる。今の世界では環境の変化、技術の変化、競争や消費者のニーズ、その他多くの要素の変化が常に起こっている。正式な管理システムが完全に追いつくことは決してないが、明確なミッションとそれに基づく文化があれば、対応の仕方はおのずと示される。その結果、スタッフや投資家、その他の利害関係者が下す何百何千という小さな決断が、ミッションの達成に向けて組織を動かしていくはずだ。

ミッションを指針とすることは、対処の難しい市場、たとえば戦争で荒廃した地域や自然災害の被害地域、基本的なインフラや機関が不足している地域で活動する際には特に役立つし、ちゃんと様式化された方針および手順を策定するのが間に合わないくらい急速に変化を続ける組織でも役に

立つ。

ミッションを指針とすれば、組織はその目標を達成するための適切なリソースや専門知識を見つけ、揃えることができるはずだ。この目標を念頭に置いておけば、生産性も高められるだろう。そ れぞれのリソースが、目指す成果のさらなる達成に向けて分配され、活用されているからだ。同時に、 組織の関係者は求める結果が達成されているという兆候を常に探し、成功を妨げるような脱線が起 こりかけたらすぐに気づく。

組織は成長するにつれて分散して複雑になり、さまざまな事業部門やプログラム、活動間の連携 を取るのがどんどん難しくなる。だが組織の関係者が情熱をもってミッションに取り組んでいれば 連携は自然に生まれ、ミッション追求のための協力はごく普通におこなわれるはずだ。

## 製品やサービスが生み出すインパクト

一般的に、社会的組織は正の社会的インパクトを生み出すための製品やサービスを生産する。だ が製品が生み出すインパクトの範囲は幅広く、必ずしもすべてがプラスに働くものではない。製品 がインパクトを生み出す方法には以下のようなものが含まれる。

- 顧客に対する利益
- 顧客以外に対するインパクト

● 使用と安全性
● 製品の廃棄

製品とサービスは受益者との直接の交流によってインパクトを生むこともあれば、研究やアドボカシー活動などを通じて間接的にインパクトを生む場合もある。たとえば、HIV／エイズに関する研修を受けた人物が自分の態度を改めたり、地元の人々にも態度を改めるよう促したりするかもしれない。製品の使用や廃棄の方法も、重要な要素だ。屋外で作物に散布された殺虫剤は、貯蔵されている作物に直接かけるとまったく違う効果を生むかもしれない。余った殺虫剤を飲み水にも使われる川に廃棄すれば、下流の人々が影響を受ける。

製品提供者は通常、製品が与える正のインパクトについてよく理解している。社会的・環境的問題による大きな穴が市場にあることに気づき、その穴を埋めるべくリソースを提供してきたからだ。市場が社会の求める製品やサービスを提供できなければ、社会はそういったものなしにやっていくか、その次の選択肢で妥協するかしなければならなくなる。病気の人が医療サービスを受けられないために在宅医療で妥協したり、医療サービスなしでやっていくかしたりするのがその例だ。市場の穴を埋めるには、いくつもの壁を乗り越えなければならない。求められる製品やサービスが市場にあることはあるが、顧客の手が届く価格ではないかもしれない。その場合、社会的組織が顧客が買えるようにもっと安い値段で代替製品やサービスを提供したり、補助金付きの値段でそれを提供したりすることもある。流通も、特に開発途上国ではよく生じる問題だ。製品を必要として

第5章　社会的インパクトがどのように生み出されるのか

いる顧客に届けるためのインフラや機関が不足している国は数多い。道路や通信網といった物理的インフラの欠如が障害となる場合もある。あるいは、物流システムやそれを管理する人材が不十分だというケースもあるかもしれない。必要としている人々に製品を届けるため、社会的組織が物的リソースや専門知識を提供できる場合もある。

《ナヤ・ジーヴァン》は、南アジアで安価な健康保険を販売する非営利の社会的企業だ。南アジアでは公衆衛生プログラムへの財政支出が少ないため、この地域の低所得層は高品質な医療を受けられず、医療危機にさらされている。ナヤ・ジーヴァンは成人1人当たり毎月わずか2.5米ドルという低価格な健康保険を提案し、パキスタンとインドの何百万人という低所得労働者層が適切な医療を受けられるようにした。[1]

社会的問題に取り組むために必要な製品やサービスの中核には、人々の暮らしや環境を豊かにする可能性が秘められている。一方、企業が利益を生むために生産した製品やサービスも、社会的インパクトを生み出すことはできる。だが概して、企業は自社製品の社会的インパクトを評価する努力をあまりしていない。消費者が製品を十分有益だと考え、それを購入して使用することが、その製品の価値を示す1つの指標と言える。だが製品が購入されたからと言って、それが生み出すインパクトのすべてが良いものだとは限らない。たとえば、タバコやファストフードに関連する健康問題について近年高まっている議論は、これらの製品のマイナス面に焦点を当てている。最近は、多種多様な製品の社会的価値についても議論が投げかけられている。SUV車、美容整形、クレジットカード、大学教育までが槍玉に挙げられているのだ。

製品に潜在的恩恵があったとしても、消費者がそれを有益な方法で使っていない可能性もある。開発途上国への援助プログラムに対する批判にはしばしば、現地の人々が必要としていない製品を配布したり、最初のうちは役に立つが効果的に維持管理できない製品が提供されていたりするという話が聞かれる。中には、使い方によっては危険になる製品もあるかもしれない。たとえば、金を節約するために粉ミルクを水でかなり薄めて飲ませる母親がいるが、それによって赤ん坊が栄養失調になったり、水が清潔でなければ深刻な病気になってしまったりする可能性がある。

製品が効果的に使用され、生活の質を実際に上げることができたとすれば、その製品を提供している組織は当然、正の社会的インパクトを生み出せていると考えるだろう。だがそうした製品が生み出す全インパクトに対する評価は、対象とする受益者グループに与えそうで与えないにせよ、ほかのグループもその製品やサービスによって影響を受けており、本来は彼らの経験も考慮されるべきなのだ。

たとえば、新しい製品や代替製品を導入すると、既存の業界や市場が影響を受けるかもしれない。プラスの結果を生むとは限らないのだ。アメリカの靴メーカーである《トムズ・シューズ》は、先進国で靴が1足売れるごとに1足を開発途上国に寄付するプログラムを実施している。このプログラムは多くの地域で不足している靴を提供するものではあるが、無料の靴が流入することで市場が混乱し、地元の靴屋を廃業に追いこむかもしれないのだ。[2] このような結果も、製品やサービスの社会的インパクトを十分に見

定める際には考慮するべきだろう。

製品がもたらすインパクトは、消費者の使い方によって左右される場合もある。《プロクター・アンド・ギャンブル》は、洗濯による環境汚染を大幅に減らせる冷水用の洗剤を開発した。だが多くの消費者がきれいに汚れを落とすにはお湯でないとだめだという考えをなかなか捨てられなかった。つまり、製品のインパクトは、製品に伴うマーケティングがどれほど有効か、消費者に対する教育がどれだけできるかに左右されるということになる。同様の問題は、抗生物質にも見られる。患者が処方された抗生物質を最後まで飲み切らず、症状が和らいだら飲むのをやめてしまう場合が多いのだ。この習慣によって患者の免疫力が下がったり、病気の原因である菌種の力を強めてしまったりする可能性がある。

そのほか、消費者が使用後に製品をどのように廃棄するかによってインパクトが生まれる場合もある。電池や電子機器は、適切に廃棄されなければ深刻な環境汚染につながる可能性がある。世界中でさまざまな物を入れるために使われるビニール袋も、ビニールが問題となるような場所に溜まってしまったりする。その代表が、「太平洋ゴミベルト」だ。

製品のプラスやマイナスが総合的に評価可能で、たとえば生鮮食品はタバコより評価が高いだろう、などと考える向きもある。環境ライフサイクルの分析は製品の社会的・環境的な損失と利益を評価する1つの方法だ。ライフサイクル分析とは製品をその製造から使用まで追跡調査するもので、その製品がどのように作られ、使われ、最後にどのように廃棄または再利用されるかを検証する。

《ウォルマート》などの大手企業は、自社製品の社会的インパクト評価手法を開発しており、最終的

には消費者が購買決定時の判断材料にできるようなラベル表記やその他の可視化手段を提供したいと考えている。

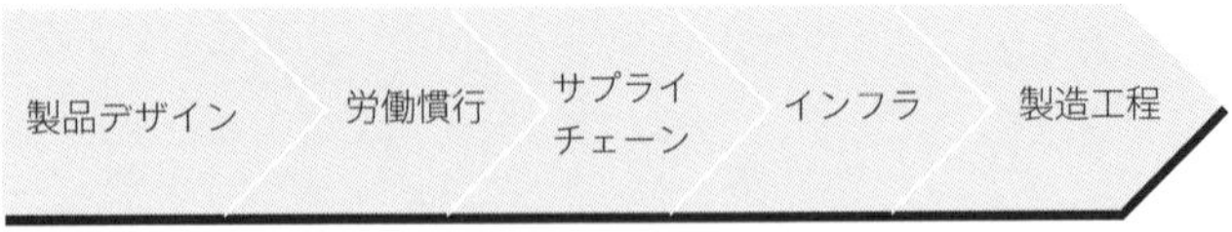
製品デザイン
労働慣行
サプライ
チェーン
インフラ
製造工程

図11　オペレーションによるインパクトの要因

## 業務（オペレーション）によるインパクト

業務（オペレーション）上の判断が1つ下されるたびに、組織は正または負のインパクトを生み出す。非営利組織の多くがこれらのインパクトを検討せず、組織の一次的インパクト目標を支持するのか阻害するのかを理解できていない。業務上のインパクトを無視していたら、主要製品のインパクトを評価するためにどれほど高機能な評価手法があったとしても、組織が生み出し得るすべてのインパクトを大きく読み間違えてしまうだろう。

世界中の大企業が、業務のもたらす社会的利益や損失について報告するようになってきている。こうしたインパクトは単独の報告書に記載される場合もあれば、株主に配られる年次財務報告書に含まれる場合もある。社会的企業は別として、企業は通常、自社製品の社会的インパクトについては顧客にほとんど情報を提供しない。だが、業務によって生まれる社会的インパクトについては徹底的な調査をおこなっているかもしれない。**図11**は、業務上のインパクトがどのようなところから生まれるかを示している。

第5章　社会的インパクトがどのように生み出されるのか

- 製品デザイン
- 労働慣行
- サプライチェーン
- インフラ
- 製造工程

## 製品デザイン

　製品またはサービスのデザインも、消費者やその他の人々への最終的な有用性と安全性に影響を与える。1回ずつ飲みきれるようになっている薬のパッケージやリサイクル可能な容器のように、製品デザインによって適切な使用と廃棄が確実におこなわれるようにすることができる。先の項目で説明した製品とサービスのインパクトはある意味すべて、そのデザイン開発の段階でおこなわれた選択によって生じたものだ。

　製品を作るために使われる材料も重大なインパクトを生む可能性があり、賢く選ばなければならない。製品によっては、デザイン時にすでに具体的な材料が確定しているものもある。たとえば、携帯電話などの電子機器を作る会社は、製造過程でタンタラムや錫、タングステンを用いる。これらは、コンゴ北東部などの軍閥支配下にある紛争地域で産出される場合が多いため、「紛争鉱物」と呼ばれる鉱物の一例だ。そのような地域から材料を調達すれば、紛争を支援しているとみなさ

れてしまう。人権侵害国家や労働環境の安全性が不十分な工場からの材料調達も、やはり問題になる。村人に安価なフロアマットが提供できたとしても、そのフロアマットが児童労働によって作られたものなら、負のインパクトのほうが大きくなってしまうのだ。

環境的インパクトを重視する製品デザイナーは、製造工程で使われる材料の量を減らすために非物質化戦略を用いる。製品をリサイクルやリユース可能にするというのも、デザイン時に組み入れられる特徴だ。中には簡単に分解できる製品もあり、再利用可能なものと廃棄するものに分別できるようになっている。今では多くの自動車メーカーが分解しやすいデザインを採用しており、一部の車種では多くの部品が再利用されるようになっている。《ナイキ》の「コンシダード・デザイン」プログラムは、よりすぐれたデザインおよび製造工程を通じて製品の持続可能性を向上させるというものだ。環境的に推奨されるデザインを使用すると材料費が高くなってしまう場合があるが、靴や梱包材の無駄が減り、保管にコストがかかる有害物質の使用も減らせるため、最終的には製品の原価を下げることができる。

サービスのデザインも、インパクトを与えることができる。たとえば、提供場所は受益者または顧客のあり方に影響を与える。地方に支店があれば、サービスが行き届きにくい顧客にもサービスを提供できるようになるかもしれない。そしてサービスのプロセスにも、インパクトを組み込むことが可能だ。サービス従事者が現地の言葉を話すことが求められるプロセスがあれば、その従業員は対象地域内から採用することになるだろう。

サービスは、製品の代替品として機能することもある。携帯電話の貸し出しプログラムは自分で

第5章　社会的インパクトがどのように生み出されるのか　133

は携帯電話を買えない多くの人々にコミュニケーション手段をもたらし、家族や友人とすぐに連絡が取れたり、健康に関するアドバイスや現在の穀物価格といった貴重なサービスにもアクセスしたりできるようにする。こうしたプログラムは製造、出荷、そして最後に廃棄される携帯電話の数も減らすことができる。

組織だけでなく産業も、提供する製品やサービスに基づいて評価可能だ。環境的・社会的格付は、ある産業がほかの産業よりも正の社会的インパクトをもたらすと評価する。たとえば、再生不可能なリソースを使う搾取企業は教育分野よりも評価が低い。環境に対する総合的な負のインパクトが、その産業で製造される製品がもたらす正の社会的インパクトよりも大きくなり得るからだ。

## 労働慣行

適正な労働慣行は長年推進されてきており、理解も十分に進んできた。国際労働事務所などの組織が、国家の法律の枠を超えて、すべての企業が順守すべき基本的な労働慣行のリストを作成している。

中には、一次的な社会的インパクトを製品やサービスではなく、労働慣行を通じて生み出す企業もある。オレゴン州ポートランドにある《デイヴス・キラー・ブレッド》は、出所した既決重罪犯を採用している。彼らは職を見つけて社会復帰するのが難しいからだ。製品の重要性は二次的だが、やはり正のインパクトを念頭にデザインされている。ここで作られるパンは低脂肪な上に繊維質とタンパク質を多く含み、地元の有機農作物を使う。元CEOのデイヴ・ダールは自身がかつて既決

重罪犯だった経歴を持ち、従業員や社会に対するインパクトについて関心ある人々に注意深く紹介・追跡調査している。また、事業内容や従業員の人生の成功を注意深く紹介する活動に、毎日膨大な時間を費やしている。これらのことが評価され、ダールは数々の道徳・市民関連の賞を受賞した。

採用を通じて社会的インパクトを生み出したいが、適切な技能を持った人材をなかなか見つけられないという組織もあるかもしれない。経営能力と基本的な雇用適性が、ある地域では欠けているかもしれない。この問題に対処するため、一部の雇用主は従業員が仕事に就ける状態になれるように日常生活訓練を実施している。インドの《タージ・ホテルズ・リゾーツ＆パレス》は教育系団体《プラサム》と協力し、貧しい村の人々がタージの系列ホテルで働くために必要な研修を受けられる機会を提供している。研修は靴紐の結び方や銀器の使い方といった基本から始まり、難易度の高い客室清掃やレストランでの技能まで段階的に進んでいく。そして最後にタージ・ホテルが彼らを雇ってごく簡易な住居を提供し、タージ・ホテルでの勤務経験という立派な経歴をもとにほかの、おそらくは故郷にもっと近い場所で仕事に就けるようにしているのだ。

## サプライチェーン

企業が製造もサービスも外部委託するようになるにつれ、サプライチェーンによるインパクトはますます注目を集めている。たとえばナイキは6大陸で4万人以上の従業員を抱えているが、これはナイキと契約している700以上の外注メーカーで働く人数に比べればごくわずかなものだ。物流関連のインパクトを抑え、現地のサプライヤーを支援するために現地で材料を調達するのも、

社会的インパクトを生み出す1つの戦略だ。場合によっては、企業が直接雇用する従業員ではなく外部委託を使うことで、社会的インパクトを生み出せることもある。地方の天然繊維生産者と市場を結びつける活動をしているインドのハイブリッド型社会的企業《インダスツリー・クラフツ》は、地元の職人たちをまとめあげて生産企業を作り、それらの企業を金融資本に結びつける。この職人は商品1個当たりいくらという支払いを受ける労働者ではなくなり、自立した社会的企業のオーナーになるのだ。製品は独立した小規模起業家によって調達され、彼らは自らの財務、生産量、品質を管理する責任を負う。このようにして事業が強化され、最終的には顧客基盤を拡大できるようになる企業も数多い。インダスツリーの社会監査を見れば、職人たちの年収が3倍にまで増えたことがわかる。[4]

## インフラ

工場などの設備も、場所の選択によっては重要な社会的インパクトを生み出す。経済特区の設置や税制優遇などの措置によって積極的に企業を誘致している政府もある。巨大産業や汚染産業は国内に入れたくないという政府もあるかもしれない。工場やその他の事業を支援するために作られるインフラはどのようなものであれ、さまざまなインパクトを生む。
建物のレイアウトも、建築資材や照明、環境大気、人間工学的配慮、その他多くのインフラ特性などからインパクトにかかわってくる。こうした要素はすべて、従業員と周辺地域住民の両方の

生活の質に影響をもたらす。

建物が環境破壊をもたらしたり周辺地域の暮らしに支障を与えたりすると、企業は道路や水資源、学校の補修など、ほかの社会的プロジェクトで補償しようとする場合が多い。インド最大のセメント輸出業者《アムブジャ・セメント》は、工場建設に関連して生じた支障に対し、現地雇用や水資源の改善、診療所の設立などで周辺の村に補償をおこなった。アムブジャはほかにも、社会的インパクトを改善させるようなインフラ投資をいくつもおこなっている。たとえば、同社はエネルギー効率にすぐれたバイオマス燃料を使う電力技術を先駆的に開発した。また、水資源保護のために雨水貯留や排水管理などの水管理技術を導入。さらには輸送距離を短縮し、輸送に伴う排気を削減するために港も建設した。

ほかにも、直接的に正のインパクトを生み出せるインフラ開発がある。小規模事業を支援するために地方に貸し付けのネットワークを構築すれば、教育や医療などのサービス提供に役立つ。事業のために作られた道路や通信インフラは、遠くの市場やサービスへのアクセスという貴重な恩恵を地域住民にもたらす。

## 製造工程

製品をどのように製造し、サービスをどのように提供するかも、社会的インパクトの重要な要素となる。メーカー企業であれば、製造上の選択肢によっては重大な影響を、特に環境にもたらすかもしれない。通常、社会的インパクトを重視する組織は製造施設に入ってくるインプットと出てい

第5章　社会的インパクトがどのように生み出されるのか

くアウトプットの両方を気にかけるものだ。製造工程で使用されるエネルギーや水などの資源は管理すれば削減できる。施設を出ていく排気やゴミも、負のインパクトを生み出す可能性があるため、慎重に管理する必要がある。多種多様な産業の企業が、環境的に有益な工程を採用している。石油会社《シェブロン》は、天然ガスと炭素を組み合わせて地表下層に封入し、油田地域にうっかり持ちこまないよう注意することで、生物多様性にも貢献している。侵入生物種や植物種を貯留するというプロセスを通じて温室ガスを削減している。また、

## パッシブ投資によるインパクト

組織が現在の業務には必要のない資金を持っている場合、その資金は、本書では「パッシブ投資」と呼ぶものに投資される。たとえば、財団が巨額の寄付を受けたが、毎年使うのはそのごく一部という場合がよくある。そういった場合、その資金は永続的に残し、法で定められた最低限の助成金を毎年支払うだけという財団もある。あるいは、業務上必要になるまでは投資し続ける資金を持っている財団もある。ここでは、パッシブ投資の3つの種類を見てみよう。ミッション関連投資（MRI）、プログラム関連投資（PRI）、そして社会的責任投資（SRI）だ。

パッシブ投資は、社会的インパクトの重大な要因となり得る。たとえば、資金は主に金銭的なボトムラインしか気にしない企業の公開株に投資することもできるし、同時に社会的なボトムラインを慎重に管理する企業に投資することもできる。前述のとおり、こうした企業の製品も業務も、

大きな社会的利益あるいは損失を生む可能性がある。理想的には、パッシブ投資は組織のミッションに沿った資産に使われるべきだ。このような投資はミッション関連投資と呼ばれ、インパクト投資の1つの形だ。この形の投資は、金銭的リターンと社会的インパクトの両方を追求する。

財団は、プログラム関連投資に資金の一部を注入する場合が多い。このようなPRIとするインパクト目標を推進するという明確な意図を持って設定されており、金銭的リターンが最優先とうかは重視されない。毎年寄付金の中から一定額を支出するよう定められている財団の場合、PRIに関連する支出で市場価格の投資から得られるリターンよりも低いものはすべて、規定の支出の一部として考えられる。一般的なPRIの例は、市場より低い金利で貸し付けられる融資だ。

また、社会的組織へのベンチャー資本や未公開株式の提供もこれにあたる。⑥

オレゴンに拠点を置くフィランソロピー団体《マイヤー・メモリアル・トラスト》は、総資産の10％以上（7000万ドル以上）をミッション関連投資として保有している。「ブルズ・アイ」戦略が用いられ、オレゴンで環境的・社会的・経済的インパクトを直接生み出す有益な投資をターゲットの中心（ブルズ・アイ）とし、それを最優先の投資先に設定している。ターゲットの一番外側に位置するのは、トラストのミッションにそぐわない投資だ。これらの投資機会は、規模が大きくなれば利益以上に害をもたらすことにもなりかねない。そこでそのような問題を避けるため、トラストはそれぞれの機会を体系的に評価している。

投資する資金は組織のミッションやその他の組織とは関係ないかもしれないが、それでもやはり、社会的このような投資は組織のミッションとは関係ないかもしれないが、公開株や債券などの一般的な投資手段も用いる。

# 第5章 社会的インパクトがどのように生み出されるのか

責任のある投資になり得る。SRIは、負の社会的インパクトを生み出す可能性がある投資を避けるように資金を精査したものだ。正の社会的インパクトを促進するものだが投資対象という場合もある。たとえば、クリーンエネルギー活動をする組織が通常の社債を購入するのではなく、公共交通機関に出資する地方債に投資するかもしれない。妊産婦ケアを推進する組織が製薬会社の株を購入したり、癌研究に多大な予算を組んでいる企業に投資したりするかもしれない。株を所有していれば、その組織はほかの株主と同等の権利を有する。したがって企業の活動に影響を与えるような株主決議を提出するなどのアドボカシー活動をおこなうことも可能だ。

多くの組織が、寄付金やその他の利用可能な資金を通常の市場投資に充てている。これは、ミッションに密接につながるパッシブ投資戦略を立てられるだけの専門知識も人材もないからだ。経済開発や住宅、環境など一部の分野では、資金を運用する仲介組織があり、投資家の社会的インパクト目標を推進するような企業に確実に投資できるようにしてくれる。⑦

## 行動指針

❶ 持続する社会的インパクトを生み出すためには、まずミッションから見直そう。

❷ 最大のインパクトが生み出せるのはどこかを特定する。通常、非営利や社会的企業であれば製品やサービスで、営利企業であれば業務だ。

❸ 自社製品がその使用中と廃棄後の両方において、どのように利用者とそのコミュニティに影響をおよぼすのかを知る。

❹ サプライチェーンや使用する材料、労働慣行などを通じて、業務が社会的インパクトにどう貢献できるかを理解する。

❺ 多額の寄付やその他の資金を社会的に有益な投資に回し、すべての投資が大きなインパクトを生み出せるようにする。

# 第6章 行動をインパクトにつなげる

あなたはなぜここにいるのか？ あなたの組織の存在理由は何か？ あなたにとって成功とは何を意味するのか？「私の投資によって、世界はより良くなった」とあなたが言えるのは、どうなったときか？

実は、これらの質問に簡単に答えられない組織は、驚くほど多い。だが社会的変化を生み出すことがあなたにとって重要ならば、どのような変化を追求するのかを思い描き、正確に説明できることが大切だ。

流動的な状況の中で目標が急速に変わっていくような場合でも、これらの問題について定期的に考えることはとても重要だ。さもなければ、今この瞬間に一番目立って見える問題に取り組んだり、その場しのぎの火消しに奔走したり、有力な利害関係者の要望に振り回されたりしてしまうかもしれない。自分が起こしたい変化を明確に理解して初めて、その変化を生み出せる行動を計画し、実施することができるのだ。

すぐれた投資計画は、目指す社会的変化についての明確な考えから始まる。組織の最終的な

ミッションについて主要な投資家全員が理解し、理想的には合意もしておくべきだ。企業であれば、ミッションは提供するべき製品やサービス、対象市場、あるいは製品やサービスを届けてもらいたい特定の顧客を具体的に示す場合が多い。戦略は組織がどのようにして製品やサービスを顧客に届けるかを定義し、競争環境において市場シェアを獲得するためにどう差別化を図るかを示す。

市場は、企業の戦略や製品が通用するかを見極める最終試験の場だ。顧客のリピート購入という形でのフィードバックでわかりやすい。企業は、これらのフィードバックに即時的に対応して戦略や業務を修正する。だが社会的インパクトを目標に掲げる組織にとって、ミッションをどの程度達成できているかを見定めるのは非常に難しい。有効性を判定したりお褒めの言葉をくれたりするような市場のルールは存在しないからだ。

ほとんどの非営利組織は、自らのインパクト目標をどの程度達成できているかを理解していない。1つにはフィードバックが少ないから、もう1つにはミッションが評価と結びついていないからだ。2012年に非営利組織について実施された調査では、ミッションに関連するデータをトラッキングしている組織はほとんどおらず、何がうまくできて何が達成できたかもわからず、したがって経験から学んで計画を策定することもできないままだった。イギリスでは、計画立案モデルをちゃんと理解し使用している慈善団体は全体のわずか20％で、小規模の慈善団体で計画立案モデルを使えているのは10％に過ぎなかった。彼らに言わせれば、寄付金をどれだけ有効に使えたか調べる寄付者などほとんどいない。寄付する前に調べることもほとんどしないし、したとしてもインパクトではな

く、効率についてのものであることが多い。そうなると、非営利組織が有効性を証明できても、それができない組織よりも多く資金を集められるとは限らない。イギリスにおける寄付金についての調査では、有効性を証明できる団体を優先的に選ぶという寄付者がたったの18％という、驚くべき結果が出た。

受益者と出資者の両方を満足させたい組織にとっては、両者を満足させられるような明確なミッションが不可欠だ。ミッションと戦略は組織が追求する社会的変化の内容を定義し、それを生み出すために採用する仕組みも定義する。

ミッションを明確にし、主要な利害関係者が確実に共通の理解を得られるようにするには、目標とする社会的インパクトがどのようなものなのかを非常に具体的な言葉で定義し、その変化がもたらされたかどうか、どうやってもたらされたかを知る方法を定めておくといい。このプロセスによって、それぞれに異なる目標や世界観を持っているかもしれない利害関係者たちも、どのような変化を見ればミッションが達成できているかについて共通認識を持てる。

主要なKPI（重要業績評価指標）を定めておき、変化が達成できたときにわかるようにしておくというのも方法によってはいい。だがこの方法で変化を定量化できるのは変化が明確に定義できる場合のみで、アドボカシー活動をおこなう組織やミッションにとっては難しい。とはいえ、どのような組織にとっても、主要な指標を定義するプロセスは目標を明確にして他者に伝えるうえで役に立つ。その過程で、関係者がそれぞれに思い描く成功を明確に表現することになるからだ。

## ミッション・ステートメント

ミッション・ステートメントは、必ずしも組織の目標すべてを説明している必要はない。むしろ、短くして8語以内に抑えるべきという意見さえある。ミッションに明記するべきなのは行動、対象、そして目標とする要素を少なくしておくことで、最終目標とその達成方法にミッションの焦点を絞りこむことができる。そのミッションは「5年以内（2017年12月まで）に、インドの地方の地位向上に注力している。インドの《スワデーシュ財団》は、インドの地方に暮らす100万人の人生を永久的かつ不可逆的に変える」というものだ。このミッション・ステートメントは、財団の目標を明確に示している。永久的で不可逆的な変化を生むこと。対象とするのは、イ

社会問題は複雑な場合が多く、その問題もそれに取り組む方法も、時間の流れとともに変化していく。加えて、社会的組織のほとんどが投資資金に事欠いている。組織はさまざまな新しいプログラムや手法を試したり、そして目標とする来のミッションから外れたプロジェクトを実施したりせざるを得なくなるかもしれない。ミッションを明確にしておけば、組織が何をするべきか、そして何をするべきでないか決める際に役立つ。受益者や出資者を拒絶するのは難しいかもしれないが、目標を分散させろという絶え間ない圧力を避けるためにも、組織はリソースや投資を絞りこみ、目標とする社会的変化をもっとも推進できるようにしておくべきだ。

第6章 行動をインパクトにつなげる

ンドの地方に暮らす人々。子どもと青少年にサービスを提供するアメリカの民間非営利組織《チルドレンズ・エイド・ソサエティ》の場合、ミッションは「家族を強化して子どもを育てる」。短いながらも、このミッション・ステートメントは組織の目標を効果的に表明している。すなわち子どもを育てること、そして手法は家族の強化だ。

ビジョン・ステートメントはミッションと合致しており、組織が目指す理想の未来を明確にするものだ。地下水と衛生プロジェクトに助成金を出すインドの財団《アルガム》のビジョンは、「すべての人に安全で持続可能な水を」だ。この財団はさまざまな組織と協力し、現場プロジェクトや調査、知識の共有、アドボカシー活動を通じて清潔な水の利用と衛生環境の向上を目指している。このビジョン・ステートメントは、そうした活動すべてについて明確な方向性を示すものだ。

しっかりと定義された明確なミッション・ステートメントは、組織の成功を後押しする。ミッションが明確であれば目標達成に向けた効果的な戦略を策定することもできるし、その戦略に沿った実績測定方法を構築することもできる。ミッションはその組織にとって何が一番重要かを定め、目標は組織がそのミッションを達成するために出さなければならない結果を定義する。

ミッションの明確性が必要なのは、《ロバート・ウッド・ジョンソン財団》の例を見てもわかる。ジョンソン財団は、自らが公衆衛生分野で最大級かつもっとも崇拝されているアメリカの財団であるにもかかわらず、自らの活動を振り返って効果的な影響を出せなかったプロジェクトがいくつかあったことを知り、その理由が明確なミッションの欠如であることを突き止めた。財団は慢性疾患や障害を治療する目的で

1980年代に立ち上げられた組織で、のちに薬物中毒と国内の医療サービスへのアクセス向上という2つの分野を追加した。この3つの目標に明確な優先順位はつけられず、それぞれがリソースを奪い合って争う結果となった。財団は10億ドル以上をかけて各分野で多くの成功を収めたが、連携の取れていない助成金戦略のために本来生んでいたはずの変革的なインパクトを生み出せなかったことを認めたのだった。[7]

## セオリー・オブ・チェンジ（社会変革理論）

セオリー・オブ・チェンジ（Theory of Change）[8]とは、どのような行動や介入行為が目標とする変化を生むかについての理論だ。問題や投資対象、解決策の基盤となる前提条件、期待される成果を定義するものだが、主に戦略段階で投入され、最終目標に向けてどんな介入が必要かを計画するために使われる。[10] 図12に、セオリー・オブ・チェンジを生み出すための手順を示した。

**インパクトゴールを定める**――起こそうと思っている変化を明確にする。これが、組織の存在意義となる。組織の運営者や投資家にゴールについて尋ねると、はっきりと答えられない場合が多い。代わりに、生み出そうとしているアウトプットのほうを説明するのだ。だがこのゴールが言明されているかどうかにかかわらず、その基盤を成すインパクト目標があるはずだ。場合によっては複数の相反する目標があって、その達成

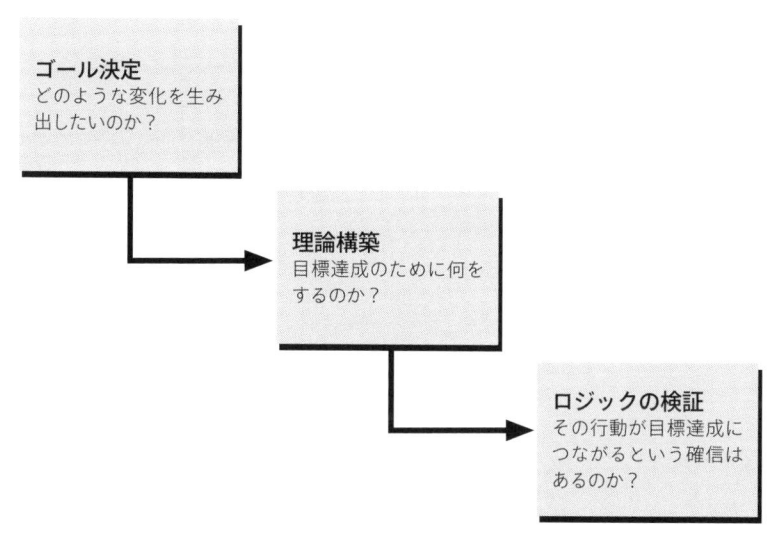

## 第6章 行動をインパクトにつなげる

```
┌──────────────┐
│ ゴール決定      │
│ どのような変化を生み│
│ 出したいのか？    │
└──────┬───────┘
       │
       ▼
    ┌──────────────┐
    │ 理論構築       │
    │ 目標達成のために何を│
    │ するのか？       │
    └──────┬───────┘
           │
           ▼
        ┌──────────────┐
        │ ロジックの検証   │
        │ その行動が目標達成に│
        │ つながるという確信は│
        │ あるのか？      │
        └──────────────┘
```

図12　セオリー・オブ・チェンジを構築するための手順

に向けて組織が懸命に努力しているかもしれない。蚊帳の配布であれば、マラリアの発生件数を減らし、健康状態を改善し、さらには寿命を延ばしたり貧困を削減したりといった目標があるはずだ。

**理論（セオリー）を構築する**——どの活動や介入がもっともうまく目標を達成できるかを見定める。組織はしばしば、何ができるか（どのような顧客にどのようなサービスが提供できるか）に気を取られがちだ。だがそれは必ずしも、求める変化に合致しているとは限らない。新しい技術や手法は毎日のように生まれていて、目標を達成するもっと効率の良い方法が出てきているかもしれない。運営者は現在手持ちの、あるいは入手可能なリソースや能力だけでなく、あらゆる選択肢を検討するべきだ。何が可能かを十分に理解しておけば、計画した行動と目標と

する変化を結びつける理論が構築できる。

**論理（ロジック）を検証する**——理論について合意が得られたら、次はそれを検証しなければならない。これをおこなう方法はいくつかあり、判断するための訓練を受けた個人が、理論化された相関関係を確認する。次に同じ分野ですでに活動しているほかの組織に目を向け、彼らの成功や失敗を検証する。業界紙、学術誌、政府発行文書なども、自分の立てたセオリー・オブ・チェンジがどの程度通用するかを検証する際には重要な情報源となる。そして最後に、理論を利害関係者に吟味してもらう。特に受益者がその理論を受け入れてくれるかどうかが肝心だ。セオリー・オブ・チェンジを構築するプロセスは、最終結果と同じくらい重要なものだ。それは組織全体をまとめあげて難題について徹底的に話し合ったり主要な活動を評価したりするように仕向け、組織内に一致団結の雰囲気を作り出す。意見の一致を見るまでには時間がかかるだろう。だがチーム全員が自分たちのやっていることとその重要性について深く考えるように導くという意味では、時間をかけるだけの価値はある。(12)

## ロジックモデル

ロジックモデルは、セオリー・オブ・チェンジに肉づけしてくれる。セオリー・オブ・チェンジはその「達成」によって行動が目標とする成果につながる「理由」がわかる一方、ロジックモデルはその「達成

## セオリー・オブ・チェンジを定義する——《ダースラ》

インドの大手慈善活動財団《ダースラ》は、大規模な社会的変化を生み出したいと考えている。ダースラは、ソーシャル・セクターで働く人々にもっと知識やファンドレイジングの機会、そして専門知識のあるアドバイザーの存在があれば、最大限の社会的インパクトを生み出せるはずだと信じている。このセオリー・オブ・チェンジを定義したダースラは、インドの慈善活動家や社会的起業家により深い理解とリソースを与えられるよう、いくつもの取り組みを始めた。その一部が以下のようなものだ。

- **インド慈善活動フォーラム**——インドに社会的利益をもたらすことに献身する200人以上の慈善活動家が参加するプラットフォーム。
- **ダースラ・社会的インパクト**——持続可能性と拡張可能性に注力する非営利組織や社会事業向けの幹部教育プログラム。
- **ダースラ・ポートフォリオ・プログラム**——1つの問題に共同で取り組む複数の組織の、協調的慈善活動の一種。
- **ダースラ・リサーチ**——インド国内のさまざまなソーシャル・セクターに関する徹底的な研究をおこなうプログラム。

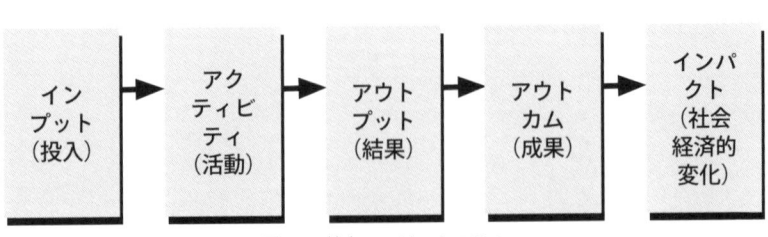

図13　基本のロジックモデル

方法」に注力するものだ。ロジックモデルは「インパクトチェーン」または「リザルトチェーン」とも呼ばれるが、これは各要素が「もし……だったら」という論理によって次の要素へとつながっていくためだ。ロジックモデルでは、投資やインプットが受益者への最終インパクトに至るまでの一連の行動や事象によってつながっている。ロジックマップにも比べられることがある。ロジックマップは、一部の企業が用いる戦略マップにも比べられることがある。戦略マップは学習活動をプロセスに、プロセスを顧客成果に、そして顧客成果を（企業にとっての最終目標である）財務実績につなげるものだ。ロジックモデルの基本的な形を図13に示した。基本的なロジックモデルは5つの要素で構成される。

● **インプット（投入）** はプログラムに対するリソースと制約の両方を含む。リソースはプログラムが活動にあたって使うもので、人材や資金、物、文化などが含まれる。制約は組織の内外の制約であり、活動地域の法規制や資金不足もここに含まれる。プログラムはリソースを活用し、制約の範囲内で最大限のインパクトを生み出そうとする。

● **アクティビティ（活動）** はプログラムまたは取り組みを実施するために取る行為で、プロセスや事象、行動が含まれる。プログラムは

第6章　行動をインパクトにつなげる

リソースを使ってアクティビティを実施し、目標とする成果を達成しようとする。アクティビティは、プログラムのために計画された作業だ。

● **アウトプット（結果）** は組織の活動による直接の結果であり、成果物。アウトプットには受益者に提供される製品やサービス、投資対象やその他完了したプロジェクトへの継続的支援も含まれる。

● **アウトカム（成果）** は投資対象に直接およぶ効果で、インパクト目標を達成するために必要なものを指す。これは投資対象の行動、態度、能力、または特定の社会的・環境的変動要素に対してプログラムが直接的におよぼす影響だ。成果は1年から3年で達成される短期的成果と、4年から6年で達成できる長期的成果に分けられることもある。

● **インパクト（社会経済的変化／波及効果）** は社会的組織の最終目標であり、社会問題に対する体系的かつ基本的な進歩だ。インパクトは、そもそも組織がなぜ存在するかというその理由の根幹を成す。多くの組織モデルがインパクトを見落とし、最終目標としての成果にばかり集中してしまっている。だが、たとえうまく測定できる方法がなかったとしても、インパクトをモデルに組み入れるべきだ。

5つの言葉の間にある矢印は、ロジックモデルの各段階をつないでいる。ロジックモデルのもう1つの重要な構成要素だ。これらの矢印は、「もし……だったら」という文章のつながりとして見ることができる。もしプログラムにこのリソースがあったら、こういう活動が

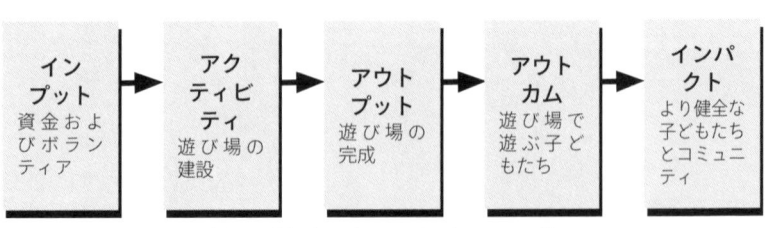

| インプット<br>資金およびボランティア | → | アクティビティ<br>遊び場の建設 | → | アウトプット<br>遊び場の完成 | → | アウトカム<br>遊び場で遊ぶ子どもたち | → | インパクト<br>より健全な子どもたちとコミュニティ |

図14 《カブーム》のロジックモデルの例

実施できる。もしこの活動が達成できたら、目指すアウトプットが実現できる。もしプログラムがアウトプットを実現できたら、関係者が恩恵を得るという成果が得られる。もし目標とする成果が得られたら、インパクト——社会的あるいは環境的状況の変化——が生まれる、といった具合だ。

このような因果関係は、介入の論理の基礎を成すため、絶対に欠かすことはできない。インパクトを生もうとするすべての投資家や組織は、自分の提供するリソースや行動によって最終的に、そして論理的に、望むインパクトが絶対生み出せると確信していなければならない。

図14は、《カブーム》のロジックモデルを簡素化したものだ。安全な遊び場がない「遊びの空白地帯」に遊び場を作る活動をしているカブームは、土地の取得と遊び場建設のためのボランティアを確保する詳細計画も策定している。

この図を見ると、カブームのアウトプットがどのようにしてインパクト目標である子どもの健康とコミュニティの健全性向上へとつながっているのかがわかる。遊び場はカブームの最終成果物であり、製品とサービスの両方である。アウトカムは行動の変化、信条の変化、知識の変化などを指す。カブームの場合、子どもたちが近所の路地裏でぶらつくよりも遊び場で遊ぶようになり、親が子どもを眺めながらお互いに人間関係を構築する

ようになった。こうした変化からカブームが目指す長期のシステム変化は、より健全な子どもたちとより強い地域のつながりだ。

図の矢印はそれぞれが因果関係を示している。1つの要素は別の要素に作用し、通常はこの因果関係を証明する論理的もしくは経験的証拠が存在する。図14に示された要素同士の関係が経験によって裏打ちされているように見えたとしても、モデルの基礎となっているロジックが後々も有効であり続けるようにするためには、インパクトや成果について定期的にデータを集めることが重要だ。

## ロジカルフレームワーク

ロジカルフレームワーク、通称「ログフレーム」は、ロジックモデルと同じ基本要素で構成される。ただし、それぞれの要素についてロジックモデルよりもっと具体的な情報を含み、作業配分の決定基準となる。これは、組織の実績測定および評価の過程で使われることが多いツールだ。ログフレームはインパクトゴールから始まり、その目標を達成するために必要なステップをきわめて詳細に定める。各ステップはロジックモデルの基本ステップを含み、インパクト目標からさかのぼる。

● **ゴール（インパクト）**──ゴールまたは目指すインパクトを具体的に定義するものでなければならない。組織の主なインパクトは、変化と恩恵を受ける対象を具体的に定義するものでなければならない。組織の主なインパクトゴールには、それぞれ個別

のログフレームを設定するべきだ。

「SMART」目標（アウトカム）〔訳注／「具体的（Specific）」「測定可能（Measurable）」「達成可能または同意可能（Achievable）」「現実的（Relevant）」「期限が明確（Time-bound）」の頭文字を取った目標設定方法〕。インパクト目標を達成するために必要な、対象における主な成果や変化を定義する。

● 主なアウトプット（アウトプット）——組織の成果物であり、組織から受益者に提供される製品やサービスを指す。

● 主な活動（アクティビティ）——アウトプットを生み出すために組織がとる行動。

● 指標（インディケーター）——どのSMART目標が達成されているかを見極めるための測定方法や基準を指す。指標とそれを集めるための仕組みはログフレームの中で特定されることが多いが、ロジックモデルに通常含まれているものではない。

## 利害関係者（ステークホルダー）

ロジックモデルは、組織の理論と行動計画を定義する。だがその計画を実施する前に、利害関係者の関心事を考慮することが重要だ。利害関係者とは、社会的投資に伴う活動や成果によって影響を受ける、あるいは逆に影響を与え得る個人やグループを指す。ほとんどのインパクト投資における第一の利害関係者は、その投資によって起こる変化の恩恵を直接受ける受益者だ。だが、つながり合う世界での社会的変化は複雑な結果を生んでさまざまな関係者が関与するために、それぞれの

第6章　行動をインパクトにつなげる

同意が必要になってしまう場合も出てくる。
どのような社会的介入であっても、無数の利害関係者が情報や関心を持っており、それが投資目標達成の成功または失敗に直接影響をおよぼす。目標達成にあたってどの利害関係者が一番重要なのかを見極め、利害関係者の意見を聞いてそこから学べるようなプロセスを開発する必要がある。そうして得られた情報は、利害関係者の関心も考慮する介入方法を構築する際に大きな役割を果たすはずだ。

すべてのプロジェクトにとって成功に欠かせない利害関係者は、受益者と投資家だ。投資がどのようにインパクトを生み出せるかを決めるにあたっては、受益者の意見が重要になる。社会的組織や社会貢献プログラムが存在するのは、難しい問題を解決するためだ。解決策がインパクトを生むかどうかは、直接の受益者が一番うまく答えられる問題かもしれない。こちらが慎重な努力を重ねれば、彼らは貴重な意見や見解を提供してくれるだろう。一方、特に広範囲な介入、たとえば熱帯雨林を守ったり民主主義を支持したりといった活動の場合は、最終受益者がまだ生まれていない未来の世代であったり、動植物であったりすると、代表者の意見が簡単に得られないかもしれない。その ような場合、利害関係者の意見を考慮するには、その分野の専門家の協力が必要になる。

ところが、介入によって恩恵を受けるはずの人々が、その介入の実施方法について意見が求められない場合があまりに多い。彼らの関心や懸念は推測されるだけだ。しかもまったく異なる文化や環境の人間がよかれと思って推測している場合がほとんどだ。社会的組織の代表が現地を訪問すると、投資対象グループが体面をつくろう場合も非常に多い。その理由は文化的背景であったり、

相手に失礼のないようにという思いであったり、投資家が提供しようとしているリソースを確実に得られるようにするためであったりとさまざまだ。

投資家は、社会的プロジェクトを前進させる前に受益者の本当の声を聞くことを最優先するべきだ。受益者に一番近いところにいるスタッフや地域の人々、似たような目標のために活動を得られる場合がある。だがそれだけでなく、現地でどの介入がどのように受け入れられるかについての貴重な情報を得られる場合がある。だがそれだけでなく、関係者と直接話し合うことでヒントを得るのも大事だ。社会的組織の効率性を向上させる慈善団体《キーストーン・アカウンタビリティ》は、「関係者の声」についての詳細な指針を提供している。これは利害関係者から情報を集め、それを活用して活動の設計や改善を目指すためのツールだ。

第4章では、投資家と投資先の関心や価値観を合致させることとの重要性について述べた。**組織の関心と受益者の関心とを合致させる**ことは、さらに重要だ。自らの行動によって影響を受ける顧客やその他の関係者が、その社会的変化を有益なものとみなしているかどうかはしっかりと確認しておくべきだろう。そこでの不一致がプロジェクトの失敗につながる場合が多いのだ。たとえば、ある組織がニカラグアの地方で地元農家のためにニワトリのケージを作っていた。そのケージはニワトリを捕食者から守り、もっとたくさん卵を産めるようにする環境を提供することを目的としていた。だが活動成果を評価しようとすると、誰もケージを使っていなかった。農民たちはニワトリをペットとみなしていて、それまでずっとやってきたように、自由に歩き回らせておくほうがペットとみなしていて、それまでずっとやってきたように、自由に歩き回らせておくほうがペットをケージに閉じ込めるよりも、卵の数を増やすというのは、ペットをケージに閉じ込めるはずの彼ら農民にとって、卵の数を増やすというのは、ペットをケージに閉じ込めるのだ。受益者になるはずの彼ら農民にとって、卵の数を増やすというのは、ペットをケージに閉じ込めるのだ。

こめる正当な理由にはならなかったのだった。

また別の例を挙げると、アメリカの中学校では信頼できるインプットなしに多額の費用が無駄になっていた。多くのプログラムによって学校に資金が提供されていたが、どうすれば生徒が狙い通りの恩恵を受けられるかという点を十分理解したうえでおこなわれている資金提供はごくわずかだったのだ。調査はおこなわれていたがその結果は実行に移しにくく、理解も難しいものがほとんどだった。そこで《ユーストゥルース》プロジェクトは違った対処方法を選び、生徒たちがフィードバックを提供し、そのフィードバックによってどのようにプログラムを改良できるかという提案をできるようにした。ユーストゥルースはほかにも、生徒が意見を共有しやすいようにもした。このプロジェクトは成功を収め、プログラムが実施された学校の全生徒の76％もがフィードバックを提供したのだ。

受益者から有効なフィードバックを得るためには、フィードバックを提供しやすく、かつ有意義に感じられる方法を考える必要がある。それに、そのフィードバックの信ぴょう性も確認できなければならない。援助者と受益者はまったく異なる世界に住んでいる場合が多く、相手の考え方を理解するのが難しいかもしれない。対象地域で活動するスタッフなどからフィードバックをできるだけ直接受け取るのは、有効な方法だ。世界中のNGOと協力して再生可能エネルギーや水関連技術の導入を目指すアメリカの民間非営利組織《グリーン・エンパワーメント》は、さらに一歩先へ進んでいる。この組織は、受益者が資金の大部分を提供することでプロジェクトへの支持と献身を表明する地域でしか活動しない方針なのだ。受益者により近い立場の第三者も、良い情報源になり

投資家や寄付者も、組織の成功に影響を与え得る。活動を実行する組織は、投資家グループと定期的に接触して目標や関心が合致していることを確認するべきだ。その一方で投資家は、ほかの利害関係者にも影響を与えられたりするべきだ。つまり、受益者と直接活動している組織の一部であろうが、組織への出資者であろうが、投資家が自分の人脈に働きかけ、友人や同僚から情報や要請が集まったために多額の投資が得られるかもしれない。同様に、投資家が投資に不満を覚えたなら、現在の投資や将来の資金提供を減額し、ほかの投資家にも同じようにするよう働きかけるかもしれない。

投資家は重要な利害関係者ではあるが、関心が合致していることを確認するのは投資先にとって重要だ。存続のために継続的な寄付金や資金提供が欠かせない組織にとっては、つい資金提供者のほうをお客様のように扱ってしまいがちだ。投資家のニーズが最優先され、彼らが満足しているかどうかを入念に確認し、トラッキングすることに多大な労力が費やされてしまう。そうやって組織が成功の定義や測定を出資者の要望に合わせることにばかり注力するようになると、活動の焦点がぼやけたり、受益者のニーズから外れたりしてしまう注目が反比例して減っていき、活動の焦点がぼやけたり、受益者のニーズから外れたりしてしまうおそれがある。

得る。「覆面調査」方式で、援助を受けている家族の子どもたちに「今日はちゃんと朝ごはん食べた?」「昨日は何回ごはんを食べた?」などと質問することでフィードバックを得ている組織の例もある。

利害関係者の参加は、どのような組織でもミッションを達成するための重要な要素だ。投資家と投資先、そして受益者が活動の本質や最終的インパクトにかかわる価値観について合意していれば、その投資は成功する可能性が高い。3者へのリターンはそれぞれに異なるだろうが、インパクトゴールに矛盾はないはずだ。

> **行動指針**
>
> ❶ ミッションおよびインパクトゴールを明確にし、投資家と実践者の取り組みを合致させる。
>
> ❷ セオリー・オブ・チェンジまたはリザルトチェーンを構築し、行動がどのようにしてアウトプットまたは成果物につながり、アウトプットがどのようにしてアウトカムやインパクトに結びつくかという考えを明確にする。
>
> ❸ 利害関係者、特に受益者や彼らに一番近いスタッフ、組織などと話し合うことで、ロジックモデルを検証する。

第4部

# 成功はどのように測定するのか？

- 何を投資するのか？
- どの問題に取り組むのか？
- どのような手順を踏むのか？
- 成功はどのように測定するのか？
- インパクトを大きくするにはどうすればいいのか？

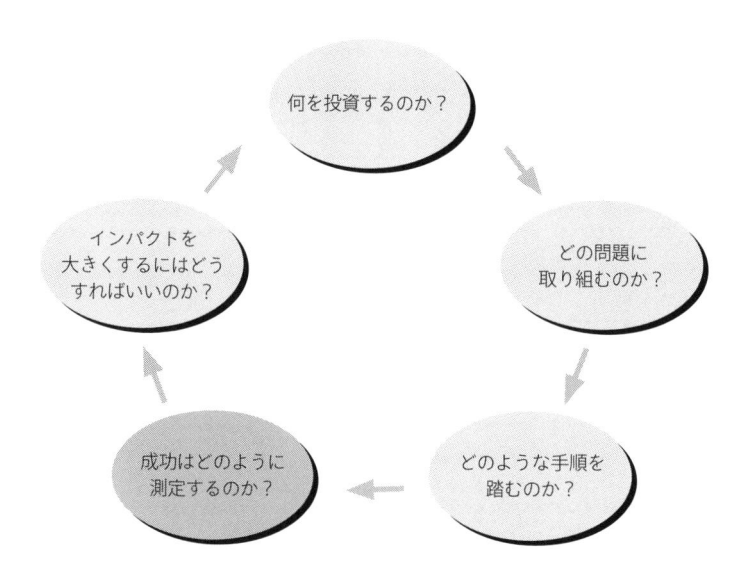

# 第7章 測定の基本

「私たちは本当に変化を生み出せているのだろうか？」

これは、社会的インパクトに投資するすべての投資家が自問する問いだ。にもかかわらず、最近実施された民間非営利組織の幹部に対する調査では、顧客の成果に関するデータを収集していると答えた組織はたったの半数だった。また別の調査では、助成金提供者の70％以上が、実績を効果的に評価するために必要なデータが不足していることを認めている。非営利組織のうち、自分たちの活動を評価するために内外を問わず評価の専門家と一緒に活動しているのは、全体のわずか5分の1程度だった。評価を実施している組織の多くも、資金提供者の要求に応えるためだけにやっているというのが実情だ。そして評価を実施しない組織の多くが、測定というのは定量的に測れるものだけを対象とするのだという誤った認識を持っている。これは、測定を本来の考え方から遠ざけて価値を下げてしまう大きな誤解だ。一方で、実際に評価を測定した組織は、自ら進んでやったのであれ、そうするよう要請されたからやったのであれ、自分たちが提供するサービスと生み出しているインパクトが測定によって改善されたと感じている。

測定は、投資が社会的インパクトを生んでいるのかどうかを確かめる唯一の方法であり、そのインパクトや活動の重要性を決定づける。データを入手した組織は、目指すインパクトを生み出すためにリソースや活動を調整しやすくなる。

社会的変化を目指して活動しているのであれば、自分は正のインパクトを生み出しているものだと心の底で信じているのではないだろうか。現場で活動していると、インパクトの証拠を実際に経験できる。子どもが字を読めるようになったり、患者が薬で病気から快復したり、川に魚が戻ってきたりするのだから。証拠は目の前にあるのだ。当然、自分は善い行いをしているのだと思うだろう。だがある調査によれば、思いこみは目に映るものをゆがめて見せることがあり、人はごくわずかな情報を一般化して考えがちなのだ。自分の思いこみを裏付けるわずかな証拠に飛びつき、逆を示す証拠は無視したり切り捨てたりしてしまう。政治論争に耳を傾けたことのある人なら、これが実際におこなわれているのに気づいていただろう。ソーシャルセクターで活動する大半の人々は、証拠などいらないと思っている。価値を生み出せていることが、自分でわかっているからだ。

だが近年、理事会や投資家、寄付者、さらには受益者までもが、投資によって約束されたリターンが本当に生み出されているのか、その証拠を求めるようになってきている。彼ら利害関係者が求める証拠を見せるために、そして自分が本当に変化を生み出せているのだろうかという、あの常につきまとう疑問に答えるためには、インパクトを測定する方法が必要だ。行動を測定し、結果を測定し、関係者に与えてきた影響を測定するのだ。

## なぜ測定しようとしないのか

インパクトを測定する投資家や組織がこれほどまでに少ないのはなぜだろう？ 組織がよく挙げる理由はこのようなものだ。

- 測定にはコストがかかる
- 測定は誤解のもとである
- 測定は難しい
- 測定は機能不全を生み出す

だが多くの組織がインパクトを測定していない一番の理由は、方法がわからないからだ。何を測定すればいいのか、どうやって測定すればいいのかもわからないし、測定計画を策定し、実施し、結果を解釈するだけの技術や知識がないと思っているのだ。収支に加えて、活動やアウトプットを測定している組織もあるにはある。しかも、非常に高度な測定システムを採用している。だが彼らも、インパクトの測定は不可能だと主張する。その主張の根拠はさまざまだ。

組織によっては、問題はインパクトの測定そのものではなく、起こった変化に対する自分たちの貢献度を測定することなのだと言う。十代の喫煙率が下がったとして、その変化のうちどの程度が

特定のプログラムや組織によって引き起こされたのかを特定するのは難しい。組織によっては、インパクト自体が測定しにくいという場合もある。たとえば、特定の組織のアドボカシー活動やその他多くの困難な領域におけるインパクト測定については、どうやって測定すればいい？ しかし、アドボカシー活動やその他多くの困難な領域におけるインパクト測定については、大きな進歩が見られるようになった。測定困難なインパクトに使える測定基準の例は、第9章に記している。完璧な測定というものは決してないが、自らの努力がどの程度の変化を生み出せたか、かなり良いところまで理解できる方法はいくつもあるのだ。

多くの組織が、測定にはコストがかかりすぎると考えている。インパクト測定のためにリソースを配分したりスタッフを採用したりする予算がどうにもまかなえないという組織が多いのだ。リソースがふんだんにあったとしても、インパクト測定のような「間接費」にお金をかけていたら、インパクトを生み出すプログラムにかけられる資金が減ってしまうと考える組織も多い。あるいは、成功というのは分野によってそれぞれに定義や測定システムが異なるのだから、複数のプロジェクトを1つの測定システムで測定することなどできないという意見もある。

ここで問題になるのは、なにかしらの測定方法がなければ、どの投資によるインパクトも知りようがないということだ。この情報がなければ、インパクトを向上させたり、それを生み出すための効率性を改善したりする努力は証拠ではなく、直感や過去の経験をもとにおこなわれることになる。そのうえ、どの投資がもっとも有効だったために増やされるべきか、どの投資がリソースの無駄だったかもわからない。

もう1つよく聞く意見が、測定は誤解のもとだというものだ。多面的な社会または環境の事象をいくつかの単純な測定基準にまとめると、その複雑さや概念の多くが失われてしまう。測定はゆがめられ、組織を間違った方向へ推し進める判断や行動のもとになってしまうという。そうすることは可能だ。測定基準で現実を完璧に反映することは不可能だが、それでも価値ある情報を提供することは可能だ。測定基準というのは単なる代用物であり、訓練された判断力と状況認識力をもって活用すれば、まったく測定しない場合よりもずっと現実を見やすくしてくれるのだ。

最後に、あまり触れられないがたしかに納得できる主張が、測定によって機能不全が引き起こされるというものだ。測定システムが確立されると、人々は活動ではなく測定のほうにばかり注力するようになってしまうのではないかという懸念がある。これは非常に現実的なリスクであり、測定システムを確立したり変更したりする際には検討すべき要素だ。

とはいえ、機能不全のリスクは、測定のための情報収集や報告に関連するものではなく、測定システムの使われ方に関係している。制裁や報酬のための測定基準は管理され、操作さえされるおそれがある。だが実績の原動力を理解するためにプログラムの土台固めとして使われる測定基準は、有効性の向上に大きく貢献することができる。

ここで紹介した理屈はすべて、インパクト測定の前に立ちはだかる壁だ。しかもその壁があまりに高いため、多くの組織が測定を試してみようとも思わない。だがそのような組織は、インパクトを測定しないことによるリスクも考慮するべきだ。アメリカの学生による薬物乱用防止を目標とする「薬物乱用予防教育」(D・A・R・E)プログラムが、このリスクの一例だ。このプログラムは

## 第7章 測定の基本

30年前から実施されていて、何百万ドルもが費やされてきた。だが2003年の会計検査院による報告ではプログラムに関する入念な調査レポートが何例も引用され、プログラムの非効率性の長期的効果に対する証拠が一切ないという事実が判明した。もっと早くにD・A・R・Eの非効率性に気づいていたなら、そこに費やされた時間と資金、そしてその他のリソースは、もっと有効に使われていたかもしれない。

測定がおこなわれなければ、資金や時間、その他のリソースが無駄になるリスクは非常に高い。これまでの努力が少しでも役立っているかどうかを知ろうともせずに投資を続けていると、社会問題に振り向けている資金の効果を最大限に引き出す力が弱まってしまう。それどころか、インパクトを測定しないことによって、助けようとしている対象の人々に害を成す可能性まで生まれるのだ。公表されているある実験によって、D・A・R・Eプログラムに参加した生徒たちの自尊心が低いことがわかった。彼らが、ほかの避けるべき薬物とひとくくりにされていたアルコールやタバコに手を出していたからかもしれない。

ひとつはっきりとしているのは、どのような社会貢献プログラムであっても、いずれかの利害関係者のグループになにかしらのインパクトを与えるということだ。測定がなければ、正のインパクト目標がすべて達成されて負のインパクトはすべて回避できたという思いこみは実証されないままだ。生み出せる価値を最大限にしたければ、もっとうまく取り組むべきだ。

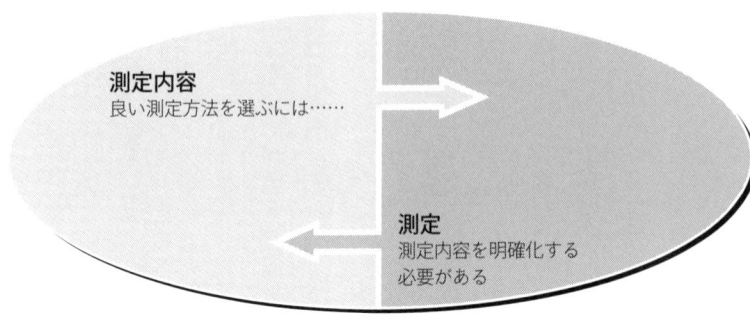

図15　測定は測定内容を明確にしてくれる

## 測定は測定基準だけではない

測定においてもっとも重要であるにもかかわらずめったに議論されない点は、**どの測定基準を使うかを決める前に、まず何を測定するかを理解しなければならないということだ**！　何かを測定しようとする前には、その測定結果が何を表すべきかという測定内容を明確にしておく必要がある。そうすれば、測定の過程で価値観や信条をはっきりさせないわけにはいかなくなり、ほかのどのようなコミュニケーションよりも明確に伝えられるようになる。

**図15**は、測定と測定内容との関係を表したものだ。

社会的インパクト測定の実際的な狙いを説明する前に、測定のもっとも基本的かつ貴重な役割の1つを認識しておこう。すなわち、戦略や行動の指針となる共通のビジョンを作り出すという役割だ。測定プロセスは、インパクトについての考え方に問いを投げかけ、精査することでその役割を果たす。どの測定方法が測定内容をもっともうまく表せるかについて意見の一致を見るためには、まず、測定内容そのものをどのように理解するかについて合意しなければならない。有益な測定は、何が測定されているかと

## なぜ測定するのか？

投資家が実績を測定するのには、さまざまな理由がある。社会貢献活動の実績を測定する最終的な目標は、組織や受益者、投資家が重視する社会的インパクトを改善するためだ。測定データはいくつかの明白な目的のために集められる。図16に示したのは、それらの目的の中でも特に顕著なものだ。

いう明確な理解を前提としている。組織が測定システムを構築しようとしたときに初めて、測定によって表される現実世界について関係者の考え方が異なるということがわかったという例もあるのだ。

たとえば、女児に教育を受けさせる活動をしている組織の理事全員が、組織の第一目標は「エンパワーメント」であることに合意したとする。だがそのエンパワーメントをどのように測定するかについて意見を求めると、何をもってエンパワーメントとするかについて理事一人ひとりの考え方が大きく異なることが判明する。教育を修了する女児の数と言う理事もいれば、妊娠や結婚の年齢が上がることと言う理事もおり、また別の理事は家以外の場所で働くことを重視し、さらに別の理事は家庭内の意思決定への参加が最高の測定基準だと言うかもしれない。

インパクト測定システムの構築プロセスは、こうした考え方や価値観の違いを浮き彫りにし、その違いを乗り越えて組織のインパクト目標に向けた共通のビジョンを作り出す機会を与えてくれる。実際、このプロセスが測定そのものよりも貴重な機会にさえなり得るのだ。

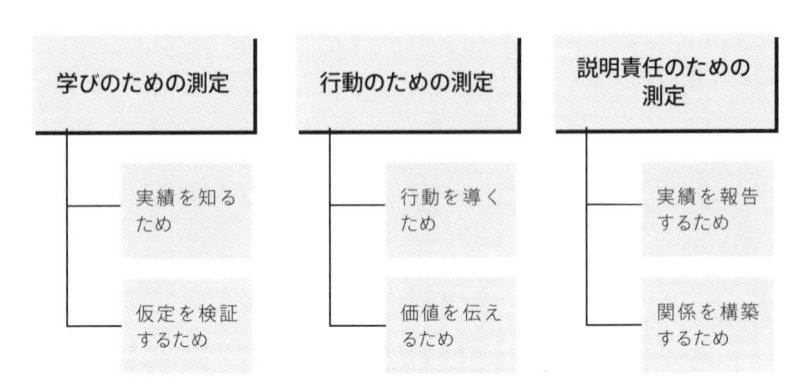

```
┌─────────────┐     ┌─────────────┐     ┌─────────────┐
│ 学びのための測定 │     │ 行動のための測定 │     │ 説明責任のための │
│             │     │             │     │    測定      │
└──────┬──────┘     └──────┬──────┘     └──────┬──────┘
       │                   │                   │
   ┌───┴────┐          ┌───┴────┐          ┌───┴────┐
   │実績を知る│          │行動を導く│          │実績を報告│
   │ため    │          │ため    │          │するため │
   └────────┘          └────────┘          └────────┘
       │                   │                   │
   ┌───┴────┐          ┌───┴────┐          ┌───┴────┐
   │仮定を検証│          │価値を伝え│          │関係を構築│
   │するため │          │るため   │          │するため │
   └────────┘          └────────┘          └────────┘
```

図16　測定の意図

- 学びのための測定（Measure for Learning）
- 行動のための測定（Measure for Action）
- 説明責任のための測定（Measure for Accountability）

## 学びのための測定

インパクトを測定するもっとも基本的な理由の1つが、学ぶためだ。投資家は自らの成績を知りたがり、自分の行動が実際に求める結果を生み出したのかどうか、仮定を検証したがる。実績の測定と仮定の検証がおこなわれなければ、投資が本当に変化を生み出せているのかどうかを知る術はない。

有効性を証明するために直感や過去の経験に頼るのは簡単だ。だが実施したプログラムとその結果にどれほど自信があろうとも、測定から学べることはやはり多い。プログラムがいつ、誰にとってもっとも効果的だったかがわかるし、自分の仮定が異なる条件下の異なるグループにも当てはまるかどうかがわかる。さらに、自分の行動や結果のさまざまな側面が互いに関係し合ってインパクトを生んだその過程もわかるのだ。

**行動のための測定**——結果の性質を完全に理解し、その結果がほかの側面とどのようにかかわっているかがわかったら、その知識を活用して行動に役立てることができる。たとえば、ある活動が特定のグループよりも別のグループのほうに効果を発揮することがわかれば、前者に対する成果を改善するような調整をおこなったり、後者に振り分けるリソースを増やしたりできる。また、実績やその改善方法についての組織の考え方を広く伝える行動を取ることも可能だ。測定したインパクトを内部に報告するのも、組織内で何が重視されているのかを伝える良い方法だろう。実績の主要な要素について共有し、議論することで、組織は優先順位を調整し、メンバー一人ひとりが組織の重視するインパクトを生み出すような判断や行動を取るために、意見を一致させられるようになる。

**説明責任のための測定**——インパクトを測定する第三の大きな理由は、説明責任を強化するためだ。利害関係者の多くがインパクトに関心を持っており、どのようなインパクトに関心を持ったかによって次の行動を起こす。たとえば出資者が特定のインパクトに関心を示し、その成果によっては資金を増額したり減らしたりするかもしれない。ファンドマネジャーの半数以上が、資金調達にはインパクト測定が必要だと考えている。顧客や受益者も、活動への参加をやめることもできるし、規制当局や政府機関はさまざまな形の支援を提供を継続して組織との関係を強化することもできる。そして介入が成功すれば、ほかの社会的組織や政府機関、営利企業も同じ活動を採用するかもしれない。

## 測定のルール

測定は難しく、コストがかかる。多くの測定に共通する問題が、過剰な支出や信頼性の低い結果につながることもある。基本的なルールをいくつか守っておけば、投資家は測定から最大限の効果を引き出せるはずだ。

❶ **測定は実行可能であるべきだ**——測定があなたや利害関係者の行動に影響を与えないようなら、情報を集めるほどの価値はおそらくない。測定情報を集めようと考える前に、その情報が手に入ったらどうするのかを考えておくべきだ。結果が行動に反映されず、将来的にも変化を起こすことが期待できないなら、情報を集める必要はない。

❷ **測定は管理可能であるべきだ**——あまりたくさんの物事を測定しすぎないこと。測定が多すぎると情報過多になり、意思決定に伴うコストを引き上げる可能性がある。通常は目標達成に必要不可欠な少数の項目を測定するだけで十分だ。マネジャーが管理できるのは一度にせいぜい10以下の要素だけなので、それくらいの数を目安にすればいい。測定が管理可能な範

❸ **測定は比較可能であるべきだ**——同じ測定方法を長い期間にわたって使えれば、目標に対する実績を評価し、長い期間における実績の傾向を見ることができる。すでに検証ずみの測定方法を探すのも時間の節約になるし、測定結果の信頼性と比較可能性の向上につながる。同じ業界のほかの組織が採用した測定方法を使えば、自分の実績を過去の実績に照らして評価することが可能だ。一部の組織や業界では、すでにこれを定期的に実施しているところもある。ホームレス問題に取り組む組織の約5分の1が、イギリスの《トライアングル・コンサルティング・ソーシャル・エンタープライズ》が開発した実績測定システム「アウトカム・スター」を採用しているし、イギリスの別の慈善団体《家庭内暴力に抵抗する協調的行動》は家庭内暴力関連の専門家や組織向けに共通のモニタリングツールを推奨している。こういったリソースがあれば、同じ業界の組織はお互いの成功や失敗から学ぶことができる。このような比較基準にかかわる努力を見つけ、活用し、貢献できれば、自分や他者の投資に関する測定を向上させられる。

## モニタリングと評価

ソーシャルセクターでは、組織はモニタリングおよび評価活動をインパクト評価活動から切り

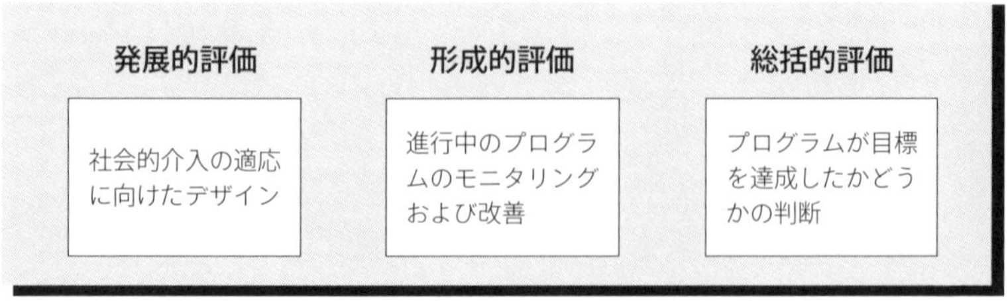

| 発展的評価 | 形成的評価 | 総括的評価 |
|---|---|---|
| 社会的介入の適応に向けたデザイン | 進行中のプログラムのモニタリングおよび改善 | プログラムが目標を達成したかどうかの判断 |

図17　モニタリングおよび評価の3つの手法

離しがちだ。モニタリングと評価は通常、インプットや活動やアウトプットの測定を指し、組織の実績を理解して管理するために使われる。インパクト評価が通常意味するのは成果またはインパクトの測定であり、外部の利害関係者に報告をおこなったり成果の有効性を証明したりするために使われる。業務またはプロセスの評価も、モニタリングおよび評価とは切り離して扱われることがある。これらの評価は、プログラムが設定通りに実施されていることを確認するためにおこなわれるものだ。

モニタリングおよび評価はさまざまな手法で実施され、さまざまな目的のためにおこなうことができる。**図17**は、《グラントメーカー・フォー・エフェクティブ・オーガナイゼーション》(効果的組織のための助成団体) が採用している3種類の評価手法を示している。発展的評価、形成的評価、総括的評価だ。(8)

**発展的評価** (Developmental Evaluation) は、この3つの手法の中ではもっともなじみが薄いものだろう。形成的評価が手法の「改善」のために推奨されており、総括的評価はその「検証」のために使われるのに対し、発展的評価は社会問題への画期的な取り組みを「生み出すため」に用いられる。

発展的評価は、組織が新しい製品やサービス、プログラム、ビジネスモデルを生み出すことでイノベーションを起こしている状況で用いられる手法だ。この評価の目的は、イノベーションを初期段階で設計し、検証するためのデータを収集することにある。プロトタイピングやアジャイル開発〔訳注／短期間に素早く開発をおこなう手法〕のようにモデルが迅速に開発、検証、改良される手法では、組織がその手法の強みや弱みを特定して継続的な変更を加えるうえで発展的な評価が役立つ。

新しい介入方法の結果は予測不可能なので、発展的評価は活動と予測される成果との関係を検証するためにおこなわれるものだが、予測されない成果にも気を配っている。介入活動を構成するさまざまな要素同士の関係だけでなくそれらの成果をモニタリングすることで、発展的評価は強いインパクトを生むために組織が学習し、適応できるようにしてくれるのだ。

**形成的評価**（Formative Evaluation）は関係がもっとしっかりと確立されているときに用いられる。組織に明確なセオリー・オブ・チェンジや戦略マップがあり、その理論をモニタリングして改善していきたいと考えている場合には、形成的評価が有効だ。形成的評価はプログラム実施の初期段階から始められる場合が多く、組織がプログラムを修正できるようにフィードバックを提供する。プログラムがもっと熟成したものであれば、形成的評価は継続的に改善がおこなえるよう、現在進行中の実績をモニタリングするために用いられる。

《ジェームズ・アーヴァイン財団》はプログラムの内容、成果、改良に加えて財団のリーダーシップ、関係者からのフィードバック、経営状態、組織の有効性までを評価している財団だ。財団はこれらの評価結果を活用して継続的改善を促すため、フィードバック・ループを構築している。実績

は理事会で報告され、一般公開される。これにより財団は進捗報告を検証し、責任を持って追跡と報告が可能な短中期的目標や測定方法を確認するのだ。

## 総括的評価

**総括的評価**（Summative Evaluation）は、ある手法がうまくいったかどうかについての判断を組織が必要としている場合に用いられる。この評価手法が使われるのは行動とインパクトの間に存する一連の関係性が十分理解されており、インパクト目標が構築されている場合だ。総括的評価は目標が達成されたかを判断し、実績に対する責任を定める。この評価をおこなうのは多くの場合、外部の評価担当者だ。評価の主な目的は手法の有効性を改善するというよりは証明するためで、出資者や規制当局、その他の外部利害関係者に対する組織の説明責任を果たすために実施される場合がある。

## インパクト評価

近年、プログラムまたは組織の最終的なインパクトに対する評価はより一層重要性を増している。最近の投資家は、自分たちの投資が利害関係者にとって本当に変化を生んでいるという証拠を見たがるのだ。いわゆる「根拠に基づく」投資の地位が高くなり、中には証拠のない活動に対しては投資を検討すらしないという投資家もいる。証拠は、一部の人々の間では、科学的検証と同義に捉えられている。その場合、厳しく管理された状況下で結果に対して統計的に重要な変化をもたらす介入活動をおこなうプロジェクトのみが、証拠に基づくものとみなされることになる。経験的証拠は貴重なものではあるが、投資の判断材料に使えるきわめて信頼性の高い証拠の1つ

というだけのことだ。**図18**に、インパクト評価のために信頼性の高い証拠を得られる基本的な情報源を3つ挙げた。

---

**発展的評価手法──《ジョン・S・アンド・ジェームズ・L・ナイト財団》**

アメリカのメディアおよびコミュニティの取り組みに注力する《ジョン・S・アンド・ジェームズ・L・ナイト財団》は5年計画、2400万ドル規模の「ナイト地域情報チャレンジ」（KCIC）という取り組みを実施している。この取り組みは独創的な手法で地域密着のニュースや情報量を増やそうというものだが、資金援助を受けている手法が新しく、取り組む問題は幅広く複雑なものなので、財団は発展的評価手法を選択した。助成先団体の実績を検証する代わりに継続的なフィードバックを提供し、助成先団体がその結果をどう活用したかを確認して、次のステップを考えるというのがこの評価の目的だ。

評価担当者は調査やインタビュー、フォーカスグループといった昔からある手法を使うが、プログラムがどのように展開しており、その進捗が分野全体の発展にどうかかわるかに注目している。

出典：Preskill and Beer (2012) "Evaluating Social Innovation."

| 調査 | 分析 | 実験 |
|---|---|---|
| **必要なもの**<br>人または状況の詳細な研究 | **必要なもの**<br>期待される関係性についての理解 | **必要なもの**<br>理論、比較対象となるコントロールグループ |
| **何に最適か**<br>価値観や社会課題、効果について学ぶために最適 | **何に最適か**<br>多くの情報源から洞察を得るために最適 | **何に最適か**<br>安定した、明確に定義された関係の検証 |

図18　インパクト評価の証拠が得られる情報源

## 調査

調査は、特定の人々あるいは環境を深く理解するために実施される。調査研究においては調査員が重要な役割を担う。調査員は調査対象の問題に対する十分な知識を持ちながらも先入観は持たず、調査の過程において新たな知識の登場を受け入れることができなければならない。

調査研究は通常、インタビューや観察によっておこなわれる。インタビューは非公式な会話形式の聞き取りから、調査員が追加情報を探るとき以外は文書化された規定の質問しかしない、きわめて様式化されたインタビューまでさまざまだ。実施前にはガイドラインが構築され、回答者は必ず全員が同じ質問に答え、同じ課題について議論する。新しい問題が発生し、追加の調査が必要になる都度、ガイドラインは更新されていく。

観察とは、自然な状況にある人々の観察を指す。調査員はその状況や活動、人々について詳細な情報を提供し、人々が自らの活動や環境の意味をどのように理解しているかを知ろうとする。観察によって、インタビューで入手した情報を理

第7章　測定の基本

解するための文脈が得られる。また、関係者から有益な回答を得ることが難しい状況では、入手したデータの信頼性を確認することもできる。ときには、問題に対する関係者の理解と大きく異なっている場合がある。関係者が協力的になるあまりに調査員の理解を満足させるような答えを出そうとするかもしれず、そうなると解釈の難しいデータが揃ってしまうことになる。観察は、関係者の状況と回答の双方をしっかりと理解する手助けをしてくれるのだ。

文書やその他の資料も、調査の重要な情報源となり得る。通信文やビジネス文書も役に立つし、先端技術やリソースといった人工物の観察も、インタビューや観察によって収集されたデータを裏付けたり、さらに幅広い観点を提供したりすることができる。

## 分析

分析的手法は、データのパターンを探るために用いられる。分析は現象を理解したり、実際の調査結果と期待値を比較したりするためにおこなわれる。分析的手法は問題のどのような側面を理解するためにも使えるが、一般的には数値データを要する。たとえば、農家が季節ごとに作物に与える肥料の量を尋ねる場合などがそうだ。また、分析には、非定量的データを定量化できるようにするための符号化が必要な場合になる。患者に痛みの度合いを聞くときに1から10までの10段階で点数をつけてもらったり、「私は家にいると安全を感じる」という意見にどの程度強く同意するかを尋ねたりするのがそれにあたる。記述的情報は、基準に照らして比較できる。農家が一般的には1ヘクタール当たり5袋の肥料を使うというのが基準だとして、調査ではある村の農家が3袋しか使わ

ないことがわかった、などの傾向も読み取ることができる。あるいは、ある村の農家が3袋使った一方で隣の村の農家は4袋使った、などの比較にも使える。

分析の有効性は、分析しているデータの質によって左右される。データを収集する際には、忘れてはいけない重要な点が2つある。まず、集めるデータが代表的であること。次に、測定が有効であることだ。

## データは代表的なものでなければならない

――肥料の使用について経験豊富な農家だけを調査対象にすると、村全体を調べた場合とはかなり異なる結果になるかもしれない。通常はサンプルを、無作為に抽出することが重要だ。たとえば、肥料の使用が農家の年齢層によって異なると予想する。無作為抽出によって、去年は年配の農家ばかり、今年は若い農家ばかりを調べたり、こっちの村では経験豊富な農家ばかり、あっちの村では新人農家ばかりを調べたりしたのではないことを保証する。経験の度合いに応じて、それぞれのレベルで同じ数の農家を調べるのだ。無作為抽出ができないのであれば、同数比較をすればいい。

## データは有効でなければならない

――農家がどのくらい肥料を使ったか覚えておらず、あてずっぽうに答えているようでは、データは有効とはいえない。データの有効性を高めるためには、農家

が肥料を使った直後に調査をおこなったり、どの農家がどのくらい肥料を購入したか、肥料を売る店の店主に記録をつけておくよう頼んだりする必要がある。

質問の仕方も重要だ。痛みの度合いを尋ねる質問は、患者から有効な答えを引き出すのが難しい。質問の有効性を高めるためには、1を無痛、10を動けないくらいの痛みなどと説明したり、1を笑顔、10を泣き顔のイラストで表したりという方法もある。このようにして作成した質問は事前にチェックして、理解可能かつ回答可能なものであることを確かめておくことが大切だ。

分析的手法は、主に3つの目的のために用いられる。問題のさまざまな側面を説明するため、それらの特徴を比較するため、あるいは将来起こることを予想するためだ。説明には単純に総数や平均値が含まれる場合もあれば、比率や割合が含まれる場合もある。ある1つの特徴を説明することも、複数の特徴を説明することも可能だ。そして、変動要素が互いにどう関係し合っているかを見たり、データの範囲や変動性を見たりすることもできる。手元のデータを理解すれば、将来用いる分析にも役立つはずだ。

分析は、時代別やグループ別の特徴を比較する際にも用いられる。グループ内やグループ間の大きな違いを探したり、特徴の変化を調べたり、変動要素間の相関関係を見たりすることもできる。

最後に、データやその関係性を理解できたら、その知識で未来を予測することができる。変動要素が長期間にわたって一定の進度で変化しているのであれば、今後も同じ進度で変化し続けると予想できる。変動要素間の関係が一貫して変化しているのであれば、その関係はそのまま変わらないことが

予測する能力があれば、予測したいならリソースの配分や活動内容を変えたいならリソースの配分や活動内容を修正するなどの判断ができるようになるのだ。だが、統計的分析やデータの可視化をおこなえば、現象や関係性をより正確に、よりよく理解できる場合が多い。

統計——データを分析する際には、要素間の関係性の強さを測るために統計的手法を用いることができる。たとえば、男児の平均就学年数が女児の平均就学年数よりも低いことを示すデータがあったとしよう。簡単な平均チェックをおこなえば、このデータが本当に使えるものなのか、それとも個人ごとに数値が大幅に異なるために平均とされているデータが偶然突出した数値になってしまっただけなのかがわかる。このような例をチェックする方法はいくつもあり、パソコンの表計算ソフトにも入っている。データの性質と取り組もうとしている問題に応じて、正確な統計的手法や統計的仮定を用いることがどれほど重要かを判断することが可能だ。たとえば薬の投与量を測定する場合、調査手順は厳密に順守しなければならない。入手可能な範囲でできるだけ良質の証拠を使って問題を理解しようとしている場合には、基本的なデータ収集とざっくりした分析手法を使えば十分だ。

可視化——データの可視化は、情報の分析と伝達に用いられる手法としてかなり一般的になってきた。データを可視化するには、各種の図表やマップを使ってデータを示す。可視化によって読者

はデータの傾向を見ることができ、その傾向がさまざまな仮定や時期によってどの程度異なるかを見ることもできる。また、可視化によって膨大な量のデータを見やすくすることもどの程度可能だ。たとえば風船図(バブルチャート)を使えば、4つの次元を一度に図示できる。x軸とy軸をまず示し、その中に描く風船の色や大きさで残り2つの次元を表すのだ。統計的分析に精通した人々にとっても、データの可視化は問題をより深く理解するための有効な方法となる。

### 実験

自分の介入が望ましい結果を生むと確信するだけの強い論理的根拠があり、それを立証したい場合は、実験をおこなえばいい。プログラム実施前よりも実施後のほうが関係者の状態が改善されたかどうかを検証することで有効性を評価するプログラムは多い。この手法は一見、インパクトを評価する有効な手段のように見えるし、実績について学べる簡単な手法でもある。

だが、事前・事後、または実験前・実験後の検証方法には2つの重要な問題がある。大きな問題は、見られた変化が実施したプログラムの成果なのかどうかがわからないということだ。ほとんどの社会的・環境的変化は非常に複雑に起こるもので、無数の要素に影響を受けている。それらの要素を検証していかなければ、何が変化を起こしたかは断定できない。

介入が期待通りのインパクトを生み出せたかどうかを知るには、実験がもっとも有効だ。実験では、一部のグループが活動に参加したり支援を受けたりする一方、別のグループは参加しない。この手法を使えば、両方のグループが同じそれ以外の条件は、どちらのグループも非常に似ている。

ように変化したかどうかが、実験前と実験後を比べたときにはっきりとわかるはずだ。一方のグループがもう一方よりも大きく変化したのであれば、その介入が変化の要因だったと言える。

ランダム化比較試験（RCT）は、プログラムの有効性を立証する代表的な手法だ。RCTには2つの主な要件がある。まず、処置群(トリートメントグループ)と比較するため、介入がなかった場合にどうなるかを表す。このグループは「反事実モデル」の役割を果たし、介入を受けない対照群(コントロールグループ)を用いる。インパクトに作用する要素はいくつもあるので、介入によって起こったのかはほかの経済的、社会的、あるいは自然条件の変化かもしれない。コントロールグループもそうした要素にさらされれば、介入によって生じた変化が特定できるようになる。

次に、対象は無作為に抽出されなければならない。のでは、結果が信頼できなくなってしまう。たとえば、調査中に不参加者が薬物療法プログラムに参加したがる人々と、参加したがらない人々がいるような場合だ。調査中に不参加者よりも多くの参加者が薬物治療をやめてしまったとしたら、それは治療がうまくいったためかもしれないし、参加したいと手を挙げた人々にそもそも薬の服用を途中でやめたがる理由があったためかもしれない。治療を受ける対象を無作為に抽出することで、変化がプログラムの影響によるものであってほかの変動要素によるものではないことに、より確信が持てる。

RCTは介入によるインパクトについて信頼性の高い証拠を提供できるという意味ではほかの手法よりもメリットがあるが、使える状況は非常に限られている。RCTが有益な情報を生むためには

は、治療そのものが測定可能で大きなインパクトを生み出せる可能性のある、現実的なものでなければならないのだ。そしてそのためには、成果に影響を与え得るほかの要素はすべて、可能な限り安定した状態を保っていなければならない。プログラムの恩恵を受けないコントロールグループを調査の開始前と終了後に評価することも、現実には難しい場合がある。さらに難しいのが、治療を受けるグループに選ばれたが実験の途中で脱落した被験者のその後を追跡調査することだ。調査を続けた被験者のみを評価すると、治療やその効果を過大評価してしまう可能性がある。

RCTを使いにくくするもう1つの側面は、介入の期間中にわたって非常に厳しい管理が必要であることだ。スタッフが状況の変化に応じて柔軟に対応したりすることのないよう、被験者は可能な限りまったく同じ治療を受けなければならないし、被験者と接触する際には厳密に定められた手順に必ず従わなければならない。プログラムの途中で治療を変えることもしてはならない。また、期間中、コントロールグループがほかの組織からのものも含め、一切治療を受けないことも絶対条件になる。

したがって、RCTの実施が適切なのは、治療が十分に成熟して定義されたものである場合のみ、かつ被験者が治療期間中安定している場合のみとなる。実験中にいずれかの要素が変化してしまったり、被験者を無作為に抽出できなかったりする場合、各種の設計や統計的手法を通じて結果を調整する方法はいくつかある。

それを踏まえたうえで、介入が安定していて十分に定義されている場合、そして被験者を無作為

に抽出してトリートメントグループとコントロールグループに振り分けられる場合、RCTは非常に少ない労力で実施できることが多い。組織は被験者を無作為にトリートメントグループまたはコントロールグループに振り分け、基本的情報を収集し、介入を実施し、最後に結果を測定するだけだ。トリートメントグループの結果がコントロールグループの結果と大きく異なっていれば、その変化が介入によってもたらされたものだと確信を持って言うことができる。それが、投資によって大きな社会的インパクトが生まれたという証拠になるのだ。

インパクトの証拠は、出資者やほかの利害関係者にとってきわめて貴重な情報となる。たとえば《エドナ・マコーネル・クラーク財団》は証拠に基づく投資の重要性を強調しており、低所得層の若者の人生を変えるという目標のために投資するプログラムについて、その有効性を証明する説得力のある定量的な測定を実施するよう投資先に求めている。この財団が好むのがRCTだ。RCTの実施は投資先にとってはコストのかかる手法かもしれないが、財団は社会的インパクトの高水準な証拠を示すために必要な能力開発も支援している。

RCTは実施する組織にとっても、同じような社会的変化を追求するほかの組織にとっても、貴重なものだ。介入が本当に望ましい変化を生むことが証明されれば、組織はその手法を同様の環境で実施する際に測定や分析をやり直さなくてすむ。環境が似ていれば、同じ成果が得られるはずだとかなりの確信を持って言えるからだ。さらに、手法が検証されれば、その成果を広く伝えることができる。それが同じ社会的変化を追求するほかの組織で採用され、受益者に恩恵をもたらす組織の向上につながる。

## 行動指針

❶ 難易度、コスト、誤解や機能不全など、インパクト測定の障害となる要因を特定する。

❷ どの内容を測定したいかを決め、慎重に定義する。

❸ なぜインパクトを測定するのかを考える。学びのためか、行動のためか、説明責任のためか？

❹ 実行可能、管理可能、比較可能な測定方法を選ぶ。

❺ モニタリングおよび評価の手法を検討する。発展的評価か、形成的評価か、総括的評価か。

❻ データが代表的で有効であることを確認する。インパクトを理解するために、統計や可視化などの手法を用いる。

❼ 安定して厳しく管理された状況でおこなえるなら、ランダム化比較試験の実施を検討する。

# 第8章 測定手法

測定についての調査が始まりもしないうちからプログラムの成功を確信するのは簡単だ。現場で毎日活動に携わり、観察していれば、そう思うのも無理はない。患者がワクチン接種を受け、リサイクル用回収容器は一杯になり、オペラのように組織がすばらしく機能しているのだから、プロジェクトは効果的に思えるだろう。意思決定者は成功を確信するあまり、外部の出資者や利害関係者に成功を評価し、その評価に基づいてプログラムを修正する。彼らは成功を確信するあまり、プログラムが失敗してしまったら、サクセスストーリーはそう簡単には描けない。

この章では、インパクトを測定するためにもっとも一般的に用いられる手法をいくつか紹介する。これですべてではなく、測定手法は無数に存在する。だが基本的な測定戦略を理解し、どの状況でもっとも有効かを知り、追加の情報源を得るには十分だろう。

すぐれた測定システムの基盤となるのは、行動をインパクトに結びつけるよう明確に設定された事業モデルだ。インパクトを直接測定することが現実的に難しい場合は測定の代わりにロジックを

# 第8章　測定手法

用いなければならないが、そのロジックはしっかりとしたものでなければならない。達成したいインパクトとそのインパクトにつながる論理的な一連の事象についての明確な理解がなければ、インパクトを効果的に測定・管理できる測定システムは編み出せない。

測定方法は、さまざまな目的に使うことができる。

- プロジェクトの選定
- プロジェクト期間中のモニタリング
- プロジェクト完了後の評価
- 組織としてのインパクトの総合的評価

これまでに多くの組織とかかわってきたなかでわかったのは、達成しようとしている目標やそのためにとるべき行動について、彼らがまだ十分に考えていないということだった。あるいは、どのようなインパクトを生み出したいのか、そしてどのようにそれを測定すればいいか決めきれない組織もあった。多くの組織が迷うのが、採用するべき測定方法だ。問題は、技術的リソースの不足ではない。インパクトを評価する効果的な手法はいくらでもある。ソーシャルセクター向けの大手のナレッジとも言える《ファウンデーション・センター》は、ＴＲＡＳＩ（社会的インパクト評価のためのツールおよびリソース）というオンラインのデータベースを構築している。このデータベースには150を超えるインパクト測定ツールや手法、成功例が収録され、具体的なニーズに合うツールを

探しやすいよう、細かく分類されている(1)。

にもかかわらず、自分のニーズにもっとも合う手法をどう選んだらいいか、多くの組織がわからずにいる。インパクト評価がすぐれているとほかの組織から高く評価されているような組織でさえ、もっとうまくやれる方法があるはずだと考えている。選ぶのは難しいが、測定への注力を求める声はますます大きくなってきており、組織はその声に応えられるよう備えておくべきだ。ビル・ゲイツの最近の発言だが、「私は、人間のありようを改善するためにどれほど測定が重要かを痛感している。明確な目標を設定し、その目標に向けて活動を推し進める測定方法を見つけることができれば、驚くべき発展を遂げることができるだろう(2)」。マイケル・ブルームバーグの財団も、測定を非常に重視している。この財団のキャッチフレーズは「測定できる結果と、実感できる変化(3)」だ。現代の組織は、以前よりもさらに測定に注力する必要がある。それは寄付者や利害関係者が要求するからだけではなく、今はすばらしい手法がいくつもあり、より良い測定は実績を大幅に改善して社会的インパクトを向上させられるからだ。

## 測定手法の分類

測定手法は、4つの基本的な区分に分けられる。専門家の判断、定性的調査、定量化、そして貨幣化だ。**表8**にこれらの手法とそれぞれの代表的な技術、そしてこの手法を活用して成功した組織の例を記載している。

| 手法 | 技法 | 組織名 |
| --- | --- | --- |
| 専門家の判断 | ディスカッション<br>観察<br>専門家による分析 | グローバルギビング |
| 定性的調査 | 構造化インタビュー調査<br>現場視察 | ジョン・S・アンド・ジェームズ・L・ナイト財団<br>ジュネーブ・グローバル<br>ユニリーバ・インドネシア |
| 定量化 | 調査<br>直接測定<br>コスト分析 | ウィリアム・アンド・フローラ・ヒューレット財団<br>アキュメン |
| 貨幣化 | 費用対効果分析<br>SROI | ロビン・フッド財団<br>ワシントン州公共政策研究所<br>ニューモント・ガーナ・ゴールド・リミテッド<br>ロバーツ・エンタープライズ開発ファンド |

表8　社会的インパクト測定の現在の手法

● **専門家の判断**——経験豊富な専門家による議論や観察。

● **定性的調査**——社会的インパクトについての体系的かつ徹底的な調査で、現場視察や構造化インタビュー調査、フォーカスグループなどを含む。

● **定量化**——数値の形でのデータおよび報告。直接測定だけでなく、インタビューへの回答も含む。

● **貨幣化**——測定されたインパクトの一部またはすべてを貨幣価値に換算する定量的評価。

それぞれの手法に長所と短所があり、手法を選ぶ際には組織の測定目標を根拠とするべきだ。多くの組織がさまざまな目的に合わせて複数の手法を選んだり、三角手法〔訳注／複数の手法を

[組み合わせ、それぞれの長所を生かしつつ短所を補い合う方法] によって実績をより深く理解しようとする。

## 専門家の判断

現在、社会的組織のウェブサイトに掲載されている成功事例報告の多くは、経験豊富な観察者による評価をもとにしている。この報告は依頼主や顧客、患者などの受益者との話し合いに基づいて作成されたり、現場での専門家による観察結果をもとに作成されたりする。だが、すべての評価が同じように有効とは限らない。評価は論理的根拠に基づく場合もあれば、その場しのぎの議論や偶発的な事例で構成される場合もあるのだ。

理想的には、評価は現場担当者の観察を基盤とし、証拠に基づく判断を用いるべきだ。専門家は現場を訪れて本部スタッフや外部観察者による報告に裏付けられた、実施中のプログラムを観察したりして検証をおこなうこともある。現地での検証がおこなわれると、リソースが有効かつ効果的に使われているという確信が強まる。平和を促進するプログラムなど、現実的に測定が難しい社会的インパクトについては、組織の活動と求められる成果との論理的相関関係を評価するうえでは専門家の判断や知識が欠かせない。

多くの組織にとって専門家の判断は、測定および報告活動をどれほど重視しているかを内外に示すものだ。インパクトの性質や測定の狙いによっては、専門家の判断は貴重で信頼のおけるものになる。入念に組み立てられた論理的裏付けがあればなお良い。だが多くの場合、この手法だけでは不十分だ。成功の証拠をより体系的に示したい、あるいは理解しようと思ったら、

はその必要に迫られている組織にとって、専門家の判断は測定および報告の基準となる。その判断を補完するためには、定量的または定性的な手法を含む追加の調査が必要だ。

---

**体験談プロジェクト——《グローバルギビング》**

社会的起業家や非営利組織を出資者と結びつけるアメリカの非営利組織《グローバルギビング財団》は、利害関係者から地域についてのより良いフィードバックを直接得るフィードバック・ループを構築するために、「体験談プロジェクト」を立ち上げた。このプロジェクトはウガンダとケニアの村で5万7191の体験談を集めたのだが、集める際に尋ねたのはたった1つ、「あなたの村でどこかの人か組織が何かを変えようとしたときのことを聞かせてください」だった。回答はまったくの自由形式だったため、組織間で簡単に比較可能なものではなかった。だが寄付者や組織のリーダーたちは、プログラムの成功に対する受益者の受け取り方について多くを学ぶことができた。訓練を受けた専門家がこれらの体験談を活用すれば、課題や成功についての貴重な証拠が手に入れられるのだ。

出典：GlobalGiving Foundation (2013) "Storytelling Project: Turning Anecdotes into Useful Data."

## 定性的調査

一定期間現場で活動をおこなうと、組織の業務プロセスや結果はルーティン化する可能性がある。そうなると、多くの組織が社会的インパクトを評価するための体系的な調査手法を編み出そうとする。これは総合的な成功を確信するためにおこなわれる場合もあるし、成功を増幅させる可能性がもっとも高い特定のインプットやプロセス、アウトプット、アウトカムについて調べるためにおこなわれる場合もある。明確性を高め、もっと証拠を集めるという要求が組織のトップだけでなく、既存および潜在的な寄付者や投資家から出てくることもある。明確なミッションとセオリー・オブ・チェンジ、ロジックモデルを構築する過程では、組織の活動に対してさまざまな手法を試すことが推奨される。これは活動をより深く理解し、さらに大きなインパクトを生み出せるようにするためだ。

追加の証拠を入手する1つの方法が、定性的調査だ。代わりに、組織は調査の体系的なプログラムを構築する。訓練を受けた専門家による観察や判断に頼る代わりに、組織は調査の体系的なプログラムを構築する。内部スタッフがこの作業を担当する場合もあるが、ほとんどの組織は有効な定量的調査の実施に必要な専門知識や人材、資金が不足しているため、なかなか難しい。そのため、独立した外部の機関による調査が有効な場合もある。ロジックモデルはアクティビティからインプット、インパクトへとつながる因果関連の仮説の検証が求められる。質の高い定性的調査には、調査手法の体系的な構築と、ロジックモデルに直接関連する因果関係の仮説の検証が求められる。ロジックモデルはその因果関係の一部またはすべてを検証できるようになっているべきだ。活動の成功（またはその欠如）の証拠となるデータの収集と分析をおこなうプログラムを定義し、

実行する。また、目指すインパクトへとつながる変化を起こすために必要な個別のインプットやプロセス、アウトプット、成果についての指針も提供する場合がある。調査はフォーカスグループや現場でのインタビュー調査、詳細なケーススタディなどの定性的手法を用いる。専門家の判断とは異なり、定性的手法は客観的に検証された体系的な資料作りおよび分析が重要だ。

---

**定性的調査——《ジョン・S・アンド・ジェームズ・L・ナイト財団》**

《ジョン・S・アンド・ジェームズ・L・ナイト財団》は、定性的調査手法を用いて助成金の評価をおこなっている。4年計画で500万ドルの助成金を受け取った《MIT未来の市民メディアセンター》（C4）について、ナイト財団は30件のインタビュー調査、学生や外部パートナーに対する2件の調査、助成金申請書類の見直し、一部プロジェクトの調査、そして一部の類似組織の調査を実施した。インタビューや調査の項目は学生、スタッフ、第三者それぞれに合わせて作成されたものだった。最終報告書は、複数の利害関係者に関するケーススタディを含む、C4についての詳細な定性的分析レポートとなった。

出典：Palfrey and Bracy (2011) Review of the MIT Center for Future Civic Media.

## 定量化

社会事業をおこなう非営利組織、そしてその寄付者や投資家たちは、専門家の判断や定性的調査よりもますます定量的な結果を求めるようになってきている。この要求への対応は実際のインパクト測定よりも、アウトプットの測定および報告の形を取る場合が多い。そうすると、組織はプログラム参加者の平均人数や参加者1人当たりに費やされた金額、提供された製品やサービスの数など、なんでも定量化しようとしがちだ。給食プロジェクトだけでも、作られた給食の数、提供された給食の数、食べられた給食の数、給食の栄養成分といったデータが集められる。中には、アウトプットの測定だけではなく、アウトカムも測定する組織もある。受益者に対してアウトプットがもたらした影響を測定するのだ。そのような組織は学校給食が生徒の学校での行動をどのように変えたか、出席率がどう変わったかなどを調べることになる。

組織が何を測定するべきかは、測定の意図と組織のインパクト目標およびロジックモデルによって異なる。仮に、子どもの肥満を減少させるために栄養豊富な給食が提供されたとすると、組織は肥満度を直接測定するかもしれない。定量的情報を入手するために子どもの体重を計ったり、観察者が近似値を取ったりすることもあるだろう。目標が健康改善であれば、病欠の日数を数える方法や、子どもたちが毎日グラウンドで何分間元気に遊んでいるかを観察するという方法もある。出席率の場合もあれば改善率の場合もあるし、組織内のプログラムをコスト効率やほかの組織の実績との比較の場合もある。場合によっては、組織内のプログラムをコスト効率やインパクトの度合いなどに応じて比較する際には定量的手法が適している。この手法で同じ分野のプロジェクトを比較するのは

196

難しいが、異なる分野のプログラムを比較するのはさらに難しい。

確立された定量化技法の1つが、コスト効率分析（CEA）だ。この手法はインプットやアウトプット、アウトカムの非金融測定対象に対するコスト比率を計算するものだ。この分析は通常、アウトプットまたはインプット1単位当たりのコストという形を取る。たとえば、組織が採用した従業員1人当たりのコストや、救った命1人当たりのコストを測定するなどだ。アメリカ最大級の財団《ウィリアム・アンド・フローラ・ヒューレット財団》は、CEAを基盤とする「期待利益」という評価手法を開発した。期待利益とは、理論上の利益と成功の確率、そして活動に対する慈善組織の貢献度合いを乗じたものに相当する。得られた結果は予想される投資コストで割る。「期待利益」で得られる数字の有用性は計算式に使われる推定値の精度によって左右されるため、財団はコストやリスク、その他の重要な要素を慎重に算定している。

非営利の国際ベンチャーファンド《アキュメン》は、社会的インパクトの1単位当たり正味費用「BACO」（The Best Available Charitable Option：「利用可能な最善の慈善活動選択肢」の略）と呼ぶ手法を開発・利用している。BACO比率は投資先候補の予想インパクトと、同じ金額がほかの投資先候補の中で最善の活動に投資された場合に得られると思われるインパクトとを比較する。この比率を見れば、投資が既存のほかの選択肢よりも効果的かどうかがわかるのだ。慈善プログラムがないときに適切なBACOを見つけるのは難しいかもしれないが、この手法は投資マネジャーが比較や選択をおこなう際に役立つ情報を提供するものではある。

## 定性的＋定量的調査＋専門家の判断——《ジュネーブ・グローバル》

《ジュネーブ・グローバル》は寄付をしたい人が世界中のさまざまな活動の中から寄付先を選ぶ手助けをする慈善コンサルティング企業で、独自の代替案評価も提供している。その評価には定量的採点評価とともに、活動の進捗に対する定性的および説明的レポートも用いられる。結果報告は実績の評価および期待値に対する現実の結果の比較という2つの定量的項目に加え、記述的分析および次の段階に向けた提言という2つの定性的項目からなる。

定量的項目は、問題を抱える地域で実施される国際的プログラムを比較するものだ。定性的項目はプログラムの詳細な説明であり、複数のプログラムを比較するうえで、ジュネーブ・グローバルが重視する複数の情報源として使われる。ジュネーブ・グローバルはすべてのプロジェクトを最低年1回は視察している。現場視察はプロジェクトの品質を維持するためだけではなく、ジュネーブ・グローバルの熱意と期待の高さをはっきりと伝えるためにもおこなわれているのだ。

出典：Geneva Global (2007) *Benequity Solutions: Monitoring Handbook.*

### 定性的＋定量的調査——《ユニリーバ・インドネシア》

《ユニリーバ・インドネシア》(UI) は、インドネシアで13番目に大きい企業だ。マクロ経済的インパクト、雇用、供給から流通までのバリューチェーン、そして政府やビジネス界への影響を含むコミュニティに対する幅広いインパクトによって社会的インパクトを生み出している。マクロ経済的インパクトは雇用の創出、公共部門への投資、生産性向上、マクロ経済の安定によって持続可能な形で暮らしを改善していけるかというところから始まっている。バリューチェーンを構成するのはサプライヤー、原料生産者、そして低所得消費者だ。

UIと《オックスファム》は、UIのバリューチェーン上の活動を検証した。農産物に関するデータを、UIが公表した文書や社内文書、その他の公開文書、主にUIの従業員のメールや口頭でのコミュニケーションから集めたのだ。この研究は客観的データを用い、インパクトの総計は取っていない。たとえば従業員の数と給与は、UIが従業員の人生にどのような正の影響を与えているかという貨幣化されない利益の定性的な説明に添えて、従業員へのインパクトとして示されている。

出典：Clay (2005) *Exploring the Links between International Business and Poverty Reduction: A Case Study of Unilever in Indonesia*.

## 貨幣化

費用対効果分析は市場インパクトおよび非市場インパクトの両方に貨幣価値を付与するもので、経済書や政府文献、専門の評価者による社会貢献プログラムの評価などに多く使われている。測定された成果に貨幣価値を付与し、成果達成に際して発生した費用を減算し、社会的正味利益（または損失）を貨幣単位で示すのだ。

適切な価値を付与するのは難しく、前提条件も明確にしなければならないが、貨幣化のすぐれた例はいくつもあり、この手法を検討するだけの理由も十分にある。

市場インパクトには生産性向上、新しい雇用や支出による税収入の増加、コストの削減、収益の向上などが含まれる。非市場インパクトに含まれるのは健康状態が改善したことによる余命の伸び、カウンセリングプログラムによる幸福度の上昇、あるいは環境改善によるレクリエーション面でのメリットの向上といったものだ。市場と非市場、双方の利益を創出するプログラムは数多い。たとえば、雇用創出プログラムは税収を向上させるだけでなく公共福祉支出を引き下げることもある。環境改善プログラムであれば清掃費の削減に加えて、住民の生活の質を向上させたり、寿命を延ばしたりするかもしれない。測定によっては客観性や精度に欠けるものがあるが、それでも評価や判断に役立てることはできる。ほとんどの組織はやり方がわからないから、費用がかかりすぎるから、あるいは精度が低くて信頼性に欠けるからといった理由で貨幣化をしないことを選択する。だが貨幣化の基盤となっている前提条件の性質を理解してさえいれば、これは貴重な手法になり得るのだ。そして前提条件に疑問が生じたのなら、前

第 8 章　測定手法

提案条件を変えることによって結果にどのような影響が出るかを見ることもできる。前提条件とそこから派生する影響が明確になれば、手法は徐々に改善していける。

非市場社会的インパクトの貨幣価値は、ゼロになることは決してない。社会的変化は測定できるにせよできないにせよ、ある程度の金銭的影響を生むものだ。測定がざっくりとしたものであっても、プログラムの評価や社会的インパクトと意思決定プロセスの改善には役立つ。政府や企業が多く活用しているこの貨幣化手法は、非営利や財団も有効活用している。

## 社会的投資収益率（SROI）

社会的投資収益率（SROI：Social Return on Investment）はよく知られた貨幣化技術の1つで、この手法を最初に取り入れたのはアメリカのベンチャーフィランソロピー《ロバーツ・エンタープライズ開発ファンド》（REDF）だ。SROIの狙いは社会的投資が生み出せるリターンを評価するところにある。企業投資により期待される、あるいは実現する金銭的利益を評価するために用いられる投資収益率（ROI）と概念的には似たものだ。SROIの計算方法はいろいろあるが、一般的にはプロジェクトが生み出すインパクトを、投資された金額で割る方法で算出される。SROIが大きければ多いほど、1ドル当たりのインパクトは大きい。REDFのSROIフレームワークは、構築された当初には6つの主要な測定基準で構成されていた。企業価値、社会目的の価値、複合的価値、企業収益指数、社会目的指数、複合的収益指数[8]。それぞれの価値が算出され、10年という期間について割り引かれる。

## 貨幣化による評価

《ロビン・フッド財団》は、ニューヨーク市の貧困削減を目標としている。財団が定義する貧困撲滅インパクトは、収入の向上と生活の質の向上だ。財団はプロジェクトごとに直接および間接的成果をリストアップし、それぞれの成果の可能性を記載している。そして健康関連プログラムと同じように、成果を収入や生活の質の向上と関連づける学術文献を探す。財団は、未来の費用便益を割り引くことで貨幣の時間的価値を考慮している。また、プロジェクトに対する影響度合いを推定する「ロビン・フッド・ファクター」を用い、最終的な利益を測定する。この値を助成金の合計金額で割り、便益費用比を得る。

《ワシントン州公共政策研究所》（WSIPP）は無党派の政府研究機関で、法的意思決定に必要な情報を提供する。この研究所はプロジェクトごとにプログラム参加者や納税者などが生み出す貨幣的利益とコストを算出する。貨幣価値は一貫した方法で付与されるので、政策決定者はさまざまなプログラムを比較できるようになっている。そして仮定や推定の変化に応じてボトムラインがどの程度変わるかを分析することによって、結果のリスク度合いを検証するのだ。

出典：Weinstein and Lamy (2009) *Measuring Success: How Robin Hood Estimates the Impact of Grants*; Ebrahim and Ross (2010) *The Robin Hood Foundation*; Aos et al. (2011) *Return on Investment: Evidence-Based Options to Improve State Outcomes*.

REDFは雇用創出、生活の質の向上、そして公共コストの削減を測定する手法を修正してきたが、ほかの組織が現在使用しているバージョンのSROIはそれぞれが組織のニーズに合わせて応用したものだ。とはいえ、SROI手法に使われる全般的なワークフローは共通している。図19に、雇用創出に注力するアメリカの非営利組織《ユダヤ職業サービス》（JVS）は2012年に、以下の公式を用いてSROIを算出した。

SROI ＝ （登録した顧客の数 × 収入の差） ／ プログラム費用

分子にある「収入の差」という指標に、JVSは受益者の予測収入を用いている。SROIは介入後1年、2年、5年、または10年の期間にわたって算出可能だ。

高級ブランド小売業者ケリング傘下の世界的な靴メーカーである《プーマ》は、環境的インパクトに経済的価値を持たせている。プーマは2011年に発表した環境損益計算書で、2010年の社会的インパクトの損失が1億5000万ドルを超えたと報告した。土地の使用、水の使用、温室ガス、大気汚染、廃棄物によるインパクトを、自社の環境管理部門が出した業務関連データを用いて測定した結果だ。プーマはこの結果を活用して社会的責任に対する意識を高め、サプライチェーンの検証や環境に優しい製品の新開発、政府との関係強化などを通じて負のインパクトを削減しようと努めている。

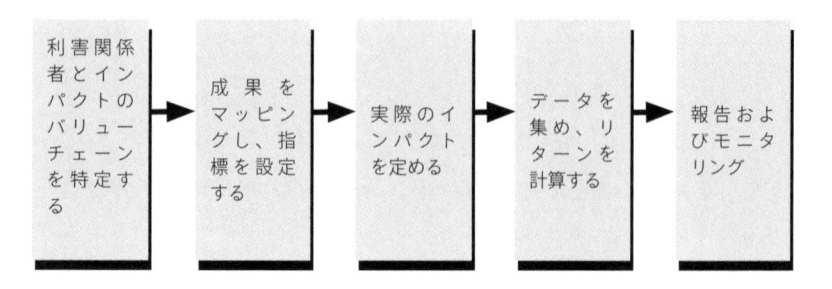

利害関係者とインパクトのバリューチェーンを特定する → 成果をマッピングし、指標を設定する → 実際のインパクトを定める → データを集め、リターンを計算する → 報告およびモニタリング

図19　SROIのワークフロー

出典：SROI Network (2005) *A Framework for Approaches to SROI Analysis*; Nicholls (2009) *A Guide to Social Return on Investment*.

どのインパクトをどのように測定するかは、社会的インパクトの報告と改善にとってはきわめて重要だ。営利企業、政府、財団、NGOはインパクト測定にさまざまな手法を用い、専門家の判断と定性的調査、定量化、貨幣化を効果的に使い分けている。組織が特定のインパクト測定を実施する際に役立つツールやリソースは数多い。

第7章で測定の基本を、第8章でさまざまな測定手法の成功例についての調査結果を紹介したことで、読者が自らの測定手法を構築する基礎はできた。第9章は、そのプロセスを実施する手引きを示す。

## SROI——《ニューモント・ガーナ・ゴールド・リミテッド》

世界最大級の金鉱業会社ニューモント・マイニングの業務部門である《ニューモント・ガーナ・ゴールド・リミテッド》（NGGL）は、定性的評価と貨幣化の両方を用いて、ガーナの金鉱の社会経済的インパクトを推定した。また、NGGLと、地域コミュニティやガーナの利害関係者との関係を評価するインタビュー調査も実施した。NGGLの社会経済的インパクトの範囲は以下のとおりだ。

- マクロ経済的インパクト（ガーナのGDP、国家収支、外国資本投資への貢献）
- 社会経済的インパクトとつながり（付加価値、雇用、政府の収支、教育、能力開発、インフラへの貢献）
- 地域的インパクト（再定住、利用可能な農地の減少、地域開発、地域や社会的構造への変化、移民の誘致、地域の健康）
- 環境的インパクト（大気汚染、水質汚染、地形の変更および復元、森林伐採、生物多様性の損失）

NGGLの経済的インパクトは企業の直接的インパクト、間接、誘発的インパクトが幅広く含まれる。直接、サプライヤーによるインパクト、そして全世帯の消費決定によるインパクトの総合的結果だ。

出典：Kapstein and Kim (2011) *The Socio-Economic Impact of Newmont Ghana Gold Limited.*

## 行動指針

1. 自分のニーズにもっとも合う手法を選ぶため、インパクト測定の実績がある手法を比較検討する。
2. 正式な手法があるかどうかにかかわらず、豊富な専門知識が得られる分野に関しては、専門家の判断を用いる。
3. 課題や利害関係者を深く理解するため、またそれらの課題に対処する最善の方法についての仮説を立てるためには定性的調査を用いる。
4. 数値・グラフ分析や統計的テストを実施する際、または調査する対象や変動要素が多くある場合には定量化をおこなう。
5. リソース配分の判断に金銭的価値を用いたい場合、まったく異なる性質のプロジェクトやプログラムを比較する場合には貨幣化をおこなう。

# 第9章　インパクトを測定する

社会的インパクトを理解し、改善するための基礎はできた。社会的インパクト目標も定義し、その目標を達成するために必要な一連の行動や結果に対する理解も明確にした。インパクトの測定の学習と進歩を促してくれることも理解したし、組織がインパクトを測定するために用いる基本的な手法も検討した。これで、インパクト測定方法を構築する準備は整った。自分がインパクトを生み出しているだろうという希望をただ抱くのはもうやめ、どの投資がもっとも効果的だったか当て推量するのも、もうやめる潮時だ。

インパクト測定システムを構築するもっとも簡単な方法は、一から作ることだ。現在何を測定していて、仕事を管理するうえでその指標をどう使っているかに関係なく、既存の手法や前提条件はすべて捨て去り、まっさらな状態から思考プロセスを始めてもらいたい。最終的には現在の手法の要素をいくつか残し、新しい要素をいくつか取り入れることになるだろう。まず幅広い可能性を検討すれば、過去におこなった選択に縛られることもないし、埋没費用（サンク・コスト）〔訳注／おこなった投資のうち、もう回収できないコスト〕を回収しようと努力することもない。

### ステップ1　測定の基礎を整える
- 計画された行動と求める結果を結びつける
- インパクトの可能性をすべて洗い出す

### ステップ2　結果をどう活用するかを検討する
- 測定システムを管理のために使うのか、理解のために使うのかを決める
- 測定の目的を検討する——学び、行動、説明責任

### ステップ3　主要なインパクトと指標を特定する
- もっとも重要なインパクトを特定する
- モニタリングが必要な一次的インパクトおよび二次的インパクトを選ぶ
- 測定するインパクトの指標を選ぶ

### ステップ4　独自の測定システムを構築する
- 測定システムを組織の戦略と合致させる
- 計画に基づいてデータを収集する
- 集めたデータを分析する
- 結果を利害関係者に報告する
- インパクトを改善するための行動を取る

表9　インパクト測定方法の構築

表9は、インパクト測定システムの構築または改良の際に踏むべき手順を概略化したものだ。各手順に伴う作業を説明し、必要に応じて追加の指針も示す。

## ステップ1　測定の基礎を整える

しっかりとした基礎から始めることで、測定システムは有効かつ有益な情報を生み出せるようになる。その第一歩は、活動と結果を因果モデルとして結びつけるロジックモデルまたはリザルトチェーンを見直すことだ。多くの組織にとって、ここが測定プロセスでもっとも難しいところになる。

だが、求める結果が完全に明確になっていることは非常に重要だ。ここがしっかりできていれば、目指すインパクトを達成するために必要な情報を提供するべく測定システムを構築する

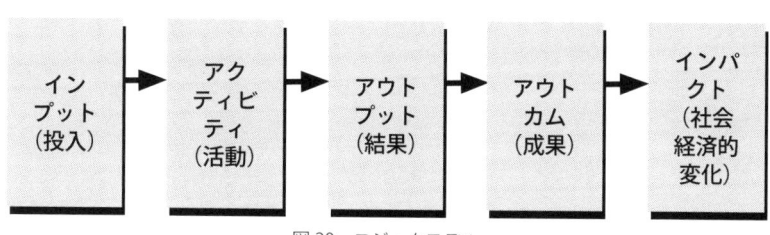

インプット（投入） → アクティビティ（活動） → アウトプット（結果） → アウトカム（成果） → インパクト（社会経済的変化）

図20　ロジックモデル

ことができる。ミッションとロジックモデルは第6章で詳しく解説したが、ここに概略を記載する。

## 計画された行動と求める結果を結びつける

ミッション・ステートメントは、組織や介入活動の社会目的と投資によってもたらしたい社会的変化を定義するものだ。最優先の関心事項は組織の正の社会的インパクトを最大限にすることかもしれないし、負のインパクトを最小限にすることかもしれない。ロジックモデルはそれらの変化を生み出すための明確な道筋を示すものだ（図20）。

投資がインパクトを生み出すロジックはどのインプットを投資するのか、どのような活動をおこなうのか、受益者にどのようなアウトプットをもたらすのかを定義してくれるはずだ。だがロジックモデルによって効果的なインパクト測定をおこなうのであれば、生み出したアウトプットが受益者への成果（アウトカム）をどのように変えるのか、そしてその成果がどのようにして目指す社会的インパクトにつながるのかをきわめて明確にしておく必要がある。ロジックモデルに明記されたアウトカムとインパクトが、インパクト測定システムの中心となるからだ。

## インパクトの可能性をすべて洗い出す

測定システムを構築する際は、組織がインパクトを生み出す数多くの方法の中のどれが測定システムに含めるべき重要なものかを見定める必要がある。測定システムには、ロジックモデルに明記した一次的インパクトに加え、受益者やほかの利害関係者に対して与える正と負のインパクトそれぞれの範囲をすべて洗い出す必要がある。第5章で詳しく述べたとおり、利害関係者に影響を与える領域は主に3つある。

- **製品およびサービス**——顧客への利益、顧客以外に与えるインパクト、使用方法、安全性、廃棄。
- **オペレーション**——製品デザイン、労働慣行、サプライチェーン、インフラ、製造工程。
- **パッシブ投資**——ミッション関連投資、プログラム関連投資、社会的責任投資。

この3つの領域を通じて生み出されるインパクトに加え、直接のインパクトの副産物として二次的インパクトも生み出される。受益者もほかの利害関係者も、一次的インパクトと二次的インパクトの両方の影響を受ける。

活動に対して直接的受益者と間接的受益者がいるのであれば、彼らの関心が活動目標に合致していることを確認するために全員を一堂に集め、計画されている変化に伴うリスクを一緒に検討するべきだ。また、受益者からの合意が得られていることも重要となる。変化が必要だという点では意

第9章 インパクトを測定する

見が一致しても、外部からの介入が解決策になるとは考えていないかもしれないからだ。また、プロジェクトがなんらかの要件を受益者に求める場合、その要求に応えてくれるかどうかも確認しておく必要もある。プログラムの成否についてフィードバックをもらうのも重要だ。慈善組織の活動改善を支援する非営利のコンサルティング会社《キーストーン・アカウンタビリティ》は、プログラムの参加者の声に注目し、組織が参加者の意見から学べるような指針を提供している。彼らがプログラムに対して述べた批判的意見を組織が活用し、連携方法を改善したりもっと効果的に解決策を実施したりする。

受益者に加え、ほかにも多くの利害関係者が変化に影響を与え、あるいは変化による影響を受ける。全員の関心について調査し、介入活動に対する反応がどのようなものになるか予測しておくべきだ。利害関係者にはサプライチェーンのパートナー、投資家、規制当局、地方自治体、地域住民などが含まれる。組織が市場より低い金利の資金を集めることによって地元の営利企業の仕事が減り、損害を与える可能性があるという意味では、競合他社も利害関係者だと言える。

受益者に対する二次的インパクトは、貧困削減に伴う社会的地位の向上など、正のインパクトの場合もある。また、経済的変化によって家族関係にひずみが生まれてしまうなど、負のインパクトの場合もある。他にも一次的・二次的インパクトによって影響を受ける利害関係者はおり、たとえば親の収入が増えれば、子どもの経済的状況も向上するかもしれない。家庭の消費が増えれば、彼らが買い物をする地元の店にも影響を与えることになる。インパクトの範囲を完全に理解することで、主要なインパクトを管理するためのシステム設計に役立つ情報が得られるはずだ。

# ステップ2　結果をどう活用するかを検討する

測定システムによって測定するインパクトを特定し、基礎を固めたら、次は測定結果をどう活用するかを考える必要がある。測定方法は慎重に選ぶ必要がある。第7章で述べたとおり、どのような測定作業にもコストは伴うもので、測定方法は主観的であり、対象のインパクトを測定結果で完璧に言い表すのは不可能だ。このため、インパクト測定の活用方法を十分に意識することが重要となる。組織で測定システムを使う基本的な方法は2種類ある。

## 管理のために測定する

インパクトについて、そして何がそのインパクトを生み出しているかについての情報を提供するのが測定のもっとも重要な役割で、ミッション達成の重要な要素となり得る。とはいえ、インパクト測定は主観的であり、対象のインパクトを測定結果で完璧に言い表すのは不可能だ。結果がわかったら次に取る行動について考え、その行動がインパクトを向上させる自分の能力に最終的にどのような影響を与えるかを考えれば、組織の測定システムを構築する際により良い選択をおこなうことができる。

- 管理のための測定
- 理解のための測定

**管理**——個別の実績をモニタリングし、報奨を与えるシステムを通じて行動を管理する測定方法には、意図しない結果が伴う場合がある。その結果は、組織が生み出そうとしているインパクトそのものを損なってしまう場合があるのだ。

報奨が指標に基づいて与えられる場合、プログラムは成果を向上させることよりも、その指標を基準に管理される可能性が高くなる。たとえば、プログラム比率（プログラム支出を合計支出で割ったもの）が実績評価の基準として設定され、助成金の付与や寄付の決定時に判断材料となる場合、意思決定者は一般経費をプログラム経費に組み替えるなどの方法を用いて測定結果を操作しようとする場合がよくある。

大手の、非常に成果の高い組織でさえこの間違いを犯す場合がある。このような歪曲は諸経費の測定だけに限られたものではなく、社会的インパクトの測定でさえ操作される可能性があるのだ。たとえば、ある組織が5年以内に100万人に清潔な水を届けると宣言したとしよう。その宣言のあとで、管理者たちはすでに水が利用可能な地域に近い受益者だけに活動対象を絞りこまなければならないことに気づく。遠方の受益者を対象に含めようとすると、活動がもっと難しく、コストもかかるからだ。対応しやすい受益者だけに注力すれば、組織は目標を達成できるかもしれない。だがそのインパクトは、もっと大きなニーズを抱える少数の受益者に注力していた場合よりもはるかに小さくなってしまう。

実績を管理するために測定を活用することには確実にメリットがあるが、その測定によって機能不全が引き起こされるようなことがないよう、十分注意する必要がある。インパクトは多くの場合、

多種多様な人々が取った行動の結果生まれるものであり、1人の管理者や1つのグループが制御できる範囲を超えているかもしれない。管理者が管理しきれない結果に基づいてその管理者に報奨を与えるというのは、問題になり得る。一方で、報奨を与えることで個人やグループがさまざまな利害関係者とともに協力し、結果を生み出すために必要なリソースを手に入れるよう努力することを奨励できれば、その手法は有益だと言える。管理目的でインパクト測定をおこなうなら、生じ得る結果を検討するべきだ。

**理解**——理解を深めるために測定を活用するのはどんな評価システムにとっても重要であり、「社会的インパクト創造サイクル」における測定の第一の目的でもある。自分がインパクトを生み出しているのかどうかを問うのに早すぎるということはない。測定計画を始動させるのに、プログラムが機能しはじめるまで待つ必要はないのだ。最高のインパクト測定は、投資行為の全期間にわたって埋めこまれている。もっと早く、プログラムが構築段階にあるうちから始まるインパクト評価があってもいい。たとえば、さまざまなプログラム構成がどのような成果を生むかをテスト実施してみるシミュレーションをおこなったり、小規模なサンプル集団に介入プログラムが現実的に生じ得るかを見極めたりすることができる。目指すインパクトがコントロール・グループの特定を必要とする評価もある。コントロール・グループには、プログラムの受益者と条件が似ているが、介入や投資による影響を一切受けないグループが含まれる。このグループが「反事実的サンプル」、つまり受益者が援助を受けなかったらどう

なっていたかという目安になるのだ。介入を受けた受益者と受けなかった人々とを比べることで、実施されたプログラムが実際に測定された結果の要因だったかどうかという証拠を得られる。

## 理解のために測定する

社会的インパクトの理解はすべての社会的組織にとって重要な問題であり、プログラムを実施する前に特定しておかなければならない。その際、インパクト測定はさまざまな形で大きな役割を果たす。第7章で述べたとおり、インパクトを測定する理由はいくつもある。

- **学びのための測定**——実績を理解し、仮説を検証するため。
- **行動のための測定**——行動を導き、価値観を共有するため。
- **説明責任のための測定**——実績を報告し、関係を構築するため。

すぐれた測定システムはプログラムの結果と有効性、そして成功に関連する数多くの要素に光を当てることができる。長い歴史がある組織でも、測定から学べることは多い。たとえば、インパクトに影響を与える条件の差を特定するため、人口や地域をまたいでプログラムの有効性を比較する際に用いることができる。

多くの組織はインパクトを測定することをせず、かわりにアウトプット、つまり生み出す製品やサービスを測定する。だが効果的な測定は、組織がインパクトをよりよく理解するためには非常に

有益だ。さらに、測定を使って一連のロジックの中にある要素の関連性を評価し、投資がどのように成果やインパクトに結びつくかという仮説を評価することもできる。ロジックモデルと結果についての基本的な学びだけでなく、測定はインパクトを向上させるための計画変更や行動の指針にも活用できる。これこそ組織の能力を向上させ、インパクトを大きくするる目的で構築された測定システムに必ず備わっている、もっとも重要な機能だ。《ビル＆メリンダ・ゲイツ財団》は実行可能な測定を奨励していて、意思決定の判断材料を提供し、戦略を改善するという測定の目的を強調している。インパクトを向上させられる結果を得るために、実行可能な測定はごく限られた数の質問に焦点を当て、対象受益者の優先順位付けをおこなう。このようにして測定を絞りこむことで、財団は対象だけでなく戦略の見直しにも測定結果を活用することができるのだ。

測定は、組織の実績のうちどの領域がもっとも重要とみなされるのかを広く知らしめるには効果的なツールだ。また、組織に投資した内外の利害関係者に実績報告をおこなうためにも用いられる。測定方法の構築や解釈に伴うプロセスを通じて、利害関係者は組織の課題や実績に関する共通の理解が得られるようになる。

測定は説明責任を果たすためにも活用でき、組織が各種利害関係者に対して実績の証拠として報告できるものだ。助成金の形で資金を受け取る組織は、助成金を出す機関が特に関心を持っている分野の実績について具体的な測定を求められる場合がある。ほかにも、このような説明責任を求める投資家はいるかもしれない。一部の組織はこれを単なる報告作業と捉え、内部目的のために情報

## ステップ3　主要なインパクトと指標を特定する

どのインパクトを測定するかを決めるには、適切な質問をしなければならない。まず、もっとも重要なインパクトがどれかを特定し、組織の実績を管理するうえでもっとも重要な情報がどれかを見定め、そしてそれらを測定する指標を決定する。

### インパクトについての適切な質問をする

インパクトについて適切な質問をするには、まず終わりを思い浮かべる。投資の動機となり、ロジックモデルの基盤となった質問はたとえば、「どのような社会的問題を解決したいのか?」や「それを解決するためにはどのような行動を取ればいいのか?」ではなかっただろうか。それらの質問に答えて介入方法を構築したら、次はその計画がうまくいっているのかどうかを問う段階だ。インパクト測定の動力源となり、投資家を悩ませ続ける究極の質問こそ、「これでインパクトを生み出せているのか?」だ。

インパクトの範囲を完全に洗い出したら、次はどれがもっとも重要かを考える必要がある。堅実なロジックモデルができているなら、達成したいインパクトは非常に明確になっているはずだ。

最終的なインパクトを理解しておくことが、組織の存在意義には必要不可欠となる。何を測定するかを決めるには、インパクトに焦点を当てたこのような質問をすればいい。

- 「インパクトについて理解するために何がもっとも必要だろう？」
- 「成功したと納得できる情報は、どんなものだろう？」
- 「行動の指針や戦略の見直しにもっとも役立つのは、どのような情報だろう？」
- 「どの程度うまくいっているかを教えてくれるKPI（重要業績評価指標）は、どんなものだろう？」

たとえインパクトの測定が単純明快だったとしても、変化は長い期間が経過したあとでなければ目に見えない場合が多い。タイミングよく方向修正やインパクト管理の改善をおこなっていくには、実績についての予測にもっとも役立つ情報を与えてくれる指標を特定しておくといい。

- 学校であれば、検定試験に合格し、中学校に進学した生徒の数を測定するかもしれない。
- 心臓病の病院であれば、患者の生存率と通常の生活に戻れるまでにかかる時間を測定するかもしれない。
- 効率の良い料理用コンロの販売員なら、コンロの燃費と満足度を知りたいかもしれない。

ここに挙げた測定指標は、アウトプットまたはアウトカムの測定とみなされる。活動とインパクトの間にくる、主要な中間的段階だ。組織の測定計画には、インパクト創出の成功にとってもっとも重要な要素を含めなければならない。

一部の組織は、アウトプットに関するデータのほうが収集・管理しやすく、プログラムの実績がすぐにわかるため、主にアウトプットばかりを測定している。アウトカムとインパクトとの論理的関係がしっかりとした基盤の上に構築されているのであれば、実証されているのであれば、インパクトの代わりにアウトカムに関する情報をさまざまな目的のために使うことができるはずだ。《パシフィック・コミュニティ・ベンチャーズ》はビジネスに関する助言や資本提供、調査研究を通じて低所得地域の雇用創出に取り組んでいるアメリカの非営利組織だが、創出した雇用の数など、プロジェクトのアウトカムデータを評価することで一次的インパクトを測定している。安定した雇用を確保することで人の生活の質が改善できると信じるに値するだけの論理的・経験的根拠を、この組織は持っているのだ。[3]

完璧な測定基準など存在しないということは、覚えておいて損はない。実際の現象を表す測定基準に代わるものは必ずあるし、そのことを念頭に置いて解釈がおこなわれるべきだ。だが測定システムを進化させるなかで継続的に測定基準を見直して改善し、同時に、データを収集して活用するその方法も改善していけばいい。そうやって進化させていくことによって、測定は意思決定や戦略的指針にますます役立つようになっていく。

## 一次的・二次的インパクトの測定

インパクトの測定は、起こしたいさまざまな変化を特定するところから始まる。用いる測定基準は以下の変化を読み取るものだ。

- **絶対値**（例　二酸化炭素の排出量）
- **割合**（例　文字が読めるようになった子どもの割合）
- **比率**（例　使用した肥料に対する収穫量）

次にこれらの数値を、解釈の概念のもととなる基準と比較する。比較するのは

- 目標結果に対する実際の結果
- ある期間の結果と別の期間の結果
- 自らの結果と類似する別の組織の結果、または業界標準

**図21**には、インパクト領域と各領域のサンプル測定基準を示した。多くの組織が、測定の難しいインパクトを追求している。捉えにくいアウトカムやインパクトを測定しようと組織が奮闘を続けているため、新しい指針は毎日のように生まれている。**表10**は、多くの社会的組織が取り組む6つのカテゴリーにおける測定の例を示したものだ。

## 測定例

### 環境

- 二酸化炭素排出量（トン）
- 処理した有害廃棄物（キログラム）
- 再生した森林（ヘクタール）
- 保全した土地（平方キロメートル）
- 植林した在来種（ヘクタール）
- 使用した持続可能エネルギー（kWh）
- 流出水に含まれる殺虫剤（ppm）
- 排出された廃水（リットル）
- 一ヘクタールにつき保護された野生生物（個体数）

### 経済

- 平均収入（週ごと）
- 食の安全の感じ方
- 清潔な水にアクセスできる住民の数
- 住居の平均的な質
- 就業率
- 識字率
- 平均就学年数

### 健康

- 生活の質で調整した生存年数
- 病気に苦しむ人々の数
- 病気によって学校を欠席した日数
- 死者数
- 平均余命
- 病院再来手順の数
- 健康目的の行動の数
- 虐待事例の数
- 乳幼児死亡率
- 診療所への年間訪問数
- 新生児の体重
- 喫煙者の人数
- 子どもの上腕の周囲

### 地域

- 安全性の感じ方
- 犯罪率
- 社会的つながりの数
- 出席したコミュニティ会議の数
- 政府との交流の回数
- 地元の行政の影響力
- 汚職の度合い
- 公共交通機関が利用できる人の数
- トイレが使える人の数

図21　インパクト測定の例

### イノベーション
- 成功したイノベーションの数
- 利害関係者に受け入れられたイノベーションの数
- 社会的インパクトに貢献したイノベーションの数
- ほかの組織にも採用されたイノベーションの数

### サービス提供
- 問題の規模の減少率
- 製品またはサービスを日々の生活に取り入れた受益者の割合
- 受益者の幸福度の増加率
- 社会事業や政府機関によるサービス提供モデルの採用件数

### 能力開発
- クライアントによる組織目標の達成度増加率
- 業務プロセス効率の向上率
- 管理構造および管理施策の有効性改善率
- 設備およびリソースの質の改善率

### 調査研究
- インパクトの動力源について信頼のおける証拠があるプロジェクトの割合
- 専門書や学術書への寄稿件数
- 開発した有効な新製品または新プロセスの数
- 特許および授与された研究助成金の件数

### アドボカシー活動
- 採用された政策の数
- 利害関係者による支持の増加率
- アドボカシー活動の結果変えられた社会的状況の件数
- 有力なパートナーとの関係強化率

### インフラ
- ネットワークに提供されたサービスを使用する組織の数
- 共通の目標に向けて足並みを揃えている組織の数
- ネットワーク間で共通の基準点における改善率
- オンラインのリソースを提供したりダウンロードしたりするネットワーク加入メンバーの数

表10 一般的な問題解決手法の測定基準例

対象受益者に対してプロジェクトが与えた一次的インパクトに加え、受益者やその他の利害関係者に対する二次的な正と負のインパクトも測定する必要がある。組織が生み出すインパクトの全体像を捉えたいと思っているなら、この作業は欠かせない。たとえば、ある財団が十代の喫煙率を減少させる禁煙プログラムに出資し、プログラムに参加した十代の喫煙率がほかの十代と比べて下がったとする。一次的インパクトだけを測定すれば、描き出されるのは成功の図式だろう。だがこの組織が子どもたちに、タバコを吸いたくなったらスナック菓子を食べるよう奨励していたとしたら？ そしてその結果、プログラムに参加した子どもたちの体重が急激に増えたとしたらどうだろう？ 喫煙の危険性とマリファナ使用の危険性を比較した結果、安全性に対する不安が軽減されて、十代のマリファナ使用率が上がってしまったとしたらどうだろう？ あるいは、財団の膨大な資金が、取り組もうとしている問題をそもそも生み出しているタバコ会社に投資されていたとしたら？

社会的組織は、自分たちが生み出しているインパクトの全体像を捉えるために多種多様なインパクトを測定する必要がある。インパクトを生み出し、そのインパクトに関連する利害関係者の関心事を理解するための強力な基盤を構築しておけば、どのインパクトが測定するべきもっとも重要なものかがわかるはずだ。

なぜすべてのインパクトではなく、もっとも重要なものだけに絞るのか？ 測定は高いコストを伴う場合が多いからだ。測定をおこない、結果を解釈するにもリソースが必要となる。測定にコストがかかるがためにほかのニーズからリソースが割かれてしまい、組織が生み出せるはずのインパクトが減少してしまうのではないかという議論はしばしば聞かれる。だがインパクトやその他のイ

重要な実績指標が測定されなければ、組織はそもそもインパクトを生み出せているのかどうかすらわからない。インパクトの測定にコストがかかりすぎると言うのなら、測定プロセスを簡素化し、インパクトの管理や向上に欠かせない情報だけを集めるように見直せばいい。何を測定するかを決める際には、インパクトの性質について考えるのが有効だ。社会的インパクトには以下のような多様性がある。

- **望ましさ**──正から負まで。
- **範囲**──小規模から大規模な影響まで。
- **影響の強さ**──わずかな影響から深刻な影響まで。
- **方向性**──相互関係強化から拮抗化（カウンターバランス）まで。
- **持続期間**──短期的から永続的まで。

## 測定基準の選び方

測定基準は、現実世界の事象を表すために使われる。血圧の数値で心臓の健康状態を表すこともできる。一時間あたりのエネルギー消費量で二酸化炭素の排出量を表すこともできるし、難しいものもある。たとえば自信や関係の良さ、美的感覚などを測定するには、測定が簡単なものもあれば、難しいものもある。アドボカシー活動の有効性や初期段階での調査研究を評価するのは、さらに細心の注意が必要だ。難しい。

第9章 インパクトを測定する

| 一次的インパクトおよび主要実績の指標 | 二次的インパクト | 企業格付け |
|---|---|---|
| ・IRIS<br>・有害物質格付け<br>・SPTFマイクロファイナンス | ・GRI<br>・国際労働機関<br>・ヒューマンライツ・ウォッチ<br>・世界保健機構 | ・MSCI ESG (KLD)<br>・S&I 100<br>・FTSE4Good |

表11 指標／測定基準のリソース

多くの組織がこの問題を認識しており、さまざまな測定基準の膨大なサンプルを記載したリストを作成している。「インパクト報告および投資基準」（IRIS）指標は非営利分野では知られつつあるし、「グローバル報告インデックス」（GRI）は営利企業に幅広く用いられている指標だ。社会的責任投資ファンドも、企業を格付けしている。有名なKLD格付け〔訳注／社会的責任投資の調査機関KLDによる格付け〕をもとに構築された独自の「MSCI ESGスコア」がその一例だ。表11に、指標のもととなる数多くのリソースの中からごく一部を例として記載してある。

第8章で述べたとおり、これらのインパクト指標は単独でも、経費測定などほかの実績指標と組み合わせても使うこともできる。たとえば費用対効果分析は、インパクト指標の価値とそのインパクトを生み出すために投資されたコストとを比較するものだ。社会的インパクトを貨幣化する手法、たとえば投資に対する社会的リターンの測定などは、貨幣価値に換算したインパクト測定基準を用いてリターンを測定し、投資とリターンを比較する。

指標の数がこれほど多いと、どれがもっとも重要か決めるのは

難しい。そこで、検討すべき要素をいくつか挙げる。

- 影響を受けた人の数と、その人々に対する正と負の影響それぞれの規模
- インパクトの持続期間と不可逆性、および生じ得る累積的影響
- インパクトが副次的効果を生み出す可能性と、その効果の性質
- インパクトを取り巻く議論の度合いと、その議論が将来の政策決定にもたらし得る影響

組織の行動結果がここに挙げた要素のいずれかに関連している場合、それに関連する主要な指標がインパクト管理にも、主な利害関係者にそのインパクトを説明する際にも役立つ。

## ステップ4　独自の測定システムを構築する

社会的インパクトを測定する最終ステップは、実績測定システムの構築だ。ここまでで何を測定するか、測定結果をどう活用するかを決定してきた。次は、定義したシステムがどう実践され、活用されるかを検討する。取り上げるのはインパクト測定システムだけだが、組織には財務実績や業務実績を測定するシステムがあることも忘れてはならない。インパクト測定システムは大枠の長期的変化に焦点を当てるシステムが多いが、ほかの測定システムともできる限り融合させるべきだ。システムは互いに作用し合い、補完し合うものなのだ。

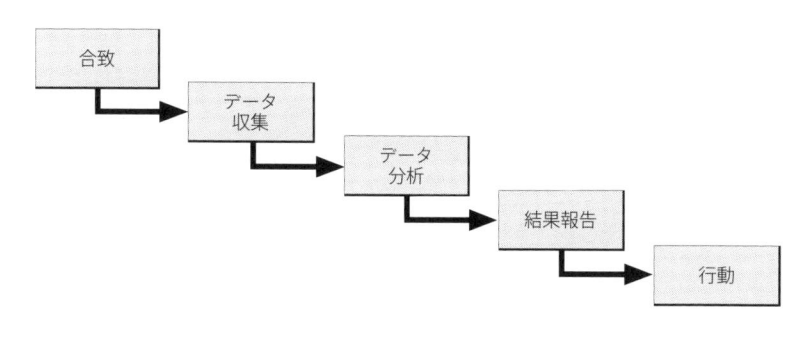

図22　インパクト測定システム構築の手順

社会的インパクト測定システムの導入はほかのシステムと同様の道筋を辿るが、その戦略的性質ゆえに、細心の注意が必要だ。

**図22**は、インパクト測定システムの構築から導入に至るまでの一連の手順を示したものだ。

## 合致

組織の目標と測定システムの目標を合致させておくことがシステム導入のカギとなる。合致はまず各個人、組織内のユニット、プログラムが、インパクトを生み出す組織の能力にどう貢献しているかを理解するところから始まる。それぞれのグループを率いる人々はシステムの価値を信じ、主要な指標についても合意していなければならない。大規模な組織だと、全体の測定結果が個別ユニットの結果とは異なる場合がある。だが、すべての測定結果や戦略的判断の整合性を取るのは重要なことだ。

多くの組織が、出資者などの利害関係者に報告するための指標を複数持っている。組織によっては、共同プロジェクトに共通の測定要件もあるかもしれない。いずれにしても、一番良いのは関係者間で共通認識を持ち、外部向けに求められている情報が

社会的インパクトの管理にも使えるかどうかを見極めることだ。組織が自らのロジックモデルと実績測定の有効性を強く信じているのなら、それを外部関係者に伝える努力をするべきだ。認識が合致していれば、報告の際に求める要件についても、お互いに利益となるような測定方法を受け入れて修正してくれるかもしれない。

## データ収集

データの収集を計画する際には、そのデータが完全であることを確実にする必要がある。それぞれの測定基準に関連するデータの収集方法を計画し、データをいつ、どうやって、内外のどのリソースから集めるかを決定する。また、信頼のおけるものであることを確実にするようにしてデータを検証するかも規定しておくべきだ。データは、情報システムにできる限り近い投入する前に、のように集めたほうがいい。時間や距離はデータの品質を劣化させる傾向があり、業務を委託する行為も同様だ。データ収集に携わる者は、不正確または不完全なデータがおよぼし得る悪影響や、偏ったサンプルから収集したデータによって生じ得る問題について十分認識しておく必要がある。慎重な監督、品質管理、そしてデータクレンジング〔訳注／収集したデータの中から重複や表記の揺れなどを探し出し、データの品質を高める作業〕によって、インパクトの結果が信頼できる証拠に基づいていることが保証できるようになる。

## データ分析

データ分析の手順は慎重に構築し、十分にテストしなければならない。ITの専門家を雇うのであれ、表計算ソフトを使って自分で作成するのであれ、完全かつ信頼できる結果が確実に得られるようシステムを見直し、テストすることが重要だ。だがそれよりも重要なのは、データがそれを受け取る者にとって有益であることだ。さまざまなニーズに応えるためにもっとも貴重かつ実効可能な項目に注力することはできるが、インパクト情報はその利用者にとって有益であり、これが結果を解釈する際の背景となる。ただ、この行為には諸刃の剣のような側面がある。

データを有益なものにするために、分析は通常、実績を1つあるいは複数の基準と比較する。比較対象はたとえば基本データ、過去の実績、平均実績、目標と予算、業界または競合他社の実績であり、目標やプロセス、測定基準が変化すると、過去のデータとの比較が難しくなるのだ。とはいえ、不正確で有益ではない情報を提供する方法にしがみつくというのもまた問題だ。組織は最大限の学びとインパクトを得られるよう、優先順位を見極める必要がある。

また、利用者が生データも参照できるようにしておくといい。そうすれば、利用者がその場その場で生じた疑問を解決し、リアルタイムでデータを操作することで予測を立て、それぞれのニーズに合わせてデータをカスタマイズできる。データの性質や機密性によっては主要な利害関係者とも共有し、独自の分析に役立ててもらうこともできる。グラフ機能やピボットテーブル機能がある企業システムやパソコンの表計算ソフトなどが便利だ。このようなツールを使えば、組織の意思決定能力を大幅に高められる、ダイナミックなデータ分析が可能になる。

## 定性的指標、定量的指標の両方を活用する——《インダスツリー・クラフツ》

インドで地方の工芸品生産者と農業従事者の暮らしを支援するハイブリッド型の社会的企業《インダスツリー・クラフツ》は、定性的・定量的両方のアウトプット指標を収集している。それぞれの指標は事業の活動に結びつけられ、そこからさらにインダスツリーの主要目的である環境的・社会的持続可能性、生産者の市場へのアクセスとつながり、そして人々が地元の工芸品を購入するよう呼びかけるアドボカシー活動の3つに結びつけられている。こうすることで、すべての測定がインダスツリーのミッションである「人々がより生産的な暮らしを発展させていけるよう支援することで地方の貧困を削減する」ことに、明確に結びつけられるのだ。

インダスツリーの活動目標の1つは、持続可能な消費に対する意識向上と理解を人々に促すことだ。この目標を達成するため、インダスツリーは顧客に対するブランド力を構築しようと努力し、地方の持続可能な工芸品を推奨してきた。ニュースレターなどで活動を伝えた顧客の人数や実施したアドボカシー活動のような定量的アウトプット情報を収集しているほか、ニュースレターの内容やアドボカシー活動に対する顧客の反応といった定性的アウトプットも収集・分析している。

## フォーカスグループからのデータ収集 ——《ヴィレッジリーチ》

《ヴィレッジリーチ》はアメリカの民間非営利組織で、医療へのアクセスを改善する活動を続けている。「チパタラッチ・パ・フォニ」（CCPF）プロジェクトは、電話ホットラインや携帯メールを活用して医療サービスを提供しようというものだ。このプロジェクトでは、フォーカスグループを使ってサービスのインパクトに関するデータを収集している。調査の結果、以下の事実が判明した。

● 母乳育児や乳幼児の栄養状態など、健康に向けた行動が改善された。
● 出産前後の受診率が向上した。
● 遠方の診療所へ行かなくてもすむようになったり、伝統的な治療師の所へ行かなくなったりしたために時間と金が節約できるようになった。

ヴィレッジリーチはプロジェクトのインパクトを継続的に評価し、既存のプロジェクトの改良や新しいプロジェクトの参考に役立てている。

出典：VillageReach, "Evaluating the Social Impact of Our Work.CCPF Malawi,"
http://villagereach.org/2013/04/19/evaluating-the-social-impact-of-our-work-ccpf-malawi/.

## 結果報告

実績測定システムの成功を左右するのが、結果報告だ。報告は使われなければ意味がない。報告には関連性があって理解可能な情報が含まれていなければならない、その情報は定期的に議論され、活用されるべきだ。

まず、正確性と関連性について。報告によってもたらされる情報は利用者が信用でき、活用できるものでなければならないし、意思決定や問題解決に関連するものでなければならない。だが最高の測定基準を使っていたとしても、多くの報告がその理解の難しさゆえに活用されないままになってしまっている。報告を受け取った利用者が多大な労力を費やしてデータを検査し、比較し、頭の中で計算しなければならないようなら、報告がもたらす利益よりもそれを使えるようにするためのコストのほうが高くつくと考えてしまうかもしれない。

報告の書式は重要で、報告がごちゃごちゃせずにきちんと整理されていれば、利用者はその中から重要な情報を見つけ出して活用することができる。表やグラフといった視覚化ツールは、標準的なソフトにも入っている。こうしたツールは比較をしやすくするし、重要なパターンを目立たせる形で内容を伝えるため、情報を利用者にとってはるかに有益なものにしてくれる。考え抜かれたデザインは、報告を読み解く時間も動機も少ない外部の利害関係者にとっては特に重要だ。外部向け報告書の多くには、売りになる良いイメージを与えるための成功事例や写真がふんだんに使われている。だが最近の利害関係者が求めているのは、プロジェクトや組織の実績に関する、より完璧な報告書なのだ。

報告のもう1つ重要な側面は、組織が情報を内部でどのように議論し、活用するかだ。インパクト情報について話す者が誰もいなければその重要性は低く、すぐに無視されてしまう。これが、資金の効果的利用を証明・確保するなどといった具体的な目的で作成されたインパクト報告書の多くが辿る運命だ。ロジックモデルを検討してインパクト測定基準を定義することそれ自体は重要なのだが、測定システムの全体的な価値は、結果を生み出すためにその情報が活用されて初めて実体化するものだ。したがって、効果的な報告書はいかに情報が得やすいかと、その情報によってメリットを得られる人々に情報の重要性と価値をいかに伝えられるかにかかっている。《ビル&メリンダ・ゲイツ財団》は「インサイト」と呼ばれる双方向性のウェブサイトを活用しており、スタッフと経営陣が定期的に助成金や戦略実施に関する情報を報告し、互いの経験から学べるようにしている。

投資家はしばしば、実績報告を検証するために第三者による評価を要求する。外部評価者の中には不干渉主義の手法を用いる者もいれば、インパクト検証研究とコンサルティングサービスを組み合わせて使う者もいる。たとえば、シンガポールに拠点を置く社会的企業《シュージョグ》は、実績測定システムの構築と実施を通じて、クライアント組織がインパクト目標を達成する手助けをしている。

### 行動を起こす

最後に、情報システムは組織がインパクトを向上させる行動に役立つものでなければならない。

通常、インパクト測定システムは診断情報と戦略情報という2種類の情報を提供するものだ。

「診断情報」とは、標準的な実績測定基準を示し、期待値から外れている結果に注意を向けさせるものだ。このような報告は意思決定者が迅速に傾向や多様性を特定して問題解決のための行動を取ったり、良い方向の偏差に関連する行動を研究・定義・奨励したりできるようにする。こうした問題を認識し、対策を講じるにあたっての責任は明確に定義されていなければならない。責任者あるいは担当グループを指名し、追うべき手順を明記し、推奨される対応時間を明確にしておくことで、問題あるいは機会が分析され、組織の学びと改善に貢献できるようになる。

「戦略情報」には、長期的な意味合いがある。この情報は非常に大きなくくりで捉えられる場合が多く、組織の実績や、セクターまたは業界に関する大枠の傾向を示すものだ。この情報は将来の計画時に役立つもので、どの介入がどこで、誰に対して、どのような状況で成功したかなどの情報をもとに、戦略の主要な側面に光を当てることができる。

報告書の有益性を高めるのはその内容だけでなく、行動を起こすために活用されるその方法でもある。効果的に用いられれば、結果報告は組織の中で双方向性の役割を果たすことができる。その ためには定期的な会議を設けて結果について議論し、結果をもたらした要因や改善の余地、将来的な機会などについて話し合っておく必要がある。この議論はより大きな社会的インパクトをもたすためにリーダーが戦略を再定義するためのツールとみなし、組織の最高レベルの管理者も参加させるべきだ。

インパクト測定を診断または予測していた目的で使用する場合、その後の行動は結果をどう解釈するかによって異なってくる。予測していたインパクトと実際の結果との間に差異があるなら、調べるべき

主なリソースが3つある。

- ロジックモデル内の相関関係
- モデルの実施方法
- 測定の有効性

これらすべてがしっかりと定義されて実施されていなければ、インパクト結果は予測通りにはならないだろう。

ロジックモデルに含まれる要素同士の相関関係は、強力なロジックと証拠に基づいているべきだ。介入に投資する前には、それが目指す結果を生み出すと信じられるだけの十分な理由となる。モデルの中の相関関係は専門家の判断、十分な根拠がある仮説、または経験的証拠などによって裏付けられる。予測とは異なる結果が出たなら、ロジックチェーンの中でどれか、あるいは複数のリンクが弱かったのかもしれない。組織やその環境の重要な要素に予期しない変化が起こったのであれば、対応するために活動計画を見直す必要があるかもしれない。あるいは、予測のほうを見直すべきなのかもしれない。

ロジックチェーンの各段階も、効果的に実施されなければならない。施策や手順、指針、そしてそれらを支える訓練、監督、報酬が行動を導き、計画の効果性を左右する。行動と結果を結びつけるロジックがしっかりとしたものだと確信しているにもかかわらず期待通りの結果が出ない場合、

プログラムが実施中のいずれかの段階で計画から逸れてしまった可能性が高い。計画実行に携わった関係者と問題を議論することで、課題が見えてくる場合がある。インパクト測定は必ずしも具体的な問題を炙り出すことができるとは限らないが、問題を調査して対策を講じるために必要な全般的情報を提供することは可能だ。

最後に、測定方法のデザインは有効でなければならず、また適切に実施されなければならない。測定システムに問題があり、たとえば測定している現象を表すために用いた測定基準が適切ではない場合などは、測定結果が実際のインパクトを表さない可能性が高い。

測定基準や測定プロセスに生じ得る問題を調査する際、情報の収集と活用にかかわった人々、そして成果やインパクトに一番近い人々が良い情報源となる。有効な測定基準の構築は継続的なプロセスであり、発生する都度問題を特定することで時間をかけて測定の有効性を高めていける。

基本的なレベルを見れば、実績測定システムはどれも似通っているように見える。同じような基本的要素で構成され、同じような目的のために使われているからだ。だが、これらのシステムがどのように構築されてどのように活用されるかは大きく異なり、賢明な組織はインパクトを生み出すうえでもっとも重要なツールとして実績測定システムを認識している。最初に構築した実績測定システムがどれだけよくできていようとも、それがそのままの状態であり続けることはない。さらに、システムは結果を調査し、活用するなかで時間をかけて改良され続けるものだ。さらに、シス

第9章 インパクトを測定する

テムが使われる環境も変わり続けるもので、システム自体も進化し続ける必要がある。このため、組織は構築の手順を何度も何度も繰り返し、正のインパクトを生み出すための手法に磨きをかけ、改善していくのだ。

## インパクト測定——現場ではどう実践されるのか

《スクール・フォー・ライフ》（S4L）という架空企業のケースで考えてみよう。この組織は、仕事が少ないために人々が零細農業や商取引で生計を立てている貧困地域で活動している。活動内容は起業家精神についてのワークブックの提供、教師の研修、そして私立学校への継続的支援だ。S4Lのプロジェクトは生徒中心で、年若い生徒がプロジェクトの中心的役割を担うようになっている。S4Lのミッションは子どもに組織運営能力や起業家的能力を与え、安定した生活を送れるように支援するものだ。[6]

S4Lは最初のインパクト測定システムを構築することに決め、まずは成功に欠かせないごく少数の測定方法を選んだ。S4Lのロジックモデルに含まれる要素と各要素の測定方法の例は次の表のとおりだ（表12）。

S4Lは、この最初の測定システムに4つの主な測定方法を含めた。

● **プログラムの売上**——プログラムの売上は、トレーニングを受ける生徒の数を増やすために

| インプット | プロセス<br>(アクティビティ) | アウトプット | アウトカム | インパクト |
| --- | --- | --- | --- | --- |
| 起業家精神についてのワークブック | ワークブックの生産 | ワークブックの供給 | 生徒たちの取り組み主体的参加 | 生徒たちが事業を始める |
| ワークブックの売上による資金 | **プログラムの売上** | **教師への研修の実施** | 質の高い教育 | 生徒たちが多様な人生を追い求める力を身につける |
| 寄付 | 監督活動 | 監督活動の実施 | 生徒が新たな知識や技術を身につける | 生徒が研修で身につけた技術を仕事で役立てる |

表12 一次的インパクト

は欠かせない。

● **教師への研修の実施**──S4Lは研修方法が効果的かどうかを見定めるために、教師の評価をおこなうことができる。

● **生徒が新たな知識や技術を身につける**──最終プロジェクトは、小規模事業の立ち上げだ。このスコアが高ければ、生徒が質の高い事業を立ち上げられることを意味する。

● **生徒が研修で身につけた技術を仕事で役立てる**──生徒たちが新しく学んだ技術を現場で使っていると報告すれば、彼らの人生設計を変えるうえで研修が役立ったことがわかる。

これらの一次的なインパクト目標に加え、S4Lは自らの活動がさまざまな利害関係者に正のインパクトも負のインパクトも与えることを認識している。そして、関係者と直接会って表13のようなインパクトを特定している。

| 家族 | 教師 | 学校経営者 | 地元ビジネス |
|---|---|---|---|
| 子どもが学校に行っている間、家での人手が少なくなる | 教授法の研修がほかの科目へも派生する | 出席率の変化 | 新たな競合相手の登場で地元ビジネスが苦境に立たされる |
| 能力をつけた子どもたちが村を出ていく | 教師が収入源を多様化させるためにベンチャー企業を立ち上げる | 生徒が学校で良い成績を収める | 地元で新たな製品やサービスが得られるようになる |
| 家族が事業を改善させるために起業家的概念を取り入れる | 教師が仕事上の新たな要求に不満を覚える | 親や地域住民がより学校行事に取り組むようになる | 資格のある労働者層が増える |

表13　二次的インパクト

このうち、S4Lはシステムに「出席率の変化」の測定を含めることにした。高い出席率は、保護者や生徒がプログラムに価値を見出していることを意味する。学校の財務的成功が出席率に依存していることからも、この測定が重要だと言える。次に、S4Lは選出した5つの測定方法の基準を決め、それぞれの測定指標についてのデータ収集計画を立てた（表14）。

このS4Lの例は、基本的ながらも強力な測定・報告システムを構築するのがどれほど簡単かを示している。ロジックモデルの重要な側面を特定し、利害関係者にとって何が重要かを考えることでS4Lはインパクトを理解し、改善できる一握りの主要な測定基準を特定できた。S4Lは戦略の有効性やその戦略の実施方法、インパクトについて学ぶなかで、時間をかけてこのシステムを見直し、改良していける。

| 指標 | 測定基準 | 基準値 | 目標 | データ源 | 頻度 |
|---|---|---|---|---|---|
| プログラムの販売 | プログラムを導入した学校の数 | 14校 | 年末までに25校 | 締結した販売契約 | 毎月 |
| 教師への研修の実施 | 教師の平均評価 | 10中6.5 | 年末までに10中8 | S4Lが研修終了時に教師の評価を実施 | 教師研修終了時 |
| 生徒たちが新しい知識と技術を身につける | 生徒が取り組んだ最終プロジェクトの平均点数 | 昨年は58% | 年内に80% | S4Lが生徒の最終プロジェクトを評価 | 毎年 |
| 生徒たちが研修で身につけた技術を仕事で役立てる | 卒業後6カ月および12カ月に技術を役立てている生徒の割合 | 6カ月後に20%<br>1年後に50% | 6カ月後に50%<br>1年後に70% | 卒業後半年後および1年後に卒業生への構造的面接を実施 | 毎学期 |
| 学校での出席率が向上する | 平均出席率 | 78% | 85% | 学校経営者から出欠記録を収集 | S4Lに毎週報告 |

表14 データ収集計画

## 行動指針

1. どのインパクトがもっとも重要で、そのインパクトを管理するためにどのような情報が必要かを見極める。
2. インパクトとその原動力に関する情報をどう活用するかを決める。
3. 重要なインパクトをもっとも良く表せる測定基準がどれかを見定める。
4. 自分に合ったインパクト測定システムを構築する。

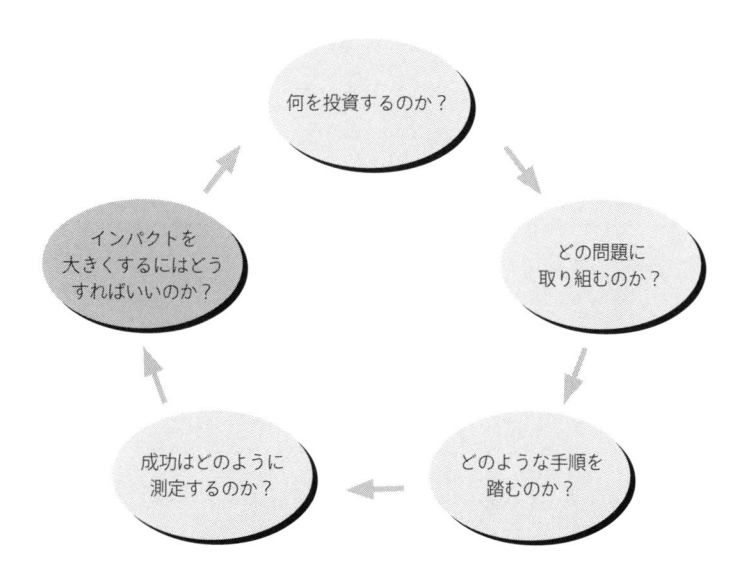

# 第5部
# インパクトを大きくするにはどうすればいいのか？

- 何を投資するのか？
- どの問題に取り組むのか？
- どのような手順を踏むのか？
- 成功はどのように測定するのか？
- インパクトを大きくするにはどうすればいいのか？

# 第10章　社会的インパクト測定の成熟度

突き詰めれば、実績測定の目的はインパクトを大きくすることだ。それを実行するもっとも効果的な方法は、組織のプロジェクトを慎重に測定し、管理することになる。社会的インパクト測定システムが成熟したものであれば、リソースがどのように投資されているか、具体的にどのような成果を生んでいるかをより深く理解することができる。また、成果やニーズ、環境の変化に応じた慎重かつダイナミックな運営業務に必要となる情報を得ることもできる。この章では、現行の社会的インパクト測定システムを理解して評価し、システム改善のヒントを生み出す5段階のモデルを紹介する。

図23は、インパクト管理システムの特徴に注目した段階的、あるいは成熟度別のモデルを表す。ただし、モデルは5つのレベルに区分されていて、それぞれが組織能力の一般的な特徴を表す。ただし、組織によっては特徴が複数のレベルにまたがる場合もあるだろう。組織は通常、インパクト評価の経験を重ね、情報を活用して意思決定できるようになるにつれてレベルが上がっていく。各レベルは、その下のレベルに含まれるすべての区分の能力を包含する。

# 第10章 社会的インパクト測定の成熟度

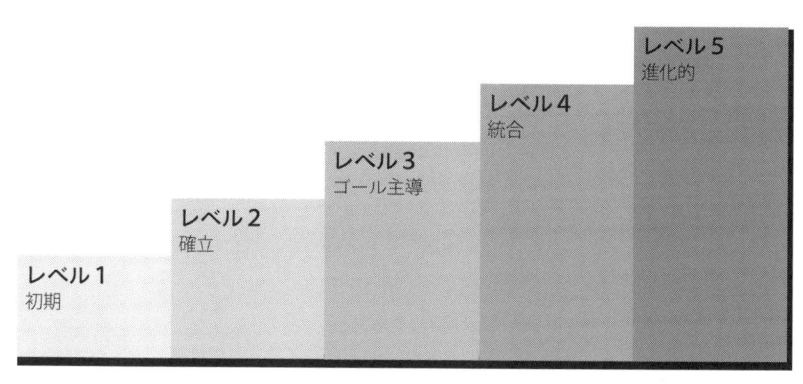

**レベル5** 進化的
**レベル4** 統合
**レベル3** ゴール主導
**レベル2** 確立
**レベル1** 初期

図23　社会的インパクト成熟度測定モデル

- **初期のシステム（Emergent Systems）** とは、集めた資金や支出の状況を把握することによって内部の意思決定をサポートするものである。

- **確立されたシステム（Established Systems）** は、受益者に提供される製品やサービスの質と量をモニタリングする。確立した測定システムが組織にあるがインパクト測定を含んでいないとすれば、このレベルにある可能性が高い。

- **ゴール主導のシステム（Goal-Driven Systems）** とは、ロジックモデルが計画通りに機能していることを確認するものである。直接・間接いずれかの方法で、生み出された社会的インパクトを測定する。

- **統合されたシステム（Integrated Systems）** は、測定基準を業務管理プロセスに組み入れる。測定は日々の意思決定の重要な一面となり、社会的インパクトの達成を目指す。

- **進化的システム（Evolutionary Systems）** は、学びを

支援する。リソースの配分や、継続的な社会的インパクトを保証するための戦略見直しに役立てられる。

このモデルは組織がどのレベルに位置するのかを理解し、システムをどう改善していけばいいかを知るために役立つ。システムは、組織の成長に合わせて進化するように作られているのがもっとも効果的な形となる。したがって、実績測定システムは組織の成長と発展の中に組み入れられているのがもっとも効果的な形となる。社会的インパクト創造サイクルの段階を上がっていくなかで、実績測定システムにも相応の変更を加えていくことになるだろう。

成熟度モデルの一番上のレベルは、インパクト主導型マネジメントの戦略的な形を表している。これは、努力して目指すべき理想のようなものかもしれない。経験的には、このレベルに到達する社会的組織の数はごくわずかだ。だが圧倒的多数が測定の重要性に気づき、インパクトをより効果的にマネジメントできる組織になるための対策を講じるようになってきている。

## 各段階の側面

それぞれのシステムは3つの側面から理解できる。実績測定システムの目的、システムに組み入れられる可能性が高い測定基準、そしてシステムと組織戦略との関係だ。

## 第10章　社会的インパクト測定の成熟度

### 目的

第一の側面は、測定管理システムと測定システムが使われる目的を反映している。実績測定の初期段階にある組織は、主に日々の業務を管理するため、あるいは規制当局や寄付者に対する説明責任を果たすためにシステムを活用している。成熟した測定システムを備えた組織は、継続的に社会的実績を向上させ、変わり続ける機会を捉えられるような形に組織を変革させていくプログラムの一環として測定基準に投資をおこなう。

### 測定基準

第二の側面は、各レベルの典型的な企業が集めた測定基準の種類を表す。未成熟な測定システムしか持たない組織には明確な測定手段がなく、その場その場で測定基準を決めている。一番上のレベルの組織は体系的に測定基準を定め、組織と利害関係者の進化し続ける戦略的関心を反映するような形で、あらゆる社会的インパクトを評価する。

### 戦略

第三の側面は、インパクト測定システムと組織戦略やビジネスモデル策定との関係に触れるものだ。正式なインパクト測定方法が欠けている下位レベルの組織では、正のインパクトは実証されるのではなくただ推測される場合が多く、戦略は基本的にはその前提で策定される。だが成熟度が進むと、厳密に実証された測定方法が構築される。組織はその測定方法を意思決定プロセスに組み

## 社会的インパクト管理システムの成熟レベル

図23は、5段階の成熟レベルを表している。多くの組織がこの図に表れないのは、社会的インパクトの測定システムをまだ構築していないためだ。多くの組織がこの図に表れないのは、社会的インパクトの測定システムをまだ構築していないためだ。登録されている何百万という非営利組織のおそらく大半が、これらの組織を、「発生期」の組織と呼ぶ。発生期の組織はインパクトの定義や測定を体系的におこなっていない。こうした組織の設立者や主な経営陣は当然、組織がどのような善行を目指すのかというイメージを頭の中には持っているだろうが、それを正式に明確化したり、目指すインパクトや成果を分析するための測定基準を構築したりはしていない。

だからと言って、こうした組織がインパクトを生み出せていないというわけではない。彼らの生み出すインパクトが大きな正のインパクトである可能性は十分にある。たとえば、難民キャンプに突貫作業で建てられた瞑想と礼拝のための場所に明確なインパクト目標はないかもしれないが、それでも利用者にとってはきわめて貴重なものになるだろう。発生期組織の測定基準は多くの場合、対象とする受益者よりもむしろ組織の行動や健全性に焦点を置いている。このような測定基準には資金の額や、組織を運営するために動かされるボランティ

|   | 成熟レベル | 測定基準 | システムの目的 | 戦略との関係 |
|---|---|---|---|---|
| 1 | 初期 | 運営実績 | 説明責任 | 推定 |
| 2 | 確立 | インプット、プロセス、アウトプット | モニタリング | 計画 |
| 3 | ゴール主導 | 社会的インパクトの直接的測定 | 実施 | 定義 |
| 4 | 統合 | インパクトのためのリソースと改善 | 改善 | 組み込み |
| 5 | 進化的 | 社会問題のさまざまな側面 | 変革 | 相互的 |

表15　社会的インパクト測定システムの特徴

アの数といったインプットが含まれることが多い。このため、発生期組織の実績測定システムは、組織の内部向けの記録や経済的に存続するためだけに使われがちだ。測定基準は、組織が目指す社会的インパクトやそれを生み出すための戦略には直接的な関係がほとんどない。表15はこの発生期段階以降、各成熟レベルの測定システムの特徴をまとめたものだ。

**レベル1　初期（Emergent）**

目的——レベル1の組織は、測定基準をその場その場で決めながら取り組みやプログラムの進捗をトラッキングするインパクト測定システムを採用している。基本的な財務情報のトラッキングのほか、このレベルの組織が収集するデータには、食糧配給所で提供した食事の数や設置した太陽光パネルの数など、実施している作業に関連するものが多い。

測定基準——どのデータを集めるかを決める基本

的な要因は、外部出資者からの説明責任の要求だ。たとえば助成金を受け取っている組織なら、資金提供者が指定した測定基準を含む進捗報告を提出する場合が一般的だ。このような測定基準も実績やインパクトの評価には役立つだろうが、その主な目的は出資要件を満たすことにある。ほとんどの場合、組織が資金を集めるときには、投資によってどのようなインパクトを起こそうとしているのかを黙示的または明示的に宣言している。だが初期段階の組織では、出資者や有力な利害関係者が要求するのでない限り、インパクトが直接測定されることはない。

戦略——測定基準と同様、その測定基準に応じてデータを収集するシステムも外部関係者によって規定されている場合が多い。そのような組織ではデータの収集、分析、報告のためのシステムは組織全体に組み込まれているものではなく、特定の助成金やプログラムに紐づけられているものだ。こうした測定システムは、組織の活動が新しいプログラムや取り組みごとのニーズに合わせて変化するにつれて進化していく。その結果、さまざまな外部出資者や意思決定者を満足させるため、複数の報告システムを維持することになるかもしれない。

## レベル2　確立（Established）

レベル2のシステムを「確立」システムと呼ぶのは、それが意図的な努力の結果構築され、計画通りに機能しているからだ。このレベルのシステムが初期システムと大きく異なるのは、インパクトと行動との関係が明確に理解されたうえで構築されている点にある。このモデルでのインパク

は単に推論されたり黙示されたりするのではなく、明示されている。組織のミッションはなんらかの形でインパクトに結びついており、組織は目指すインパクトに行動を紐づけるなんらかの形のセオリー・オブ・チェンジやロジックモデルを備えている。

**目的**──一般的に、レベル2の組織は内部のニーズに応えることを目的としたシステムを構築している場合が多い。出資者からの報告要求にも応えはするが、レベル2の実績測定システムが持つ主な特徴は、組織自体が目指す活動やインパクトに関連する情報を提供するという点だ。レベル2の組織が採用する測定の基本的な目的は、組織全体または個々のプログラムの実績を内部でモニタリングするためだ。システムは組織の日々の活動や取引をトラッキングし、記録する。このトラッキングによって、組織は行動やリソースの使用をモニタリングすることができる。詳細な予算管理をおこなう組織であれば、実際の活動を計画と比較し、相違点を分析することも可能だ。

**測定基準**──レベル2の組織が使う測定基準は組織のインプット、プロセス、そしてある程度はアウトプットにも焦点を当てる。このレベルの組織はプログラムや組織目標の追求に際して投資されるリソースや採用したプロセスなどをトラッキングする。たとえば、教育プログラムであれば接触した学校の数や、特定の教育介入プログラムを採用した教室の数を調べるかもしれない。このレベルの組織はほかにも介入に費やした時間やプログラムに参加した生徒の数など、アウトプットもトラッキングする場合がある。こうした測定の焦点は、社会的・環境的状況の変化というよりは

むしろ、組織が問題解決にどの程度貢献したかに当てられる傾向が強い。

## レベル3　ゴール主導（Goal-Driven）

レベル3の組織は真の意味でインパクト主導型の組織とみなされ、測定システムもそれを反映している。十分に構築された論理的フレームワークや成果またはインパクトのデータ収集についての標準化された規定がある組織が、このレベルに属する。

**戦略**——このレベルでの戦略と測定の関係は、明確な計画に基づいている。オリー・オブ・チェンジやロジックモデルをしっかりと定義し、目指す社会的インパクトを具体的に示したうえでそのインパクトを達成するために追求する戦略も明確化する。組織の行動と目指すインパクトとの関係は慎重に計画され、十分に理解されている。このレベルの組織は通常インパクトよりも成果（アウトカム）を測定する場合が多いが、目指すインパクトは十分に理解されており、黙示的であれ明示的であれ、実際の社会的インパクトを表すために成果の測定をおこなう。たとえば、貧困削減を目標とした介入では、直接的な貧困状態の変化よりも、診療所や銀行融資の利用しやすさの変化を測定するかもしれない。

**目的**——このレベルの測定システムの主な目的は、組織が効果的に計画を実行し、目標を達成できるようにすることだ。ゴール主導の実績測定システムを備えた組織は、社会的実績をモニタリ

グするためと、社会的インパクト目標の達成に向けた進捗を評価するための両方の目的で測定システムを活用するようになってきている。

**測定基準**——このシステムはレベル2の成果（アウトカム）中心型の測定基準を含むが、そこに2つの重要な要素を組み入れたデータを収集する。第一が、社会的インパクト目標だ。予算と同様に、インパクト目標は組織がプログラムまたは一定期間に達成したい成果を定義するものだ。第二に、このシステムはインパクト測定データを集め、目標と比較できるようにする。先に述べたとおり、測定が現実的には難しいインパクトもある。その場合、組織は代用データを使うことになる。

**戦略**——レベル3の組織はインパクトと行動を明確に結びつける戦略を策定しており、インパクト目標を達成する責任を自らに課す。このレベルの組織はほかにも、寄付者や主な利害関係者にインパクトを報告するためのシステムも備えている場合がある。システムの透明性は利害関係者に実績を伝えるだけでなく、外部に対する強力な説明責任の仕組みも提供してくれる。このレベルではランダム化比較試験や構造化インタビュー、その他の徹底的な評価手法が用いられる場合が多い。これらの評価手法は組織が追求している行動が本当に目指すインパクトを生み出しているのかどうかを見定めるために構築されるものだ。ここで強力な証拠が得られれば、組織はロジックモデルの妥当性を証明できたことになる。

## レベル4　統合 (Integrated)

レベル4のシステムは単に計画の実行を促進するだけでなく、時間をかけてインパクトの向上につながるような行動修正を容易にするため、インパクト全体を俯瞰的に見渡す。レベル4の組織では、実績測定は業務と別に実施されたり、定期的に報告されたりするものではない。組織の業務に組み込まれているものだ。実績のトラッキングは継続的におこなわれ、リソース配分や施策、組織プロセスを常に調整するために活用される。

**目的**──レベル4の組織では、インパクトとそれを生み出す活動の両方の改善が焦点となる。実績測定は、組織の内部マネジメントにおいて重要かつ継続的な役割を果たすのだ。インパクト測定の構成要素はどの寄付者に働きかけるか、リソースをどうプログラムに振り分けるか、大々的な資本投下をどのようにおこなうか、スタッフ一人ひとりの実績をどう評価し、報奨を与えるかなどを予測し、評価する決める際の参考にされる。重要な意思決定が組織の能力向上にどう影響するかを予測し、評価するうえでは、実績測定システムが大きな判断材料となる。

**測定基準**──このシステムは、インパクト測定を組織マネジメントに統合させるような測定基準を用いる。インパクト測定は、ただプログラムや取り組みが完了したあとに実施されるだけのものではない。プロジェクトまたは一定期間を通じて成果を向上させるために必要な修正がないかどうかを見定める、継続的な手法として用いられるのだ。このレベルの組織は社会的インパクトを幅広

い成果測定の一部として測定する傾向がある。その測定において、社会的インパクト目標は経済効果やほかの社会指標と併せて評価される。それらの指標は必ずしも組織の目標にとっては最優先というわけではないが、それでも組織の行動によって影響を受けることには違いない。このレベルの組織は、意図したものもそうでないものも含めた幅広い結果を、そして一次的インパクトだけでなく二次的インパクトを捉える広範なシステムを備えている場合が多い。

**戦略**——レベル4の組織では、実績測定は組織全体に浸透しており、戦略の策定と評価の両方にとって欠かせない要素だ。インパクトや関連する実績測定を活用して組織の戦略そのものも、その実施状況も評価する。インパクト測定は戦略が最適かどうかを判断すると同時に、組織戦略調整のための議論に役立てる重要な情報も提供してくれるものだ。このレベルの組織ではプログラムやリソースは確保され、インパクトを生み出すという明確な目的をもって投資される。そしてインプットとプロセス、アウトプット、アウトカム、インパクトの関係性が組織戦略構築に中心的な役割を果たすのだ。

## レベル5　進化的（Evolutionary）

レベル4の実績管理システムは、戦略や業務の漸進的な調整が社会的実績の継続的改善につなげられるよう構築されている。レベル5のシステムは、ひたすらに組織の変革を目指すものだ。

**目的**——このシステムの目的は、学びだ。レベル4と同様、継続的に能力を向上させるために必要な情報を提供する。だがこのレベルのシステムは、学んだことに基づいて組織自体を再構成に向かわせるのだ。また、問題の対処やインパクトの実現方法を漸進的または変革的に改善していけるようなイノベーションにも目を配る。現行のロジックモデルを活用して能力を強化することも重要だが、組織はほかのロジックを通じてインパクトを改善する機会も模索する。たとえば、より健康な学校給食を通じて子どもの肥満減少に取り組む組織であれば、学校菜園での活動に参加する生徒のほうが与えられた選択肢の中からより健康的な食事を選ぶ傾向が強いことに気づき、菜園にリソースを配分することに決めるかもしれない。

**測定基準**——このレベルのシステムが提供する測定基準は必然的に、ロジックモデルが定める範囲を超えるものだ。インプットやプロセス、アウトプット、アウトカム、インパクトに加え、このレベルの組織は新たな機会や手法、協力者やパートナー候補についての情報まで集めるシステムを備えている。目標とするインパクトの指標だけでなく、懸案の社会問題に関連するかもしれないほかの多種多様な指標にも目を配るのだ。たとえば、子どもの肥満に取り組む組織は、子どもがパソコンの前で過ごす時間や保護者の収入についても調べるかもしれない。このレベルの組織はデータやその他のリソースを、利害関係者や同様の問題に取り組むほかの組織、同じ問題に別の側面から取り組む組織などと幅広く共有する。

## ケーススタディ ——《ジェームズ・アーヴァイン財団》

《ジェームズ・アーヴァイン財団》は芸術への支援で州の文化的環境をはぐくみ、効果的な公共政策の意思決定を支援することで民主主義を促進し、若者向けプログラムを通じて大学進学の機会や就職の機会を拡大する活動をカリフォルニアでおこなう組織だ。自ら構築した「実績評価フレームワーク」を活用し、継続的なインパクト評価および改善を実現している。

この財団はプログラムのインパクトと組織の有効性についての進捗を知るため、定量的・定性的情報を収集している。インパクト評価にあたってはプログラムの背景、成果、結果、学び、プログラムの改良などのデータを収集する。そして組織の有効性を評価するにあたっては財団のリーダーシップや関係者からのフィードバック、経営状態を検証するのだ。

「実績評価フレームワーク」は、継続的な学びを求めるものだ。財団は実績を毎年公表し、短中期的目標を明確にしている。また、すべての利害関係者による継続的評価と学びのプロセスが改善には欠かせないという思いから、評価結果を活用するためのフィードバック・ループも構築している。

出典：Canales and Rafter (2012) "Assessing One's Own Performance"; James Irvine Foundation (2011) *A Framework to Assess the Performance of The James Irvine Foundation: Evaluation Policies and Guidelines*.

戦略——このレベルの組織が使う実績測定システムと戦略は、緊密に結びついている。システムが組織の行動やそれが生み出すインパクトについての情報を提供すると同時に、追求する戦略の有効性も継続的に再評価され続ける仕組みだ。レベル5の組織は根拠に基づく手法を用いて戦略の策定と評価をおこない、社会的インパクトを改善する革新的なプロセスや技術、モデルを常に模索する。

## 測定の成熟度向上を目指して

最高レベルで活動できる組織は数少ない。内外のさまざまな制約があるためだ。多くの組織が常にファンドレイジングに奔走しており、生き延びるためには資金を獲得したり出資者を満足させたりするために膨大な労力を費やしている。あるいは、策定した計画を効果的に実施することに注力し、問題が発生する都度、方向修正や解決に取り組む。管理リソースおよび金銭的リソースが十分な組織でなければ、計画された活動や実績のあるモデルを超越して真のイノベーションへと向かえるだけの余裕は持てない。

## レベル5のその先へ　課題に注力する組織

ほとんどの組織が、取り組みたいと思っている膨大な社会問題に対してごくわずかな貢献しかできていない。組織が社会的インパクトを追求するにあたって選べる道は数多く、その道の多くが組

こうした組織の実績管理システムは幅広い社会的インパクトの促進を目指すもので、特定の問題に対処するための活動だけでなく、幅広い問題にも包括的に注力する。このシステムは社会問題に対する組織のインパクトの測定に加えて、同じ分野の内外に存在するほかの組織によるインパクトも測定する。さらに、組織や関係者の活動による影響があることから、目標とする社会的インパクト以外に生じる正や負のインパクトにも目を配る。

織の範囲を超えて活動を広げていくものだ。組織はほかの組織と協力したり手を組んだりすることもできるし、業界全体の連携に貢献することもできる。知識や成功例を共有し、ほかの組織が社会問題にリソースを割くよう働きかけたりもする。こうして、同じ分野で働くさまざまな組織を支えるエコシステムに貢献するのだ。

## 行動指針

❶ 社会的インパクト測定システムにどのような役割を果たさせたいかを決め、現在の成熟レベルを評価する。

❷ システムに含めるべき測定基準の区分を特定し、必要なデータを収集するための手段を確立する。

❸ 測定システムの目的を明確にし、インパクト管理にどう活用するのが最善かを見極める。

❹ 戦略の指針としてシステムに果たさせたい役割を検討し、その役割を後押しするためのプロセスを構築する。

❺ システムを定期的にモニタリングし、成熟レベルを維持または向上させる。

# 第11章 インパクトを大きくする

組織の効率と有効性を向上させることが、手持ちのリソースで最大限のインパクトを生み出すカギとなる。行動とインパクト目標を達成して成果をあげ続ける体勢は万全だ。だが、それだけでは足りない場合はどうすればいいのか？ 社会的・環境問題はいつでも、対処しきれないほど大きいものだ。社会的変化を継続的に生み出せる能力をいったん身につけたら、さらに大きな課題に取り組めると感じるだろう。

競争の激しい市場で活動する営利・非営利組織には、継続的な改善と改革のために努力するかしないかなどという選択肢はない。無理なく利益が出せる段階に到達するや否やほかの組織が真似をしたり、顧客と利益を奪おうとしたりしてくるのだ。だが、非営利組織の多くは、競争優位を守るための徹底的な管理を促す市場圧力を持たない。資金源の確保さえできていれば、非営利組織はインパクトに大きな進歩がなくとも何十年でも生き延びることが可能だ。現在の型にはまった活動や制約の枠を破ることで、社会的だがそのような生存は不幸なことだ。

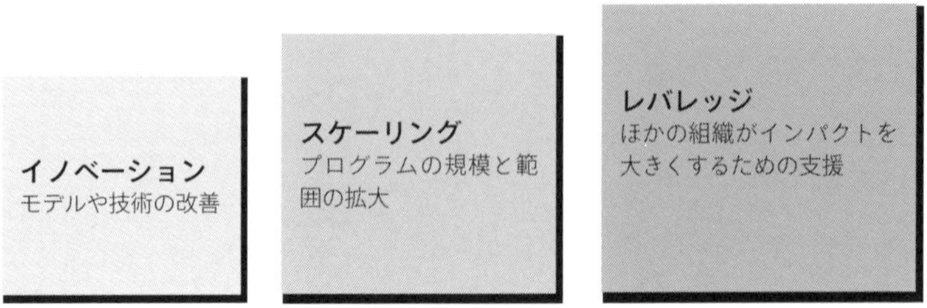

**イノベーション**
モデルや技術の改善

**スケーリング**
プログラムの規模と範囲の拡大

**レバレッジ**
ほかの組織がインパクトを大きくするための支援

図24　インパクト増大への3つの道筋

## イノベーション

　組織は社会的インパクトを増大させ、目指す社会的変化を生み出すためにもっと貢献できるのだから。図24に示すとおり、組織は3つの異なる方法でインパクトを劇的に大きくすることができる。イノベーションを通じて、また実証された手法の規模拡大を通じて、そして周囲と協力してインパクトを活用することによってだ。

　イノベーションは、どのような社会的組織でも大規模な進歩を実現するうえで欠かせない要素だ。質と効率を高めるためにプログラムを微調整するのは非常に効果的だが、大きな社会問題に取り組むために必要な大々的な変化を生み出すことは決してできない。同様に、多くの社会的組織が直面する大きな転換に対処するには、段階的な改善だけではとても間に合わない。政治的、経済的、自然環境的、社会学的環境の変化は組織に刺激を与え、効率性を維持するための大きな変化を促す。このような変化は、組織の生存そのものを保証するために、ときには欠かせないものだ。

　新しいアイデアが持つ変革的インパクトの可能性ゆえに、個人寄付

第 11 章　インパクトを大きくする

者や財団の多くがイノベーションをミッションの中核に据えている。《アショカ》は、ソーシャル・イノベーションや社会起業家を探し出して支援する組織だ。イーベイの前社長ジェフ・スコールはソーシャルセクターにおけるイノベーションの有力な支持者で、グーグルの共同創業者セルゲイ・ブリンや《23アンドミー》〔訳注／グーグルが出資する遺伝子検査ベンチャー〕の創業者アン・ウォジツキらも出資者に名乗りを上げている。《ローラ・アンド・ジョン・アーノルド財団》は革新的変化の可能性を秘めたプロジェクトを支援する財団で、稀有なイノベーションを生む可能性を持つハイリスク・ハイリターンな機会を探るという起業家的手法を取っている。アメリカの連邦政府機関である全国・地域サービス連邦公社が運営する《ソーシャル・イノベーション基金》は、経済機会が足りないなどの問題に対する革新的取り組みをおこなう地方組織を支援するための資金を拠出している。また、プログラムの成功例を共有し、幅広く普及できるようなプラットフォームも提供する。俊敏な組織は常に外的環境に目を配り、脅威や機会を探っている。そして弱みを補強したり新たな強みを構築したりして変化に対処する戦略を策定するのだ。イノベーションはさまざまな形で現れるが、その多くはビジネスモデルや技術のイノベーションの形を取る（図25）。

**ビジネスモデルのイノベーション**は、組織がその運営方法を変え、顧客に価値を提供するために自らを再構築する手段だ。新たな顧客や受益者にサービスを提供するため、ターゲット市場を拡大したり修正したりすることもできる。顧客に新たな、拡大された利益を提供することで価値提案を見直すことも可能だ。そしてサプライチェーンを修正し、品質を向上させたり必要な物資を確保

```
┌─────────────────┐              ┌─────────────────┐
│  ビジネスモデルの  │              │   技術の         │
│  イノベーション    │              │   イノベーション  │
└─────────────────┘              └─────────────────┘
    │                                │
    ├── ターゲット市場                 ├── 製品およびサービス
    │                                │
    ├── 価値提案                      ├── プロセス
    │                                │
    └── サプライチェーン               └── 実現化技術
```

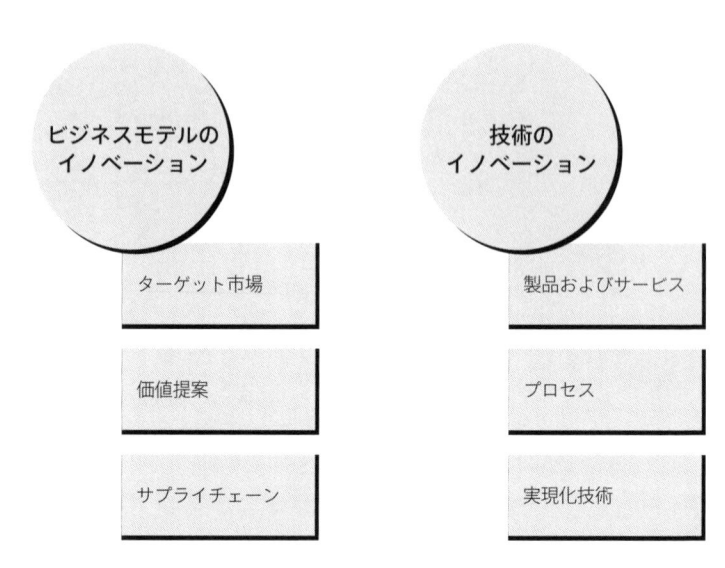

図25　イノベーションの源

する際の効率を高めたりする。

メガネを提供する活動をおこなう《ビジョン・スプリング》は、ビジネスモデルのイノベーションで有名な組織だ。メガネやその他のサービスにおけるターゲット市場を26の開発途上国で拡大し、辺境地域に住んでいたり収入がわずかだったりするためにメガネが手に入らない人々も対象に含めるようになった。また、ビジネスモデルを見直して辺境地に暮らす人々を対象に研修を実施し、「メガネ起業家」を育成している。メガネ起業家たちが村から村へと渡り歩き、消費者が遠くの都市部にある診療所に行くのではなく、消費者に直接商品を届けられるようにサプライチェーンを変革しているのだ。

**技術のイノベーション**は、組織が提供する製品やサービス、またはそれらのアウトプットが生み出される方法に影響を与えるような業務上

## 第11章 インパクトを大きくする

の変化だ。プロセスのイノベーションは組織のどのような活動に関してもその実施方法を左右するし、機械技術や情報技術などを向上させるイノベーションは組織全体に変化を起こさせることができる。

《ベスタガード・フランゼン》の「ライフストロー」は、安全な飲用水の不足という問題に取り組む目的で開発された革新的な製品の例だ。これはストローのようにして使う小さな円筒状の道具だが、中に水を浄化するフィルターが仕込まれている。一方、国際非営利組織《PATH》は、プロセスのイノベーションに注力する組織だ。安価な治療方法を開発する活動に加え、患者のカルテを電子化するなどのイノベーションを通じて能力を向上させてきた。オンラインのビデオ電話のような技術変化は新たな形の遠隔治療を可能にし、それまで医療組織の対応が行き届かなかった地域でも質の高い医療がおこなえるようになった。

社会的組織はすべからく手持ちのリソースを最大限に活用し、取り組む問題の変わり続ける性質に対応できるよう進化し続けなければならない。現状を打破するイノベーションを起こすことは、そうした組織の社会的インパクトを大幅に向上させることができる。だがすべての組織が新製品やサービス、プロセスを独力で開発する必要はない。ソーシャルセクターにはすぐれたビジネスモデルがふんだんにあり、イノベーションは毎日のように生まれているからだ。だが残念ながらすぐれたイノベーションの多くが普及しないままで、組織はわずかなリソースを使ってすでにあるものを新たに自力で開発しなおしているのが現状だ。ほとんどの組織にとって、自力でのイノベーションは最適な方法でもなければ、必要な作業ですらない。すでに開発され、検証され、成功が証明された

イノベーションを取り入れれば、実績もインパクトも改善していけるはずだ。社会的組織は、周囲の状況を見渡すための体系的な努力を通じて、こうしたイノベーションに気づくことができる。そして、こうした組織が特定した問題の大半については、独創的な解決策がすでに存在する場合が多い。それまで検討されてこなかった新たな機会も、周囲を見渡すことで特定できるようになる。機会を特定するために業界紙やウェブ上の投稿に定期的に目を通すのも、イノベーションについて知る1つの方法だ。業界全体を包括する組織に参加するなどのネットワーキングも、また1つの方法となる。強力な関係を構築すれば、組織は膨大な量の情報をより上手く整理し、同業者が役立てたイノベーションについて学ぶことができるようになるのだ。
イノベーションを普及させ、どのような組織でも使える効果的な慣習を推進するために、数多くの組織が生まれてきた。《グラントメーカー・フォー・エフェクティブ・オーガナイゼーション》は400以上の助成組織から成る連合で、会議や同業者間での学び合い、関係構築の機会などを提供して非営利分野での知識共有を可能にしている。

## 規模拡大（Scaling）

インパクトを大きくする第二の道筋は、規模拡大だ。規模拡大は通常、組織とそのプログラムの急速な成長を意味する。純粋に商業目的の企業と同様、社会的組織も成長するなかでさまざまな規模の経済を巧みに活用することができる。実務部門や支援部門は、多大な投資増加を伴わなくとも

より大きな問題や大勢の受益者に対処できるよう拡大可能だ。大規模組織であれば、政策決定者に対してより大きな影響力を持っていたり、大勢の投資家に働きかけやすかったり、専門性の高いスタッフを多く抱えていたりと、小さな組織では難しいリソースも手に入れられるかもしれない。

現在のソーシャルセクターは、専門性を欠くスタッフやプログラムを抱える零細非営利組織が大量に存在するのが特徴だ。こうした組織は社会的インパクトを生み出すためのすばらしい手段を持っているのに、インパクトの規模や受益者の数がきわめて小さい。諸経費に対する総支出の比率という一般的な手法で見てみると、多くの小規模組織が受益者のための活動よりも組織の管理運営のほうにより多くの資金を費やしていることがわかる。起業家的ベンチャーにとってはこれが一般的なスタート地点ではあるが、この状態から先へと進む最善の方法は、規模拡大だ。

## 規模拡大の方法

顧客や投資家を引き寄せるための厳密なコスト管理を伴う市場規律がなければ、多くの組織はいつまでたってもリソース管理の観点から最適とはいえない規模のままだ。そのような組織は規模拡大できれば使えるであろう量よりも少ないリソースしか、取り組みに投じることができない。規模拡大が成功すれば総合的なインパクトも大きくなりやすい。組織が規模拡大をおこなう場合は以下の方法のそれぞれか、あるいは複数を組み合わせるケースが多い。

**有機的成長**――組織は、確立されたセオリー・オブ・チェンジと規模拡大を、投資の増加を通じて追求し続ける。これにより、より多くのアウトプットがもたらされる。そうすると、組織は過去に成功が実証された手法や取り組みを使って、もっと多くのクライアントに対応できるようになるのだ。

有機的成長のモデルでは、組織は新規市場を開拓してミッションの拡大を図ることもできる。新規市場は新たな製品やサービスの開発・提供につながったり、インパクトを実現するための新たな取り組みに対応するべく業務プロセスを修正したりすることにつながったりする。また、現在の顧客とはニーズや要件が異なる区分にまでターゲット顧客層を広げられる可能性も秘めている。

**フランチャイズ化**――組織は自らの投資によって成長するのではなく、手法のフランチャイズ化によってプロセスチェーンやライセンスを体系的に拡大することも可能だ。一般的なフランチャイズ化モデルでは、第三者が組織の手法を複製していく。通常はフランチャイズ加盟者が自ら資金や人材を調達するが、親組織が開発して成功が実証された貴重な知的財産であるプロセスや施策、商標、ネットワークなどを活用する。

フランチャイズ化によって、組織は有機的成長よりも急速に規模拡大することができる。親組織はより多くのクライアントに対応できるようになるし、投資するリソースや人材、製品やサービスを大幅に増やすことなく、より多くの社会的変化を生み出せるようになる。それに、資金はあるが業務上のリソースを一部欠いている組織もインパクトが生み出せるようになるのだ。

**合併および吸収**——この手法では、1つの組織が成長したりプロセスを複製したりするのではなく、複数の組織が合併する。ときには、投資家や人材、クライアントをめぐって競合している似たような組織を統合することが合併の主な目的、という場合もある。あるいは、複数の組織がそれぞれ異なる強みを持っていて、力を合わせれば能力の幅がぐっと広がるから、という理由もある。

**パートナーシップ**——組織はその有効性を高めるため、プロジェクトを実施する際にほかの組織と連携し、自らのものとは異なる相互補完的な能力を組み合わせることもできる。たとえば、1つの組織が自給自足経済の市場向けに丈夫な製品を作るための専門知識を持っていて、パートナー組織がターゲット市場に流通経路や政治的人脈を持っているかもしれない。こうした連携は、組織の活動がルーティン化しないように促してくれる。関係者全員が持つ最高のアイデアや能力を組み合わせて価値を倍増させ、組織が社会的変化を生み出すその能力を急速に増幅させられるようにするのだ。

### 規模拡大のてこ

組織がどのような成長モデルを追求するにせよ、規模拡大を容易にしてくれる条件がいくつもある。それらの条件を、製品やサービスの質を維持し、インパクトを生み出す際の有効性を高めるうえで欠かせない3つの基本的なてこに絞りこむ。

- **プログラムのてこ**――目指す社会的変化を生み出すうえで非常に効果的な最先端の製品またはサービス。
- **プロセスのてこ**――簡単に複製でき、新たな概念に適用できるくらいすぐれた設計と定義のプロセス。
- **情熱のてこ**――組織を前進させ、常により良い解決策を編み出すべく努力し続ける、スタッフや利害関係者たちの熱意。

表16は、効果的な規模拡大に貢献するそれぞれのてこの特徴を示したものだ。規模拡大を検討している組織はこれらの特徴を目安として、自らの伸びしろを測ることができる。表16に示したとおり、仮に成長するための十分な資金があったとしても、高品質な製品またはサービスだけでは規模拡大には不十分だ。組織が規模拡大する前に、プログラムが今の状態でも社会的インパクトに貢献できるという証拠が必要となる。

営利の世界では、多くの組織は規模拡大に向けてプロセスのてこを選ぶ。規則や手順、方針が確立され、検証され、最適化され、組織の成長に合わせて複製されていく。このてこは、予算が厳しい社会的組織には特に有効だ。実証されたモデルを模倣することで、規模拡大中のコストや不確定要素が抑えられるからだ。

一方、非営利の世界では、多くの組織は情熱のてこの活用に長けている。創立者や上層部の経営

## 第11章 インパクトを大きくする

| プログラム<br>(Program) | プロセス<br>(Process) | 情熱<br>(Passion) |
|---|---|---|
| 有効性——プログラムはインパクト目標の達成にきわめて有効である | 効率——効率の良いプロセスは提供コストを最小限に抑えている | 取り組み——関係者がミッションを信じ、支持している |
| 合致——プログラムが市場のニーズやリソースに合致している | 支援——業務・経営上の支援のために指針が与えられている | エンパワーメント——スタッフがプログラム所有者としての力を与えられている |
| 統合——プログラムが心理的・社会的側面に対処している | 説明責任——継続的なモニタリング、評価、プロセス改善がなされている | 柔軟性——プログラムおよびプロセスが状況の変化に合わせて調整可能である |

表16 規模拡大のてこ 3Pモデル

陣は概して大義を強く擁護するリーダーで、有意義な変化に向けて情熱をもって取り組むよう、スタッフや出資者、その他の利害関係者を鼓舞する組織が多いのだ。

非常に優秀な組織を見ると、規模拡大するうえで最善の取り組み方は、3つのてこをすべて用いることのようだ。この道筋を選ぶ組織は3つのてこをそれぞれ慎重に管理し、規模拡大しながらも最低限のコストで可能な限り最高のインパクトを維持できるようにしている。

## レバレッジ (Leverage／てこの力)

社会的インパクトを向上させる第三の方法は、組織の枠を超えて資産を活用することだ。ある意味、これが最強の手法かもしれない。効果的な戦略、モデル、プロセスを有する組織は、実証されたイノベーションをほかの組織と共有することで飛躍的に大きなインパクトを生み出せる。組織による直接のインパクトは常に、業務の範囲内で達成可能な規模という制限を受けている。だが間接的なインパクト

は事実上無限に生み出せるのだ。ほとんどの組織は、ほかの組織との共有や連携を通じてリソースを活用することで、インパクトを大幅に増幅させることができる。

どのような資産、慣習、能力であっても、同じ目標に向かって努力しているほかの組織とインパクトを実現する方法は可能だ。貴重なリソースを他者が利用可能にすることは、きわめて低いコストで大きなインパクトを実現する方法になる場合が多い。たとえば、教育に取り組む小さな組織が、同じ地域で健康に関する情報やその他のサービスを提供している組織と学校の校舎を共有することもできる。大きな組織が介入の有効性を調査するために出資すれば、その介入を応用して活動を改善しようと努力するすべての組織の役に立つ。

アメリカの億万長者で資本家であり、自らの資金調達能力を社会的組織に伝えるべく活動しているデイビッド・M・ルーベンシュタインは、ハーバード大学やシカゴ大学のキャンペーンをはじめとして、6つのファンドレイジングキャンペーンの責任者または共同責任者を務めている。自分が個人的に寄付できるよりも多くの金銭的リソースをソーシャルセクターに活用するためだ。インドでは《ダースラ》が、ソーシャルセクターの企業の能力向上を支援している。ダースラはネットワークフォーラムや教育プログラム、連携的寄付、研究プログラムを開発・主催してインドの慈善家に知識や出資の機会を提供し、非営利組織が資金を効果的に使える場を提供する組織だ。この活動を通じて、ダースラは効果的な慈善団体やその取り組みの活用を普及させようとしている。

本書執筆にあたって話を聞いた人々は皆、それぞれの業界でもソーシャルセクターでも高い専門

第11章 インパクトを大きくする

知識を持っていることで有名だ。一人ひとりが知識やほかのリソースを活用するうえですばらしい活動をしている。全員が、社会問題にどう取り組むのが最善かを見出すことに注力する組織や議論に積極的に参加している。全員が常に革新的であり、非公式な会話や会議、プレゼン、文書などを通じて、生み出したイノベーションを同じ分野で活動するほかの人々と共有している。そして全員が、著者の社会的インパクト目標を支援するために貴重な時間を喜んで割いてくれた。

だが、社会活動に費やされる膨大な量の知的・物的リソースにもかかわらず、話を聞いた組織のうち、リソース活用のインパクトを体系的に評価しようと努力している組織はごくわずかだった。直接の社会的インパクトは慎重にモニタリングしているものの、他者の活動を介して社会的インパクト目標に向けておこなっている多大な貢献についてはモニタリングしようとしていなかったのだ。

そうした組織に対しても、本書の読者に対しても、もっと体系的に活動を評価するよう奨励したい。組織がこうした活動やそれが生み出すインパクトをトラッキングするようになれば、インパクトの管理と向上がよりうまくできるようになる。活動はさまざまな方法で実行でき、組織は以下のようなものを共有することが可能だ。

● 結果──インパクトについての情報と活動がなぜ成功・失敗したかについての自己分析。

● データ──顧客データ、活動と成果についての情報、実績についての情報など、ありとあらゆるデータや測定基準。こうした情報はほかの組織と共有したり、業界全体のデータベースに提供したりできる。

● 成功例——組織が開発し、成功に貢献したプロセスや方策。
● イノベーション——ビジネスモデルや技術のイノベーションで、他者に譲ったり許諾したりできるもの。
● アドボカシー活動——アドボカシー団体やその取り組みへの参加。
● 評判——ほかの組織や解決したい社会的課題の認知度や信頼度を高めたり、社会的課題解決への支援や参加を呼びかけたりする際に活用できる、「信用」という資産。
● ネットワーク——リソースの共有や知識の拡散、インパクトに向けた集団的取り組みに参加するための経路。

こうしたリソースや能力は全体的な社会的インパクトを増幅させるものだ。**図26**は、インパクトを増幅させるためにアイデアがどのようにしてさらに大きなくくりの組織へと拡散していけるかを示している。

「業界レベル」での活用とは、同業者とリソースを共有し、業界レベルの活用を実践するモデルとして知られている業界全体の集会に参加したり、研究やイノベーション、成功例を文書化した報告書のデータベースへ提供したりする。また、主な業務的・財務的測定基準を報告し、貸金業規制法やその他の銀行規制を変えようと取り組む業界団体もある。マイクロファイナンス業界は10年で10倍以上の規模に膨れ上がっており、こうした協働がその成功に大きく貢献している。また、この業界は失敗の

275　第11章　インパクトを大きくする

図26　組織の枠を超えてインパクトを活用する

分析と対策にも力を合わせて取り組んでいて、「社会的実績タスクフォース」が定めたインパクト測定基準が、今では業界の基準となるデータベースで共有されている。

「社会課題レベル」での活用には、同じ社会課題の解決に向けて活動しているが、異なる観点や異なる介入方法を取っているほかの組織の取り組みも必要となる。たとえば、子どもの肥満削減に取り組む数多くの組織は教育に取り組んだり、食料品販売に取り組んだり、安全な遊び場や、ほかにも多くの要素に取り組んだりしている。それらの組織が共通の計画に基づいて活動すればお互いの活動が重複していたり相互に強化したりするような領域を見つけることができ、知識やデータを活用して、取り組みたい問題についてのより完全な理解が得られるかもしれない。

企業は、インパクトを活用するためにこのレベルでの取り組みに大きな進歩を遂げている。《グ

《ナイキ》は、従来の素材に比べて有害物質を96％削減した靴用ゴムを素早く市場に届けられるこの技術がグリーンエクスチェンジに提供され、ほかの企業も環境に優しい自社製品を素早く市場に届けられるようになった。現在、ナイキはグリーンエクスチェンジに400以上の特許案件を提供している。[3]

「セクターレベル」での活用では、取り組む社会的課題は異なるが有効性を高めるために基本的な業務・管理・戦略的ツールを活用している社会セクター組織の間でのアセット（知的資産等）共有がおこなわれる。そのよく知られている例が、「投資に対する社会的リターン」（SROI）のフレームワークだ。《ロバーツ・エンタープライズ開発ファンド》（REDF）が、カリフォルニアのホームレス雇用に対する組織のインパクトを測定するために初めてSROIを開発した。以来、このツールは広く普及し、世界中の組織に採用されてソーシャルセクター全体の考え方に影響を与えてきた。基金は今もインパクト測定方法を改良し続けていて、経営陣は、外部組織と会ってインパクト測定のイノベーションを共有することに尽力している。REDFの活動はセクター全体のパラダイムを、ただ寄付を受け取ってサービスを提供するだけという次元から、最大限の社会的リターンを得るためにレバレッジの最高レベル慎重なリソース投資をおこなう次元へとシフトさせたのだ。

一般的にはソーシャルセクターの資産を活用できる政府機関や企業が対象となる。ソーシャルインパクト・ボンドがその一例だ。これは社会活動のための融資をおこない、活動が成功すれば返済を受けるという仕組みのものだ。《ソーシャル・ファイナンス》は、2010年に最初のソー

シャルインパクト・ボンドを発行した。このイノベーションは成功の見込みがあることが実証されていて、その後《ゴールドマン・サックス》が1000万ドルのソーシャルインパクト基金の設立を発表した。発行し、社会活動支援目的で2億5000万ドルの社会的インパクト・ボンドを貧困地域向けに開発された低コストの製品やサービスのデザインは、一般市場にも波及している。たとえば、小さくて熱効率の良い足元用ストーブは、薪にできる木が少なくて呼吸器系疾患が蔓延している地域のために開発された。その後、そういった問題があるわけではないが伝統的な料理法による環境破壊が懸念される地域にも、この技術は応用されるようになった。

効果的な組織は皆、インパクトを大きくさせる機会を持っている。そこに割けるだけの余分なリソースを持っている組織は少ないかもしれないが、インパクトの増大は実際、クライアントの数を少しだけ増やしたり、プロジェクトをあと1つだけ成功させたりするよりもずっと効果的な投資なのかもしれない。リソースを共有したり蓄積したりすることで、組織や投資家は単独で活動するよりもずっと大きなインパクトを生み出すことができる。インパクトを大きくするプロセスを構築し、その活動の結果をモニタリングすれば、組織は自らの壁を越えて生み出せるインパクトをより強く認識し、効果が実証された活動に一層の努力をささげることができるようになるのだ。

### 行動指針

❶ インパクトを増幅させる準備ができたかどうか見定める。そして最善の戦略をイノベーションや規模拡大、リソースの活用などの中から選び出す。

❷ 内外の環境に定期的に目を配り、革新的なビジネスモデルや技術を生み出す機会を探る。

❸ 組織とインパクトを拡大できる資産がないか確認する。高品質な製品やサービス、デザインのすぐれたプロセス、情熱を持った人材などがそういった資産の一例だ。

❹ 結果、データ、成功例、イノベーション、アドボカシー活動、評判、ネットワークなど、手持ちのリソースを、ほかの組織を通じて活用できないか見定める。

# 第12章　行動への呼びかけ

インパクトに投資するのは簡単なことではないが、世界はあなたを必要としている。今、私たちが直面している社会的・環境的問題は甚大だ。だがあなたのような投資家がさまざまな分野で大きな進歩を遂げていて、重大な問題の解決にこれほど関心が高まったことはかつてない。待ち構える困難に取り組むには、私たち全員が限られたリソースを持ち寄り、可能な限りもっとも戦略的で効果的な対策に投資することが必要だ。

あなたはすでに時間と金、その他の貴重なリソースを投資し、人助けのために正の社会的・環境的変化を促進することを決断している。そして今、最大限の利益を生み出すために新しいやり方で投資を管理しようと決断した。

善意に基づくプロジェクトが勢いを失ったり失敗したりといった話は誰もが聞いたことがあるだろう。貴重なリソースを無駄にしたり、受益者や自分自身に対する約束を守れなかったりといった結果を望む者はいない。強い思いと熟慮、そして慎重な管理によって、すべての投資家はより良い成果を生み出すことができるのだ。

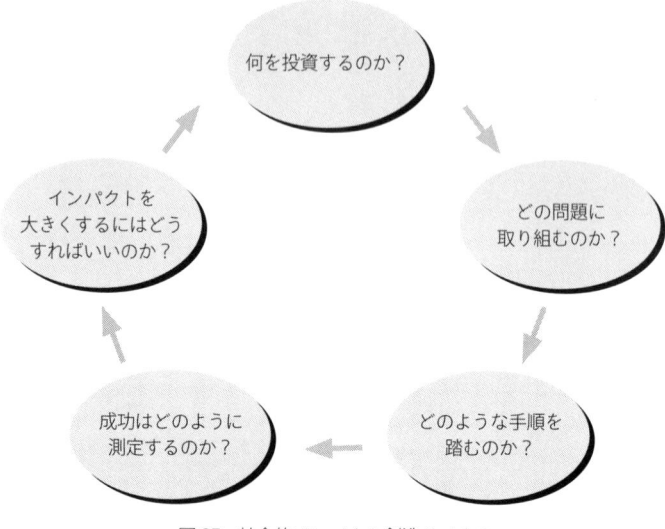

図27 社会的インパクト創造サイクル

今こそ、インパクトに注力する時だ。社会的インパクトに関与している事実上すべての利害関係者——投資家、規制当局、地域住民、商取引相手、受益者——はかつてないほど、投資を確実に成功させることに強い関心を寄せている。これが投資家にとっては成功へのプレッシャーとなるのはたしかだが、同時に、インパクトを生み出す際に役立つ支援やリソースを提供することにより一層の注意を引きつけることにもつながる。

本書は、そうしたリソースの1つだ。どのような投資家にとっても、社会的インパクトを生み出す旅の案内となる。そして、具体的なインパクト目標はまだないが、社会的にも環境的にも良き市民となりたい者にとっても役に立つ。

本書は、社会的インパクトに投資する各段階を計画・実行する際に役立つ、単純なサイクルの概念を中心に構成されている（**図27**）。投資か

# 第12章 行動への呼びかけ

ら最大限のインパクトを得たいと思っているなら、この基本的なサイクルがその方法を編み出すためのアイデアの宝庫となるだろう。

このサイクルと本書に記された数々のアイデアは、多種多様な情報源から導き出されたものだ。社会的インパクトや持続可能性の測定においては一流中の一流だと同業者に認められたリーダーたちに話を聞き、CSRや持続可能性で世界のトップを走る企業からも話を聞いた。業界の専門家や学術的アナリストによる文書を徹底的に調べ、経営学教授やコンサルタントとしての私たち自身の経験も利用した。この章の末尾には、本書に記した主要なアイデアをまとめてある。各章に数多くのアイデアが詰めこまれているので、あなた自身に響くものをいくつか見つけ、インパクトを改善するために活用してくれることを願う。

だがひとまず、ここでは私たちからの最後の訴えとともに、読者であるあなたに大胆な行動を呼びかけたい。世界に大きなインパクトを与えたければ、以下に記すいくつかの重要な行動を起こすべきだ。

**投資家は……**

**投資先を慎重に選ぶ**――自分にとって何が大事か、自分が投資できるリソースは何かを考えよう。そして、自分にぴったり合う、高い潜在能力を持つ投資を選ぼう。

組織は……

ロジックモデルを使う——行動が確実に変化を起こせるようにするには、これが一番の方法だ。生み出したいインパクトがどのようなものかについて明確に理解し、それを達成するための確実な計画があることを確認しよう。

測定する——直感はいつも正しいとは限らない。生み出したいインパクトを可能な限り測定できるシステムを構築しよう。そして結果について頻繁に話し合い、それによって常に改善できるようにしておこう。

インパクトに注意を払う——投資する対象の組織には、透明性を求めよう。自分の投資が無駄になっていないこと、有意義なインパクトに貢献し続けていることを確認しよう。

読者は……

知識を共有する——他者があなたから学び、あなたの成功を模倣し、あなたの人脈を活用することができる。彼らを助ければ助けるほどあなたも多くを学び、彼らがあなたの目指す変化にも貢献してくれるようになる。自分の力を活用して、これを実現しよう。

# 第12章 行動への呼びかけ

社会的インパクト創造サイクルの各要素における自分の現在のパフォーマンスを評価するには、続くまとめのページを読んで、各章の最後に記された質問に簡単な答えてみよう。また、社会的インパクト自己評価をやってみるのもいい。自己評価に関連する説明は、この章のあとに記されている。自己評価への自分リンクと簡単な説明は、この章のあとに記されている。自己評価に関連する主な活動に関連する質問が含まれている。投資家であれ、投資される側であれ、その両方であれ、自己評価によって自分の今現在のインパクト創造力の状態を切り取り、弱点を改善して将来さらなるインパクトを生み出せるようになる。

## まとめ 社会的インパクトの測定と改善

### 投資家、価値、リソース（第2章）

社会的インパクトの創造は、投資がおこなわれるよりずっと前に始まっているプロセスだ。投資家は自らの関心やリソース、価値観、信念を見直してからでないと、投資をするべきではない。どのようなインパクトを求めているのか、そのインパクトを最大化することが自分にとってどれほど重要なのかを見定めるのが価値観だ。価値観を理解すれば、効果的な社会的投資をおこなうための基盤ができる。

### 対象とする問題（第3章）

社会的ミッションは、自分がもっとも重要だと思う社会的・環境的変化と、その変化を起こす

ために使いたい対処法（研究、サービス提供、アドボカシー活動、その他の取り組み方）に基づいて策定するべきだ。独自の能力やリソースがどれほどあるかを確認することで、どこに投資すれば最大の社会的変化を生み出せるかがはっきりとする。

## 投資構造と投資家の役割（第4章）

投資をどのような形でおこないたいかを決める。たとえば株式なのか、融資なのか、助成金なのかといったことだ。目指すインパクト目標を一番達成できるのが非営利なのか、社会的企業なのか、それともほかの形式の組織なのかを見極め、そこにどの程度自分がかかわりたいのかも考える。社会的組織と直接協働するのか、役員や顧問として携わるのか、あるいは別の形で貢献するのか。そして、それぞれの投資がミッションと合致しているかどうかを評価する。

## インパクトを理解する（第5章）

組織の一次的インパクトを特定し、理解する。非営利組織や社会的企業にとって、一次的インパクトは通常、製品やサービスの形を取る。一方、企業にとっては業務の結果として表れる。だがどのような組織も、両方の形でインパクトを生み出すものだ。寄付などの投資もインパクトを生み出す。

## ロジックモデル　行動をインパクトにつなげる（第6章）

最大限のインパクトを得るためには、すべてをうまく管理する必要がある。

## 測定　インパクトは本当に起こっているのか？（第7章）

インパクトを生み出せているのかどうかを知るためには、すぐれた測定方法が必要だ。測定は難しいし費用もかかるものだが、最低限、できることならこのインパクトを測定したいというものを考えておくべきだ。測定と評価を活用して業務を管理し、インパクトを測定する。インパクトについて知るには、調査、分析、実験を組み合わせて使うといい。

## 測定手法（第8章）

自分のニーズにあった測定方法がどのようなものかを判断する。専門家の判断なのか、定性的調査なのか、定量的調査なのか、貨幣化なのか。実績のある数多くの測定方法に慣れておき、必要に応じて使えるようにしておく。

## インパクト評価と測定基準（第9章）

自分の意思決定と成功の測定にとって一番重要なインパクトはどれかを見極める。測定したい

インパクト投資が本当に変化を起こすためにごくわずかだという事実を理解する。インパクトのミッションと目標はきわめて明確にしておくこと。どの行動がインパクトを生み出すかについての理論にかなった理論と目標を立て、それをどのように実行するかを説明するロジックモデルを構築する。計画が受益者の関心と合致していることを確認するのも重要だ。

## 成熟　フィードバック・ループとしての測定（第10章）

社会的インパクト測定システムの成熟度を評価する。戦略策定と変革推進の改善に向けて変えられることがないか、検討する。

## インパクトを大きくする（第11章）

有機的成長の枠を超えて、組織のインパクトを大きくする方法を考える。その方法にはイノベーション、規模拡大、社会的変化に向けて活動するほかの組織との連携による知識や資産の活用が含まれる。

変化の指標を特定し、測定結果をどう役立てるかを決める。それらの測定基準を収集・活用してインパクトを改善するためのシステムを構築する。

## 社会的インパクトの自己評価

社会的インパクト創造の旅における進捗を評価するために、社会的インパクトの自己評価の手引きを作成して以下のリンクに掲載している。

www.bkconnection.com/socialimpact-sa

この自己評価の手引きを活かすと、金銭と労力を貢献する投資家と、インパクトを直接生み出す実働組織の両方の観点からインパクトについて考えることができる。

自分に投資している投資家についてより深く理解するため、あるいは投資家としてこの自己評価をおこなうなら、投資目標や優先順位、リソース、そして投資家が投資目的や機会をどのように選ぶのかが理解できるようになるはずだ。

社会的インパクトを生み出すべく直接的に活動している組織について理解を深めたくてこの評価をおこなうなら、目指すインパクトとそれを生み出すためのプロセスを特定し、インパクトを測定して改善するためのシステムに必要な特徴を見極められるはずだ。

この自己評価は1人で1回だけおこなっても、より大きなインパクトを生み出すべく努力する道筋の数カ所でおこなってもいい。組織の同僚たちや役員にも自己評価を受けてもらい、観点や目標の違いを理解してグループ内の足並みを揃えるのに役立てるのもいい。

投資家であれば評価の結果を投資先と共有し、実務者であれば、投資家と結果を共有することもできる。

インパクトについて学ぶ行為の一環に評価を加えることで、自分にとって重要な社会問題を可能な限り大きく変えるために投資されたリソースと生み出されたインパクトの両方の価値を最大限に伸ばすことができる。組織全体向けのプログラムには、大口割引もある。

# 付録 日本で社会的インパクト投資と評価をすすめるために

本書を通じて、読者は既に社会的なインパクトをどのように生み出し、測定するかについて理解を深めただろう。したがって、本章では、日本における「社会的インパクト投資と評価」に関する動向について、いくつかのキーワードに分けて解説することとしたい。

## 1. 日本における「社会的インパクト投資と評価」に関する動向

財政が悪化している日本で、社会的課題解決を税金だけでおこなうことは既に限界であり、それらを市場原理だけで解決することも難しい。そこで、NPOや企業による社会的課題解決のための事業を拡大させる社会的インパクト投資および評価を促進し、日本を「課題先進国」から「課題解決先進国」へシフトさせることが必要であるという認識が、日本でも広がりつつある。

### G8社会的投資タスクフォース

2013年6月に開催されたG8（主要8カ国首脳会議）サミットの場でキャメロン英首相が呼びかけ発足した「G8社会的インパクト投資タスクフォース」は、2014年9月に各国首脳宛に社会的投資促進に向けた提言を発表した。そして、同タスクフォースの4つの作業部会のひとつである「社会的インパクト評価作業部会」

### 提言内容

1. GRI、SASB、GIIN、EU、GIIRS [3] による取り組みをまとめ、単一の社会的インパクト評価システムを構築する
2. 社会的課題に関わる公的コストを公開する
3. 財務パフォーマンス評価とともに、社会的インパクト評価の標準化を図る
4. 財団は助成金提供によってインパクト志向の組織が評価能力を構築することを支援する
5. 政府は報告要件と契約要件に社会的インパクト評価を採用する

図表1　G8社会的インパクト投資タスクフォース　社会的インパクト評価作業部会による提言
出典：G8 Social Impact Investment Taskforce(2014) より

は5つの提言とともに「社会的インパクト評価ガイドライン」(G8 Measuring Impact Convention) を発表した (図表1)。

同じく日本でも2014年7月にG8社会的インパクト投資タスクフォース日本国内諮問委員会が設置され、2015年5月に日本における社会的インパクト投資促進に向けた「社会的インパクト評価の浸透」を含む「7つの提言」を発表した (図表2)。

## 政府の基本方針へ採用された「社会的投資」

2014年6月に政府の経済財政諮問会議が発表した「骨太の方針2014」において、日本の歴史上初めて「寄付の推進」「社会的責任投資」の促進が社会的課題解決の具体的な方策として明記された。また、同会議専門調査会「選択する未来」委員会が同年11月にとりまとめた報告書にも「寄付の推進」「社会的投資の促進」と「社会的インパクト評価の導入」が明記され、政策アジェンダとしても注目されるテーマになった。

さらに、この方向性は2015年も継続し、2015年6月「骨太の方針2015」および「まち・ひと・しごと創生基本方針2015」の閣議決定の中でもソーシャル・インパクト・

| | 提言内容 |
|---|---|
| 1 | 休眠預金の活用 |
| 2 | ソーシャル・インパクト・ボンド、ディベロップメント・インパクト・ボンドの導入 |
| 3 | 社会的事業の実施を容易にする法人制度や認証制度の立ち上げ |
| 4 | 社会的投資減税制度の立ち上げ |
| 5 | 社会的インパクト評価の浸透 |
| 6 | 受託者責任の明確化 |
| 7 | 個人投資家層の充実 |

図表2　G8社会的インパクト投資タスクフォース　日本国内諮問委員会による提言
出典：G8社会的インパクト投資タスクフォース国内諮問委員会（2015）より

ボンドの推進が明記されている。

## 「休眠預金」の社会的活用

休眠預金とは、預金の引き出し等が長期間（銀行で10年）おこなわれておらず、預金者と連絡がつかない預金のことで、日本全体で毎年800億円を超えると言われている。現在、日本の休眠預金は、便宜上銀行の利益として計上されているが、英国や韓国ではこのお金をNPOやソーシャルビジネスに対する社会的インパクト投資に活用する動きが始まっている。そして日本でも休眠預金の社会的活用に向けて、2014年4月に超党派の議員連盟が結成され、議員立法による法案を審議中である（2015年6月現在）。

休眠預金が社会的インパクト投資に活用されることで、個人資産や法人の社会貢献等の新たな資金を社会的課題解決に呼び込む効果が期待され、日本の社会的インパクト投資を大きく促進するだろう。

また、法案には休眠預金の活用に際して成果評価を求めることが明記されており、休眠預金の活用とともに、日本の「社会的インパクト評価」が一気に加速することが期待される。

## ソーシャル・インパクト・ボンドのパイロットプロジェクトが開始

国の財政赤字が増え続ける日本で、社会的投資の手法として注目されているのが、本書でも紹介されているソーシャル・インパクト・ボンド（Social Impact Bond、以下「SIB」）である。SIBは、2010年に英国で開発され、現在では米国、豪州などで40件以上の実績がある革新的な官民連携の社会的投資モデルであり、日本でも2015年に経済産業省、横須賀市、尼崎市において国内初のSIBのパイロットプロジェクトが3件開始した。それぞれのテーマは、高齢者の認知症予防（経済産業省）、横須賀市の事業は、特別養子縁組によるマッチングを活性化することで家庭養護の促進を目指すものだ。同事業は、さまざまな事情から子どもの養育がかなわない市在住の妊娠中の女性と、市在住者を含む全国の里親希望者のマッチング事業である。2015年度以降は投資家にも参加の働きかけをおこない、投資家からの資金を原資に事業を実施し、成果に応じて横須賀市が支払いをする本格的なSIBの導入を検討していくことが予定されている（図表3）。

### 評価サービスやツールの展開

行政、企業CSR、財団、NPOなどで「社会的インパクト評価」をおこないたいという関心やニーズは高まっている。しかし、実務としてプロジェクトのプロセス管理やロジックモデル設計、評価を丁寧におこなうことは、業務負担を増してしまうというジレンマがある。

これまで、NPO／NGOがおこなう「社会的インパクト評価」の標準的な手続きをまとめたガイドライン「NGOインパクト評価10ステップ」（国際開発センター）等が作成されたり、NPO法人SROIネットワー

293　付録　日本で社会的インパクト投資と評価をすすめるために

```
←→ 契約
‥‥→ 資金の流れ
──→ サービス、評価の流れ
```

①中間支援組織と協定書を結ぶ　　③事業委託、資金提供　　④低コストで高パフォーマンスなサービスを提供

特別養子縁組希望者

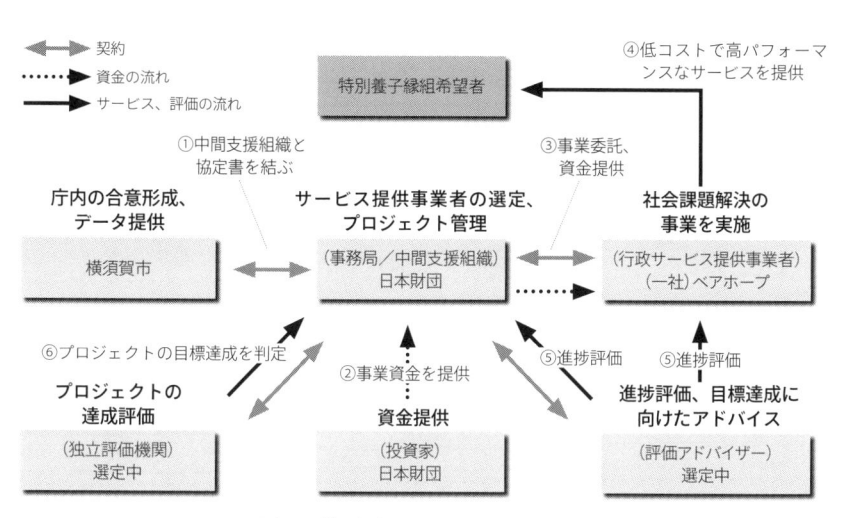

庁内の合意形成、データ提供　　　サービス提供事業者の選定、プロジェクト管理　　　社会課題解決の事業を実施

横須賀市　←→　（事務局／中間支援組織）日本財団　←→　（行政サービス提供事業者）（一社）ベアホープ

⑥プロジェクトの目標達成を判定　　②事業資金を提供　　⑤進捗評価　　⑤進捗評価

プロジェクトの達成評価　　資金提供　　進捗評価、目標達成に向けたアドバイス

（独立評価機関）選定中　　（投資家）日本財団　　（評価アドバイザー）選定中

図表3　横須賀市におけるSIBのスキーム
出典：G8社会的インパクト投資タスクフォース国内諮問委員会（2015）より

クジャパンや明治大学発のシンクタンク株式会社公共経営・社会戦略研究所のように、NPOや財団、企業に対して、SROIに代表される社会的インパクト評価、コンサルティングサービスを提供する団体も現れはじめている。

また、2015年4月に日本でリリースされた「newdea」（ニューディア）は、社会的事業のプロジェクト管理や成果管理などを効率化し、可視化するためのクラウドサービスであり、世界130カ国のプロジェクトで活用されている。NPOや企業CSR、行政などの社会課題解決型の事業をターゲットとして特化したサービスである点が特徴的である。これまで英語版、仏語版などがあったが、今回、ファンドレックス社とnewdea社の連携で日本語版がリリースされた（http://fundrex.co.jp/newdea）。

## 社会的投資市場形成に向けたロードマップの発表

日本の社会的投資の最前線で挑戦している実務家が集まり、2014年3月に「社会的投資促進フォーラ

ム」が発足し、同年10月に社会的投資市場形成に向けた今後のシナリオと必要な取り組みをまとめた「社会的投資市場形成に向けたロードマップ」が発表された。本ロードマップでは、休眠預金の活用から、「社会的インパクト評価」の標準化、そして世界初の社会的証券取引市場の創設までのシナリオをまとめている(図表4)。

## 2. 日本における「社会的インパクト評価」の現状と課題

このように、日本でも社会的インパクト投資および評価の促進に対する気運が高まりつつあるが、そこには多くの課題も存在する。

ここでは、日本における「社会的インパクト評価」の現状と課題について述べたいと思う。

### 資金需要者の評価の現状と課題

資金需要者として、日本の非営セクターを対象としたアンケート調査[7]によると、8割を超える組織が事業のアウトプット(活動結果)ないしアウトカム(効果)を評価しているが、アウトカムまで評価している事業者は3割にとどまっている(図表5)。

また、何らかの評価に取り組んでいる事業者の4割以上が、過去5年で評価を強化しており、その理由として、サービスの向上、生産性向上といった事業改善を挙げた組織が最も多く4割を占めていた。一方で、資金提供者の要求の変化を理由とした組織は1割に満たず、同様の調査で、5割以上の組織が資金提供者の要求の変化に応じて評価の取り組みを強化している英国と大きな差が生まれている[8](図表6)。

## 付録　日本で社会的インパクト投資と評価をすすめるために

**2015-2016**
・休眠預金活用開始

**2016-2017**
・社会的投資減税
・社会的企業認証制度
・NPO債などの制度化

**2017-2018**
・社会的証券取引プラットフォーム創設
・社会的インパクト評価の標準化
・NPO、ソーシャルビジネスのスケールアウト

**2019**
・社会的証券取引市場創設

図表4　ロードマップ骨太のシナリオ
出典：『社会的投資市場形成に向けたロードマップ』より

　また、評価の実施方法に関する調査においても、ロジックモデル等を使用している組織は1割に満たず（図表7）、評価デザインについても、Before-After（事前事後）比較といった簡易的な手法の利用率でも3割程度にとまっており、ランダム化比較試験（RCT）やSROI（社会的投資収益率）を実施している組織はほぼ見られない（図表8）。

　評価の課題・阻害要因としては、金銭面での課題のほか、評価に関する知識・スキルがない、あるいは評価ができる人材がいないなどの課題が挙げられている（図表9）。

　このように、資金需要者である日本の非営利セクターでは、アウトカム評価を含む社会的インパクト評価は、まだ浸透していないのが現状である。

### 資金提供者（助成財団、金融機関）の評価の現状と課題

　資金の出し手においては、一部の社会的投資ファンドやベンチャーフィランソロピー（VP）組織が、投資・助成先の審査の際に社会的インパクトを評価し、またモニタリングを通じて事業活動が創出したアウトカムについて評価をおこなっている。[9] 日本財団のように、助成事業の一部の事後評価にアウトカム評価やSROIなどの社会的インパクト評価をおこなっている例もある。[10]

　一方、銀行や信用金庫等の金融機関では、融資審査において「NPO法人

Q6 団体・企業として事業の活動結果・効果を可視化するための、何らかの評価を実施していますか。

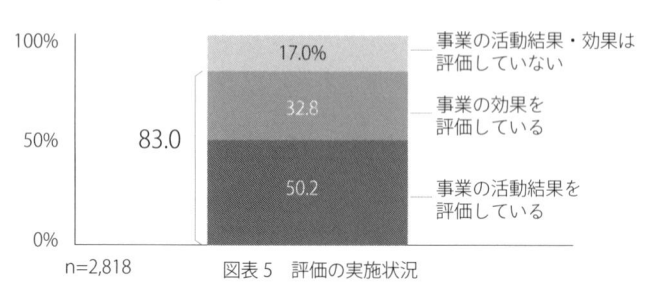

- 事業の活動結果・効果は評価していない: 17.0%
- 事業の効果を評価している: 32.8
- 事業の活動結果を評価している: 50.2

83.0

n=2,818

図表5　評価の実施状況

出典：社会的インパクト評価に関する調査　調査結果の概要

## 過去5年での評価への取り組みの変化

Q8 事業の活動結果・効果の評価の取組みは、ここ5年で強化していますか。もしくは減らしていますか。

- 分からない: 5.3%
- 変わらない: 51.0
- 減らしている: 0.9
- 強化している: 42.8

n=2,818

## 評価への取り組み変化の理由

Q9 質問8で「強化している」と回答した場合、その主な理由は何ですか。尚、資金提供者とは国・自治体・財団・寄付者等を指します。

- その他: 15.3%
- 資金提供者の要求の変化: 8.7
- 事業の活動結果・効果を可視化するため: 36.1
- 事業の生産性を高めるため: 5.0
- 事業のサービス向上のため: 34.9

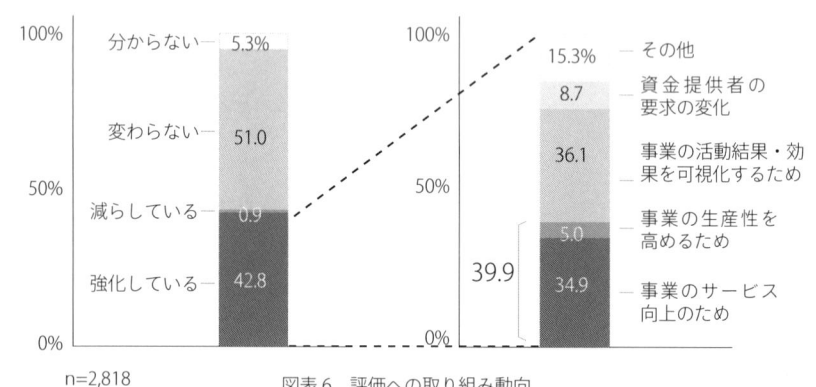

39.9

図表6　評価への取り組み動向

出典：社会的インパクト評価に関する調査　調査結果の概要

Q11 事業の計画や評価において、実現を目指す活動結果や効果（すなわち評価の対象となる活動結果や効果）を決める際に、下記のツールを使用していますか。（複数回答可）

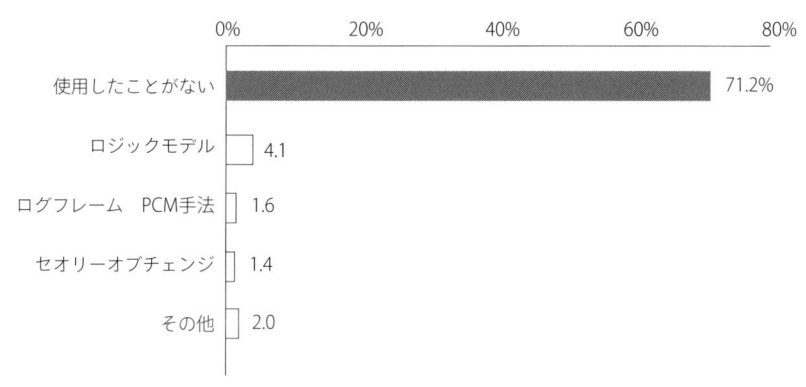

| 項目 | % |
|---|---|
| 使用したことがない | 71.2% |
| ロジックモデル | 4.1 |
| ログフレーム　PCM手法 | 1.6 |
| セオリーオブチェンジ | 1.4 |
| その他 | 2.0 |

図表7　事業の計画・評価に用いるツール・考え方

出典：社会的インパクト評価に関する調査　調査結果の概要

Q12 事業の活動結果の評価において、下記の手法のうち、使用しているものがあれば選択してください。（複数回答可）

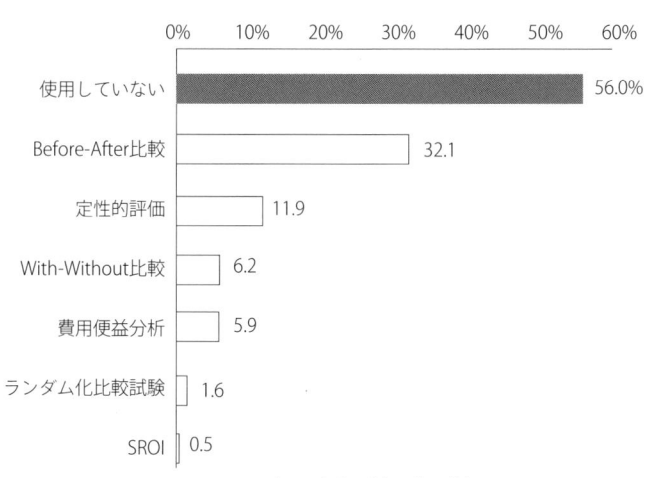

| 項目 | % |
|---|---|
| 使用していない | 56.0% |
| Before-After比較 | 32.1 |
| 定性的評価 | 11.9 |
| With-Without比較 | 6.2 |
| 費用便益分析 | 5.9 |
| ランダム化比較試験 | 1.6 |
| SROI | 0.5 |

図表8　評価手法の使用状況

出典：社会的インパクト評価に関する調査　調査結果の概要

Q21 事業の活動結果・効果の評価を実施する上で、どのような課題や阻害要因に直面していますか。

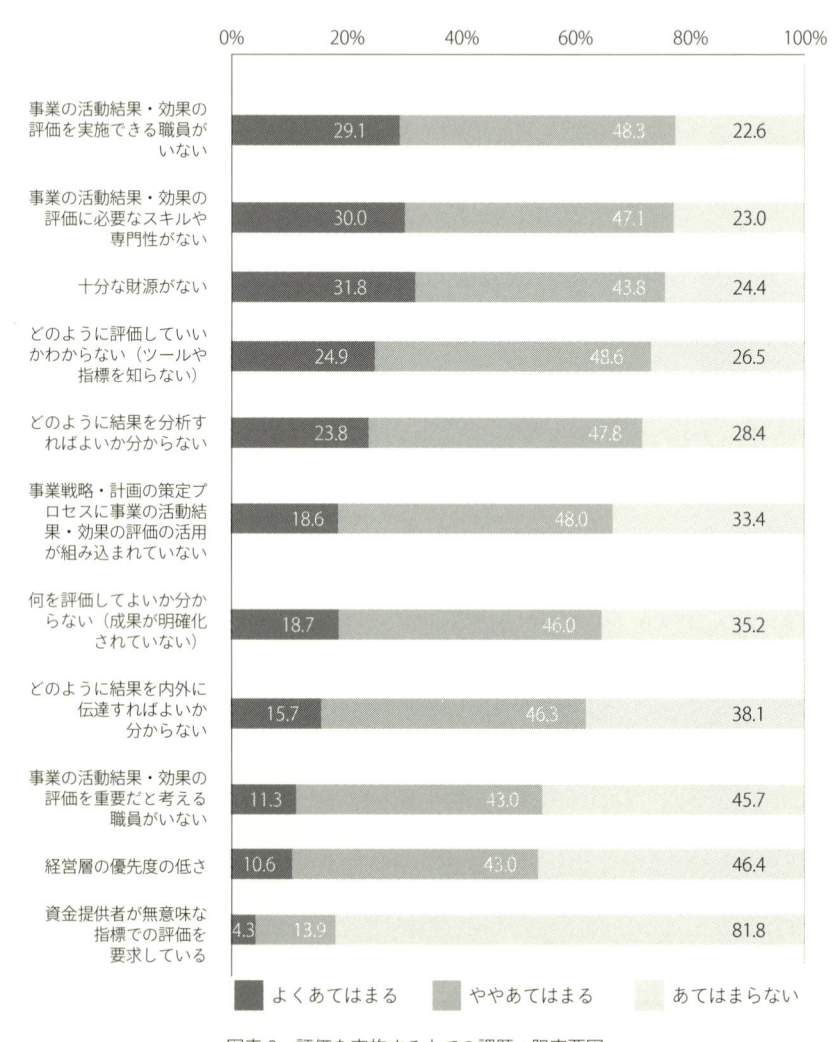

| 項目 | よくあてはまる | ややあてはまる | あてはまらない |
|---|---|---|---|
| 事業の活動結果・効果の評価を実施できる職員がいない | 29.1 | 48.3 | 22.6 |
| 事業の活動結果・効果の評価に必要なスキルや専門性がない | 30.0 | 47.1 | 23.0 |
| 十分な財源がない | 31.8 | 43.8 | 24.4 |
| どのように評価していいかわからない（ツールや指標を知らない） | 24.9 | 48.6 | 26.5 |
| どのように結果を分析すればよいか分からない | 23.8 | 47.8 | 28.4 |
| 事業戦略・計画の策定プロセスに事業の活動結果・効果の評価の活用が組み込まれていない | 18.6 | 48.0 | 33.4 |
| 何を評価してよいか分からない（成果が明確化されていない） | 18.7 | 46.0 | 35.2 |
| どのように結果を内外に伝達すればよいか分からない | 15.7 | 46.3 | 38.1 |
| 事業の活動結果・効果の評価を重要だと考える職員がいない | 11.3 | 43.0 | 45.7 |
| 経営層の優先度の低さ | 10.6 | 43.0 | 46.4 |
| 資金提供者が無意味な指標での評価を要求している | 4.3 | 13.9 | 81.8 |

図表 9　評価を実施する上での課題・阻害要因

出典：日本財団（2014）「社会的インパクト評価に関する現状調査」を基に作成

格を有しているか」や「組織のミッションが社会的課題の解決を目指しているか」といった社会性の評価を実施している例もあるが、形式面での評価にとどまり、主眼は「返済能力があるか」という事業性の審査に置かれているのが現状である。

このように、資金提供者である社会的投資ファンド、助成財団、金融機関の一部で社会的インパクト評価を実施している事例もあるが、まだ少ないのが現状である。[11]

### 行政における評価の現状と課題

日本の場合、行政の方が民間非営利セクターと比べてアウトカム評価が先行している側面もあり、総務省の「地方公共団体における行政評価の取組状況等に関する調査結果」（2014年3月時点）で、全国の6割の自治体がアウトカム評価を導入しているとされている。

しかし世界的に見ればそこまで先行しているわけではない。英国のように、政府が主導して社会的インパクト評価ガイドライン『グリーン・ブック』（Green Book）を作成し、ソーシャル・インパクト・ボンドのような官民連携の社会的投資モデルを世界に先駆けて開発し、政府と民間事業者がそれぞれの生み出す社会的インパクトを比較して、より社会的生産性の高い方が事業をおこなう選択をしている国に比べると、日本の行政の取り組みには更なる改善の余地があるといえる。

## 3. 日本で「社会的インパクト評価」を促進するために

それでは、このような課題を解決し、社会的インパクト投資および評価を進めるためには何が必要だろうか。

まず、日本で「社会的インパクト評価」を促進すること、すなわちロジックモデルを構成し、「社会的リターン」を測定していく活動が一般化していく流れを生み出すことが大切である。ここでは、「社会的インパクト評価」を促進するために必要な施策についてまとめてみた。

## 休眠預金の活用から始まる日本の「社会的インパクト評価」革命

まず、「社会的インパクト評価」が浸透するためには、「評価することが評価される状況」つまり、事業者が自団体の事業を評価することに対するインセンティブを付与する仕組み作りが不可欠である。具体的には、資金提供者である助成財団や金融機関などが、助成先、投融資先を審査およびモニタリングする際に社会的インパクト評価の実施を条件とすることが必要である。

その意味で、日本の場合、前述した休眠預金の活用による助成、投融資においては、成果評価をすることが法案でも示されており、資金提供を受けたい事業者は「社会的インパクト評価」を実施するインセンティブが働くため、毎年数百から数千件相当数の評価がおこなわれることになる。日本においてこの規模で社会的インパクト評価が実施された歴史はなく、まさに革命的な「社会的インパクト評価」促進のトリガーになると考える。

さらに、この休眠預金の活用というトリガーを効果的に活かすために、いくつかの施策を準備する必要があるだろう。

## 社会的インパクト評価の標準化

日本で社会的インパクト評価を促進するためには、社会的インパクト評価に関するさまざまなレベルでの標

準化が必要である。前述のG8社会的インパクト投資タスクフォースが作成した「G8社会的インパクト評価ガイドライン」や英国のシンクタンクである《ニュー・フィランソロピー・キャピタル》(New Philanthropy Capital、NPC)が作成した非営利組織が社会的インパクトを評価するうえでの原理原則を定めたガイドライン「4つの柱アプローチ」(Four Pillar Approach)などが参考になるだろう。

また、原理原則レベルではなく、より具体的な指標レベルの標準化も必要である。

例えば、英国の8つのフィランソロピー関連の非営利組織によって運営される《インスパイアリング・インパクト》(Inspiring Impact)において、セクターやプログラムごとに指標や測定ツールについてベスト・プラクティスを集約する「共有指標」(Shared Measurement)や、《SROIネットワーク》がおこなっているユーザー参加型で指標のオンライン・データベース化をおこなう「グローバル・バリュー・エクスチェンジ」(Global Value Exchange)、そして本書でも紹介されている《ファウンデーション・センター》の構築したオンライン・データベース「TRASI」(社会的インパクト評価のためのツールおよびリソース)などが参考になるだろう。

これらを参考に、日本の現状や評価ニーズに合わせて、ガイドラインおよび指標、測定方法の標準化、簡易化をおこない、経営資源の乏しい小規模事業者でも活用できるようにする必要がある。これらは、休眠預金活用の際の社会的インパクト評価のベースにもなり得る。

さらに、これら標準化された指標等を他の資金提供者である助成財団、金融機関等が採用するように働きかけることで、インパクトはさらに増大するだろう。

現状では、生み出したいインパクト目標からロジックモデルを構築し、指標設定とアウトカム・インパクト評価をしっかりとできているNPO、ソーシャルビジネスは極めて少ないのが日本の現状である。この「底上げ」を図ることが標準化の目的である。

## 評価ができる人材のトレーニング

このように、これまで高い専門性と知識が求められていた社会的インパクト評価を標準化、簡易化して、評価のハードルを下げると同時に、団体のスタッフ向けの評価に関するトレーニングをおこなうことで、多くの団体で社会的インパクト評価を実施することが可能になる。

休眠預金の活用事業や助成財団などは、社会的インパクト資金提供に加えて、事業者が評価をおこなうためのキャパシティ・ビルディングにも資金を提供することが必要である。

また、社会的インパクト評価の標準化、簡易化の一方で、より高度な評価に対するニーズも高まることが予想されるため、専門的な知識やノウハウを備えた評価者の育成も必要となる。現在、前述のNPO法人SROIネットワークジャパンや株式会社公共経営・社会戦略研究所、または評価学会等により、評価業務に関わる実務家等を対象にインパクト評価に関するさまざまな研修がおこなわれており、今後こういった機会が増えることが望まれる。

また、実際には、企業の職員によるプロボノ支援としてロジックモデル形成や評価のサポートがなされるケースも多く見られることから、幅広い層が評価に関わるなかで、社会的インパクト評価が推進できる人材層を厚くしていくことが大切である。

日本では今、社会的インパクト投資および評価の促進に対する気運が高まりつつあり、休眠預金の活用をトリガーに大きな転換点を迎えようとしている。

ぜひこの機会にNPO、社会的企業、財団、金融機関、行政などさまざまな主体がインパクト志向になり、社会的課題の解決へ向けて協働していく時代が来ることを願っている。

注

1 国際開発機構（2015）「社会的インパクト評価促進に向けた現状調査と提言」
2 G8社会的インパクト投資タスクフォース 国内諮問委員会（2015）「社会的インパクト投資の拡大に向けた提言書」
3 GRI（Global Reporting Initiatie）、SASB（Sustainability Accounting Standards Board）、GIIN（Global Impact Investing Network）、EU（European Union）、GIIRS（Global Impact Investing Rating System）
4 経済財政諮問会議 専門調査会「選択する未来」委員会（2014）「未来への選択―人口急減・超高齢社会を超えて、日本発成長・発展モデルを構築―」
5 休眠預金等に係る移管及び管理並びに活用に関する法律案（仮称）
http://www.kyuminyokin.net/comment.html#comment
6 社会的投資促進フォーラム（2014）「社会的投資市場形成に向けたロードマップ」日本ファンドレイジング協会出版
7 日本財団（2014）「社会的インパクト評価に関する調査 調査結果の概要」
8〜11 国際開発機構（2015）「社会的インパクト評価促進に向けた現状調査と提言」

▶ 社会的インパクト評価に関する書籍

『社会的投資市場形成に向けたロードマップ』
社会的投資促進フォーラム［著］
日本ファンドレイジング協会出版、2014年

『プログラム評価──対人・コミュニティ援助の質を高めるために』
安田節之［著］
新曜社、2011年

『社会イノベーションの科学──政策マーケティング・SROI・討論型世論調査』
玉村雅敏［編著］
勁草書房、2014年

## 資料

### ▶ 評価手法を学ぶ

#### SROIデータベース（SROIネットワークジャパン）
国内におけるSROIの導入・研究事例などがまとまっているデータベース
http://www.sroi-japan.org/?cat=12

#### G8インパクト投資タスクフォース国内諮問委員会／リソースセンター
国内諮問委員会から発表された資料や関連するリンク集
http://impactinvestment.jp/resource/

#### Social Impact Bond Japan
国内及び海外のソーシャル・インパクト・ボンドに関する情報を整理したウェブサイト
http://socialimpactbond.jp/

#### NGOインパクト評価10ステップ（国際開発センター）
質問票とエクセルの操作手順付きですぐ使える小規模事業インパクト評価ガイドライン
http://www.idcj.or.jp/shakaikouken/IDCJNGOimpacthyouka10step.pdf

#### インパクト評価事例集（佐々木 亮）
ランダム化比較デザイン（RCT）から専門家判断まで14の評価事例
http://www.idcj.or.jp/9evaluation/sub5_files/impact_eval_jirei_28july2011.pdf

#### NGO事業評価10ステップ（国際開発センター）
エビデンスに基づくNGO事業評価ガイドライン
http://www.idcj.or.jp/shakaikouken/IDCJNGOjigyouhyouka10step.pdf

#### NGOかんたん評価ガイドライン（国際開発センター）
1日でできる簡単な評価の手順を解説した評価ガイドライン
http://www.idcj.or.jp/shakaikouken/IDCJNGOkantanhyoukaguideline.pdf

#### BOPビジネスの開発効果向上のための評価及びファイナンス手法に係る基礎調査 ファイナル・レポート（独立行政法人国際協力機構（JICA）、あらた監査法人、ARUN合同会社）
http://libopac.jica.go.jp/images/report/P1000012974.html

● 公共経営・社会戦略研究所
　　株式会社
　　http://koshaken.pmssi.co.jp/
SROI等の社会的インパクト評価、社会的インパクト投資などをテーマとした事業をおこなう明治大学発のシンクタンク。CSRや社会的プログラムのインパクトをSROI等を用いて評価する方法について実践的に学ぶプログラムを提供している。実際に、政府・民間企業・金融機関・NPOからの依頼を受け、若者就労支援、障碍者雇用、子どもの学習支援、起業支援、環境保全など、多様な分野の社会的プログラムのSROI評価に10件以上かかわり、その成果を公表している。日本で最もSROI評価の実績のある会社である。

● コミュニティ・ユース・バンクmomo
　　任意組合
　　http://www.momobank.net/
20～30代の若者が中心となって設立した、市民による市民のための金融システム（NPOバンク）を提供。約5000万円の出資金を原資に、愛知・岐阜・三重県内のNPOなどに1億3000万円超（55件）の融資を、貸し倒れなく実行している（2015年7月末時点）。地域金融機関等の職員によるプロボノ活動を利用して、NPOのインパクト評価を実施している。

● コモンズ投信
　　株式会社
　　ホームページURL：http://www.commons30.jp
　　コモンズSEEDCap：http://www.commons30.jp/fund30/seed.php
「今日よりも、よい明日」を共に育む想いで善いお金を社会に循環させる目的で2008年に設立した独立系投信会社。「進化し続ける企業に世代を超える投資」を目指す「コモンズ30ファンド」と「変化を見逃さないダイナミック投資」を目指す「ザ・2020ビジョン」の2つのファンドを運用。また、投資を通じて発生する信託報酬の一部を社会起業家に寄付するプログラム「コモンズSEEDCap」を実施している。

● 社会的責任投資フォーラム（JSIF）
　　特定非営利活動法人
　　http://www.jsif.jp.net/
欧米で積極的におこなわれているサステナブル投資（SRIやESG投資等）を、日本で普及・発展させる活動をおこなっている。

● 西武信用金庫
　　信用金庫
　　http://www.seibushinkin.jp/
西武信金、中間支援組織であるETIC.、助成団体である日本財団の3者がパートナーシップを組み、資金支援のみならず経営支援まで提供する西武ソーシャルビジネス成長応援融資「CHANGE」を提供。

## 社会的投資や社会的評価を推進する主な組織・プロジェクト

### ● ARUN
合同会社
http://www.arunllc.jp/

日本の個人・企業からの出資金を原資とし、貧困などの課題に取り組む途上国の起業家への社会的投資を展開している日本の社会的投資ファンドのパイオニア。カンボジアに現地オフィスを置き、インドの地元企業ともパートナーシップを結んでいる。設立から5年間で、カンボジアの有機農業、女性の自立を支援するヘアエクステンションの製造販売、非電化地帯におけるソーラー事業、インドのヘルスケア事業など6社に総額1億円を超える社会的投資を実施。投資先事業のモニタリングを通じて得られる情報をもとに、事業・財務・社会的インパクトの観点から投資先事業の評価をおこなうことで、投資家との情報共有、ステークホルダーとの対話を促進し、投資先の事業改善につなげている。

### ● Impact HUB Tokyo
株式会社
ホームページURL： http://hubtokyo.com
社会的投資情報： http://www.socap15.impacthub.tokyo/

Impact HUB Tokyoは、株式会社HUB Tokyoが運営をする、社会的インパクトを生み出そうとする起業家やチェンジメーカーのコミュニティであり、欧州、北米、アジア、アフリカなど、世界約70箇所に存在し、のべ10,000人を超えるImpact HUBネットワークの一員。2013年2月の開設以降、2015年7月末時点で150名を超える起業家、スタートアップチーム、企業内起業家、NPOリーダー、フリーランス、アーティスト、エンジニア、投資家、企業などが集まるコミュニティへと成長し、メンバー間のコラボレーションを生み出しながら今なお拡大を続けている。社会的投資に関する知識、経験、実践の共有をおこない、社会的インパクト投資分野の担い手が一人でも増えることを後押ししており、毎年社会的投資に関する世界的カンファレンスSOCAPに日本代表チームを組成、送り込むことをしている。

### ● SROI ネットワークジャパン
特定非営利活動法人
http://www.sroi-japan.org/

SROIに代表される定量的な社会的インパクトの評価手法の研究・教育・実践を通じて、社会課題の加速度的な解決に貢献する団体。SROIの評価者育成のための「SROIオフィシャル・トレーニング」を提供する他、財団・企業向けのSROI評価のためのコンサルティングサービスを提供する。

### ● 鎌倉投信
株式会社
http://www.kamakuraim.jp/

投資家の長期的な資産形成と社会の持続的発展に貢献することを目的として、社会との調和の上に発展する「いい会社」の株式に投資する投資信託「結い2101」を運用。運用開始から5年強が経過した2015年7月末時点での運用資産残高は約185億円で、顧客（受益者）数は12,790人となっている。「結い2101」では、投資先の銘柄選定にあたっては、CSRの観点ではなくCSVの観点から判断した「いい会社」に投資をおこなっている。

● 日本ベンチャー・フィランソロピー基金（JVPF）
　公益財団法人日本財団内に設置
　http://www.jvpf.jp/

資金提供と経営支援を通じて社会的事業をおこなう組織の成長をサポートし、社会的インパクトを拡大する為に設立された国内初の本格的なベンチャー・フィランソロピー（VP）基金。日本財団に約1.5億円（2015年7月末時点）の基金が設置され、ソーシャル・インベストメント・パートナーズ（SIP）と日本財団が共同して運営にあたっている。

● ファンドレックス／newdea
　株式会社
　http://fundrex.co.jp/newdea/

NPOや公益法人、社会起業家に特化したサービスをおこなうコンサルティング会社。社会的事業のプロジェクト管理や成果管理などを効率化するためのクラウドサービス「newdea（ニューディア）」を提供。

● 三菱商事復興支援財団
　公益財団法人
　http://mitsubishicorp-foundation.org/

三菱商事株式会社は、企業理念である「三綱領」における所期奉公の精神の下、震災発生直後から復興支援活動を展開するなか、東日本大震災発生から1年を契機に、2012年3月に同財団を設立（同年5月、公益財団法人の認定を取得）。被災地の力強い復興に向け、地元の金融機関などと協働し、事業再建や新規事業立ち上げを目指す合計44の事業者に対して約20億円の投融資を実行（2014年度末時点）。利益を目的とした投資とは一線を画し、事業が軌道に乗って利益を出すまでは配当を猶予。配当が実現した場合にも、配分分は財団の内部には留保せずに被災地域に再投資し、復興支援の資金が被災地で循環することを目指している。

● ミュージックセキュリティーズ
　株式会社
　http://www.securite.jp/

マイクロ投資プラットフォーム「セキュリテ」を運営。個人が1口数万円の少額から出資可能で、「大切なものを守る投資」をコンセプトに、酒蔵や農業や林業、伝統工芸の地場産業の企業など、多様な投資先がある。2011年には、東日本大震災の被災から立ち上がる事業者を、出資を通じて応援するファンド「セキュリテ被災地応援ファンド」を開始した。

## 社会的投資や社会的評価を推進する主な組織・プロジェクト

### ● ソーシャル・インベストメント・パートナーズ（SIP）
一般社団法人
http://sipartners.org/

日本初の本格的なベンチャー・フィランソロピー組織。日本ベンチャー・フィランソロピー基金（JVPF）を日本財団と共同で運営している。社会課題の解決を目的とする「社会性」、解決策の「革新性」、事業モデルとして持続性を担保する「事業性」を兼ね備えた社会的事業を厳選し、中長期で資金提供と経営支援をおこなっている。

### ● ソーシャルベンチャー・パートナーズ東京（SVP東京）
特定非営利活動法人
http://www.svptokyo.org/

パートナーと呼ばれる同団体の会員が出資金として拠出した資金をもとに、革新的なモデルをもつ、将来性の高いソーシャル・ベンチャーを投資・協働先とし、年間100万円を限度にした資金を提供。同時に、投資先のニーズに合わせ、パートナーが各自の専門性を活かした経営サポートを実施する。投資先の審査基準に「社会的インパクト」が含まれる。

### ● 日本政策金融公庫
株式会社
http://www.jfc.go.jp

100%政府出資の政策金融機関として、中小企業・小規模事業者、農林水産業者への事業資金融資等をおこなっている。国民生活事業では、政府の成長戦略等に基づき、地域や社会を取り巻く課題の解決に取り組むソーシャルビジネスを営む社会的企業、NPO等への支援に取り組んでおり、平成26年度のソーシャルビジネス関連融資実績は、500億円を超える。また、地方公共団体やNPO支援機関等と連携してソーシャルビジネス向けの経営支援セミナーを全国で実施しており、平成26年度は、約1,300名が参加。

### ● 日本評価学会
特定非営利活動法人
http://evaluationjp.org/

日本において国際社会に通用する評価活動の定着と評価活動に関わる人材の育成を推進するために、評価に関する研究者や評価を実践していく実務家の研究と交流の場として設立された学会。評価に関する専門的能力を身につけた人材を養成する「評価士養成講座」をおこなっている。

### ● 日本ファンドレイジング協会（社会的投資促進フォーラム）
特定非営利活動法人
http://jfra.jp/

善意の資金（寄付から社会的投資を含む）10兆円時代の実現へ向けて活動をおこなう団体。日本の社会的投資の最前線で挑戦している実務家が集まり、2014年3月に発足した「社会的投資促進フォーラム」の事務局も担当。同年10月に社会的投資市場形成に向けた今後のシナリオと必要な取り組みをまとめた「社会的投資市場形成に向けたロードマップ」を発表した。

3 Sirull, "Measurement Matters: Maximizing Total Return on Responsible Investments In Private Equity," 2009; Rosenzweig, Clark, Long, and Olsen, *Double Bottom Line Project Report: Assessing Social Impact in Double Bottom Lines Ventures (Methods Catalog)*, 2003.

4 報告の原則についてさらに詳しくはNew Philanthropy Capital et al., *Principles of Good Impact Reporting for Charities and Social Enterprises*, 2012を参照.

5 《ゲイツ財団》の「戦略のライフサイクルと洞察」については, Bill & Melinda Gates Foundation, *The Strategy Lifecycle: A Guide*, 2011を参照.

6 著者マーク・エプスタインとクリスティ・ユーザスの支援を受け, コロンビアの民間非営利組織《エスクエラ・ヌエヴァ》は小学生の子どもたち向けにここで紹介したような起業家訓練コースを開発し, パイロットテストの準備を進めている.

## 第11章 インパクトを大きくする

1 ここの内容の大部分は, Epstein and Yuthas, "Scaling Effective Education for the Poor in Developing Countries: A Report from the Field," 2012からの引用.

2 Frumkin, *Strategic Giving: The Art and Science of Philanthropy*, 2006の第6章に, 活用についての議論が詳しく掲載されている. ほかにも有意義な情報源としてはGrant, McLeod, and Crutchfield, "Creating High-Impact Nonprofits," 2007を参照.

3 AHA!, "Nike's Lorrie Vogel: 'No Finish Line for Sustainable Product Innovation,'" 2010.

4 Lydia DePillis, *Washington Post*, "Wonkblog," November 5, 2013, www.washingtonpost.com/blogs/wonkblog/wp/2013/11/05/goldman-sachs-thinks-it-can-make-money-by-being-a-do-gooder/.

8　Grantmakers for Effective Organizations, "How Do We Approach Impact and Evaluation in the Context of Scale?" 2011. 発展的評価, 形成的評価, 総括的評価を区別する一般的な分類がある. 詳しくはMathison, ed., *Encyclopedia of Evaluation*, 2005およびRossiand Freeman, *Evaluation: A Systematic Approach*, 2005を参照.

9　発展的評価について詳しくは, Gamble, *A Developmental Evaluation Primer*, 2008を参照.

10　《ジェイムズ・アーヴァイン財団》の手法について詳しくはThe James Irvine Foundation, *A Framework to Assess the Performance of The James Irvine Foundation*, 2011およびCanales and Rafter, "Assessing One's Own Performance," 2012を参照.

## 第8章　測定手法

1　TRASI (http://trasi.foundationcenter.org/) では150以上の社会的インパクトの事例を紹介しており, 測定の目的や組織の種類, 部門, 測定の焦点別に検索が可能になっている.

2　Gates, "Bill Gates: My Plan to Fix the World's Biggest Problems," 2013.

3　Preston, "Bloomberg Philanthropies Unveils Web Site and Priorities," 2013.

4　さまざまな評価手法についての議論はBrest and Harvey, *Money Well Spent: A Strategic Plan for Smart Philanthropy*, 2008の第10章を参照.

5　費用対効果分析についての議論はTuan, *Measuring and/or Estimating Social Value Creation: Insights into Eight Integrated Cost Approaches*, 2008を参照.

6　Tuan, "Profiles of Eight Integrated Cost Approaches to Measuring and/or Estimating Social Value Creation," 2008; Brest, "Risky Business," 2012.

7　Acumen Fund Metrics Team, *The Best Available Charitable Option*, 2007.

8　Roberts Foundation, *SROI Methodology*, 2001.

9　REDFの評価手法について詳しくはTwersky and BTW Consultants, "An Information OASIS," 2002およびGair, *A Report from the Good Ship SROI*, 2002およびGair, *SROI Act II: A Call to Action for Next-Generation SROI*, 2009を参照.

10　SROI Network, *A Framework for Approaches to SROI Analysis*, 2005.

11　SROIについてさらに詳しくはTuan, *Measuring and/ or Estimating Social Value Creation: Insights into Eight Integrated Cost Approaches*, 2008を参照.

12　Cooney and Lynch-Cerullo, *Social Return on Investment: A Case Study of JVS*, 2012.

13　プーマについてさらに詳しくは, PUMA, "PUMA Completes First Environmental Profit and Loss Account Which Values Impacts at .145 Million," 2011およびPUMA, "Environmental Key Performance Indicators Methodology," 2011を参照.

## 第9章　インパクトを測定する

1　関係者の声と当事者意識についての有意義な議論についてはForti, "Measurement That Benefits the Measured," 2012を参照.

2　Twersky, Nelson, and Ratcliffe, *A Guide to Actionable Measurement*, 2010.

5　Starr, "The Eight-Word Mission Statement," 2012.
6　この段落はStarr, "The Eight-Word Mission Statement," 2012より引用。
7　Mento, "Why $1 Billion to Aid the Sick Did Little Good," 2013; Mento, "Grant Makers Open Up about Failed Projects in Hopes Others Can Learn from Them," 2013; Showstack and Wolfe, *RWJF Retrospective Series: Chronic Care Programs*, 2012.
8　セオリー・オブ・チェンジについての定義はMathison, ed., *Encyclopedia of Evaluation*, 2005および *Rossi and Freeman, Evaluation: A Systematic Approach*, 1985を参照。セオリー・オブ・チェンジについての詳細はPeter Frumkin *Strategic Giving: The Art and Science of Philanthropy*, 2006の第6章を参照。セオリー・オブ・チェンジについてのさまざまな段階やセオリー・オブ・チェンジに関するさまざまな観点についての議論はPaul Brest, "The Power of Theories of Change," 2010も参照。
9　Bill & Melinda Gates Foundation, *The Strategy Lifecycle: A Guide*, 2011.
10　Harris, "An Introduction to Theory of Change," 2005.
11　Kail, "Using 'Theory of Change' to Measure Your Charity's Impact: A New Approach Is Helping Charities Prioritize Activities and Plan for the Future," 2012.
12　PATH, "PATH: A Catalyst for Global Health," 2012.
13　ロジックモデルの定義とその要素についてはMathison, ed., *Encyclopedia of Evaluation, 2005*および *Rossi and Freeman, Evaluation: A Systematic Approach*, 1985も参照。*Frumkin Strategic Giving: The Art and Science of Philanthropy*, 2006の第6章でもロジックモデルについて詳しく触れている。
14　ロジックモデルについてさらに詳しくは、W. K. Kellogg Foundation, *Logic Model Development Guide*, 2004を参照。
15　この部分はMercy Corps, *Design, Monitoring and Evaluation Guidebook*, 2005から大部分を引用している。
16　Twersky, Buchanan, and Threlfall, "Listening to Those Who Matter Most, the Beneficiaries," 2013.

## 第7章　測定の基本

1　Idealware, "The State of Nonprofit Data," 2012.
2　Preston, "Some 70 Percent of Grant Makers Say Foundations Have Few Measures to Test Their Effectiveness," 2010.
3　Wallace, "Database Indexes Nonprofit Research," 2012.
4　《ビル&メリンダ・ゲイツ財団》の戦略・測定・評価担当責任者であるジョディ・ネルソンは、異なるプログラムの評価を累積したり比較したりするべきではないと主張している。その理由は、成功がさまざまな分野でさまざまな手法で測定されるからとのことだ。Forti, "Actionable Measurement at the Gates Foundation," April 29, 2012.
5　United States Government Accountability Office, *Youth Illicit Drug Use Prevention: DARE Long-Term Evaluations and Federal Efforts to Identify Effective Programs*, 2003.
6　J.P. Morgan, "Perspectives on Progress: The Impact Investor Survey," 2013.
7　モニタリングと評価についてさらに詳しくは、Twersky and Lindblom, *Evaluation Principles and Practice*, 2012を参照。

12 Saltuk et al., "Perspectives on Progress: Impact Investor Survey," 2013.
13 Bannick and Hallstein, "Learning from Silicon Valley," 2012.
14 Annino, "For-Profit Philanthropy: Has Its Time Come?" 2013.
15 社会的企業についてさらに詳しくはBromberger, "A New Type of Hybrid," 2011; Bugg-Levine and Emerson, *Impact Investing, 2011: Transforming How We Make Money While Making a Difference*, 2011を参照。
16 《ブリッジス・ベンチャーズ》の電子メールニュースレターに掲載されたフィリップ・ニューボローの記事、2013年6月13日より。
17 Social Enterprise UK, *Social Enterprise and Youth Policy Paper*, 2012.
18 Karnani, "Mandatory CSR in India: A Bad Proposal," 2013.
19 Thornley and Colby, Federal Reserve Bank of San Francisco, *Building Scale in Community Impact Investing through Nonfinancial Performance Measurement*, 2010.
20 《ロックフェラー・フィランソロピー・アドバイザーズ》の代表で最高責任者のメリッサ・バーマンによる記事、"Philanthropy Becoming New Status Symbol For Wealthy," *New York Times*, August 11, 2010より。
21 McCray, *Is Grantmaking Getting Smarter? A National Study of Philanthropic Practice*, 2011も参照。

## 第5章 社会的インパクトがどのように生み出されるのか

1 Credit Suisse and the Schwab Foundation for Social Entrepreneurship, *Investing for Impact: How Social Entrepreneurship Is Redefining the Meaning of Return*, 2012. アキュメンは、開発途上国の貧困層に安価な製品やサービスを提供する多くの社会事業に投資している。そのプログラムの一部がJacqueline Novogratz, "Making a Case for Patient Capital," 2011で紹介されている。
2 Herrera, "Questioning the TOMS Shoes Model for Social Enterprise," 2013.
3 Epstein, Buhovac, and Yuthas, *Managing Social, Environmental, and Financial Performance Simultaneously: What Can We Learn from Corporate Best Practices?* 2009.
4 《インダスツリー》の第3回社会監査認証より。
5 Garrigo, "Corporate Responsibility at Chevron," 2011.
6 GrantMakers in Health, *Guide to Impact Investing*, 2011.
7 Cooch and Kramer, 2007. PRIとMRIについてさらに詳しくはBrest and Harvey, *Money Well Spent: A Strategic Plan for Smart Philanthropy*, 2007第8章を参照。

## 第6章 行動をインパクトにつなげる

1 Idealware, *The State of Nonprofit Data*, 2012.
2 HOPE Consulting, *Money for Good: The US Market for Impact Investments and Charitable Gifts from Individual Donors and Investors*, 2010.
3 Saul, "The End of Fundraising: Raise More Money by Selling Your Impact," 2011.
4 Scharpnick, "Can You Sum Up Your Charity's Work in One Simple Tag Line?" 2013.

## 第3章　問題を理解する

1. Porter and Kramer, "The Competitive Advantage of Corporate Philanthropy," 2002.
2. McCormick, "Changing: To Make Greater Change," 2010.
3. Rodin and MacPherson, "Shared Outcomes," 2012.
4. http://consensusforaction.stanford.edu/endorsements.php.
5. Preskill and Beer, *Evaluating Social Innovation*, 2012.
6. Cynthia Chua et al., "Beyond the Margin: Redirecting Asia's Capitalism," 2011.
7. アドボカシー活動についてのさらなる議論はCrutchfield, Kania, and Kramer, *Do More Than Give*, 2011の第3章を参照。アドボカシー活動の評価は困難ではあるが、Barkhorn, Huttner, and Blau, "Assessing Advocacy," 2013およびTeles and Schmitt, "The Elusive Craft of Evaluating Advocacy," 2011を読み返すのもいいだろう。
8. Markets for Good, *Upgrading the Information Infrastructure for Social Change*, 2012.
9. Orenstein, "Our Feel-Good War on Breast Cancer," 2013.
10. Crutchfield, Kania, and Kramerが著書*Do More Than Give*, 2011で慈善活動の触媒効果に関する6つの習慣について議論している。
11. Kramer, "Catalytic Philanthropy," 2009.

## 第4章　投資の選択肢を理解する

1. 書式990は所得税免除団体に対して国税庁が求める書類であり、当該組織の財務情報を公開するものである。
2. インパクト投資業界で使われている金融商品のより完全な一覧はインパクト投資家調査Saltuk et al., "Perspectives on Progress: The Impact Investor Survey," 2013に掲載されている。
3. Annino, "For-Profit Philanthropy: Has Its Time Come?" 2013.
4. ソーシャル・ボンドについてさらなる議論はMcKinsey & Co., "From Potential to Action: Bringing Social Impact Bonds to the U.S.," 2012; Knowledge@Wharton, "Social Finance's Tracy Palandjian on the Next Generation of Responsible Investing," 2012; Callanan and Law, "Will Social Impact Bonds Work in the United States?" 2012; and Bugg-Levine, Kogut, and Kulatilaka, "A New Approach to Funding Social Enterprises," 2012 を参照。
5. Alden, "Goldman Sachs to Finance Early Education Program," 2013.
6. Cohen and Sahlman, "Social Impact Investing Will Be the New Venture Capital," 2013.
7. Nonprofit Finance Fund, and The White House, *Pay for Success: Investing in What Works*, 2012.
8. Gose, "Kresge Seeks to Do More Without Spending More," 2013.
9. 《ルート・キャピタル》の地方金融モデルについて詳しくは、同団体のウェブサイトwww.rootcapital.org/our-approachを参照。
10. インパクト投資についてのより徹底的な議論については、Bugg-Levine and Emersonの貴重な著書*Impact Investing: Transforming How We Make Money While Making a Difference*, 2011を参照。
11. Monitor Institute, *Investing for Social & Environmental Impact: A Design for Catalyzing an Emerging Industry*, 2009.

# 原注

### 第1章　社会的インパクト創造サイクル

1. J.P.Morgan, "Perspectives on Progress: The Impact Investor Survey," 2013.
2. Preston, "Some 70% of Grant Makers Say Foundations Have Few Measures to Test Their Effectiveness," 2010.
3. Center for Global Development, *When Will We Ever Learn? Improving Lives Through Impact Evaluation*, p. 17, 2006.

### 第2章　投資家を理解する

1. *The Chronicle of Philanthropy*, "How America's Biggest Companies Give," 2013.
2. Walmart Foundation, "Walmart Giving in Last Fiscal Year Exceeds $1 Billion for the First Time," www.foundation.walmart.com, 2013.
3. The Giving Pledge, www.givingpledge.org, 2012.
4. Raikes, *Progress and Partnerships*, 2011.
5. National Park Service, "Giving Statistics," 2013; National Park Service, "The Center On Philanthropy Panel Study," 2009.
6. Swartz, "Tech's New Entrepreneurial Approach to Philanthropy," 2013.
7. GIVING USA, *The Annual Report on Philanthropy for the Year 2011*, 2012.
8. Salamon, Sokolowski, and Geller, *Nonprofit Economic Data Bulletin No. 39. Holding the Fort: Nonprofit Employment during a Decade of Turmoil*, 2012.
9. "Volunteering and Civic Life in America 2012," www.volunteeringinamerica.gov/.
10. Tierney and Fleischman, *Give Smart: Philanthropy That Gets Results*, 2011.
11. 寄付者の寄付行動についてさらに詳しくはKarlan, List, and Shafir (2010)およびSmall, Loewenstein, and Slovic (2006)を参照。
12. 慈善活動家が尊重するリターンのリストはほかにもBronfman and Solomon, *The Art of Giving: Where the Soul Meets a Business Plan*, pp. 46-47, 2010を参照。
13. UBS and INSEAD, "UBS-INSEAD Study on Family Philanthropy in Asia," 2011.
14. India Knowledge@Wharton, "Philanthropy in India Is Taking Its Own Route," 2013.
15. Frank, "Impact Investing: What Exactly Is New?" 2012.
16. El-Naggar, "In Lieu of Money, Toyota Donates Efficiency to New York Charity," *New York Times*, July 26, 2013.
17. Huffington Post, "Food Waste: Half of All Food Ends Up Thrown Away," 2013.

———*Youth Illicit Drug Use Prevention: DARE Long-Term Evaluations and Federal Efforts to Identify Effective Programs*. GAO-03-172R. Washington, DC: GAO, 2013.

US Office of Management and Budget. "OMB Leadership Bios." www.whitehouse.gov. VillageReach. "Evaluating the Social Impact of Our Work.CCPF Malawi," http:// villagereach.org/2013/04/19/evaluating-the-social-impact-of-our-work-ccpfmalawi/.

Wales, Jane. "Framing the Issue," in *Advancing Evaluation Practices in Philanthropy, sponsored supplement to Stanford Social Innovation Review* 10, no. 3 (Summer 2012): 2-3.

Wallace, Nicole. "Roughly 1 in 7 Foundations Holds Mission Investments." *Chronicle of Philanthropy*, October 27, 2011.

———"A Grant Maker Builds a Record of Helping Nonprofits Innovate." *Chronicle of Philanthropy*, May 27, 2012.

———"Database Indexes Nonprofit Research." *Chronicle of Philanthropy*, December 2, 2012.

———"Calif. Charity Measures Progress All Year to Fix Problems Early and Impress Donors: First Place for Youth's budget grew from $2-million to $11-million." *Innovation*, May 5, 2013 .

———"A Foundation Risks All of Its Endowment on Creating Jobs." *Chronicle of Philanthropy,* May 19, 2013.

Wartzman, Rick. "Three Things Business Leaders Should Do to Help the Nonprofit Sector before It's Too Late." *Forbes,* June 19, 2012.

Watson, Tom. "Smashing the Startup Myth: You Don't 'Build a Team,' the Team Builds the Enterprise." *Forbes.com*, June 22, 2012.

Weinstein, M., and R. M. Bradburd. *The Robin Hood Rules for Smart Giving*. New York: Columbia University Press, 2013.

Weinstein, Michael M., with Cynthia Esposito Lamy. *Measuring Success: How Robin Hood Estimates the Impact of Grants*. New York: Robin Hood Foundation, 2009.

Weiss, Michael J., Howard S. Bloom, and Thomas Brock. *A Conceptual Framework for Studying the resources of Variation in Program Effects*.New York: MDRC, 2013.

West, Mollie, and Andy Posner. "Defining Your Competitive Advantage." *Stanford Social Innovation Review*, January 23, 2013.

Wikipedia. "PULSE Impact Inventing Management Software." *Wikipedia*, アクセス日2013年1月8日.

William and Flora Hewlett Foundation and McKinsey & Company. *The Nonprofit Marketplace: Bridging the Information Gap in Philanthropy*. Menlo Park, CA: William and Flora Hewlett Foundation, 2008.

W. K. Kellogg Foundation. *Evaluation Handbook*. Battle Creek, MI: W. K. Kellogg Foundation, 2004.
———*Logic Model Development Guide*. Battle Creek, MI: W. K. Kellogg Foundation, 2004.

Wolfe, Alexandra. "Over the Hedge." *Bloomberg Businessweek*, December 4, 2012.

Wolk, Andrew. "Social Impact Markets." *Stanford Social Innovation Review* 10, no. 1 (Winter 2012): 21-23.

Wolk, Andrew, Anand Dholakia, and Kelley Kreitz. *Building a Performance Measurement System: Using Data to Accelerate Social Impact*. Cambridge, MA: Root Cause, 2009.

Woo, Stu. "Clarity, with Entrepreneurial Spin." *Wall Street Journal*, June 30, 2011.

World Economic Forum. *Blended Value Investing: Capital Opportunities for Social and Environmental Impact*. Geneva: World Economic Forum, 2006.

Zients, Jeffrey D. *Use of Evidence and Evaluation in the 2014 Budget*. M-12-14 Memorandum to the Heads of Executive Departments and Agencies. Washington, DC: Executive Office of the President, Office of Management and Budget, 2012.

Zunz, Oliver. *Philanthropy in America*. Princeton, NJ: Princeton University Press, 2012.

Sullivan, Paul. "Philanthropists Weigh the Returns of Doing Good." *New York Times*, September 28, 2012.

——"Two Parts for Charitable Giving: From the Head or from the Heart." *New York Times*, June 28, 2013.

Swartz, Jon. "Tech's New Entrepreneurial Approach to Philanthropy." *USA Today*, February 11, 2013.

Teles, Steven, and Mark Schmitt. "The Elusive Craft of Evaluating Advocacy." *Stanford Social Innovation Review* 9, no. 3 (Summer 2011): 39-43.

Thornley, Ben. "Solidifying the Business Case for CDFI Nonfinancial Performance Measurement." *Community Development Investment Review* 7, no. 2 (2012): 53-59.

——"An Impact Investing Milestone: The London Principles." *Huffington Post*, July 16, 2013.

Thornley, Ben, and Colby Dailey. "Building Scale in Community Impact Investing Through Nonfinancial Performance Measurement." *Community Development Investment Review* 6, no.1 (2010): 1-46.

Thornley, Ben, David Wood, Katie Grace, and Sarah Sullivant. *Impact Investing: A Framework for Policy Design and Analysis*. San Francisco: Insight at Pacific Community Ventures/Cambridge, MA: Initiative for Responsible Investment at Harvard University, 2011.

Tides Foundation. *Impact Investing Field Scan: Landscape Overview and Group Profiles*. San Francisco: Tides Foundation, 2011.

Tierney, Thomas J., and Joel L. Fleishman. *Give Smart: Philanthropy That Gets Results*. New York: Public affairs, 2011.

Trelstad, Brian. "Simple Measures for Social Enterprise." *Innovations* 3, no. 3 (2008): 105-18.

Trelstad, Brian, and Robert Katz. "Mission, Margin, Mandate: Multiple Paths to Scale." *Innovations* 6, no. 3 (2011): 41-53.

Tuan, Melinda T. *Measuring and/or Estimating Social Value Creation: Insights into Eight Integrated Cost Approaches*. Seattle: Bill & Melinda Gates Foundation, 2008.

Tuan, Melinda, and Julia Jones. *SROI Reports: Overview and Guide*. San Francisco: Roberts Foundation, 2000.

Tulchin, Drew. *Microfinance's Double Bottom Line: Measuring Social Return for the Micro-finance Industry*. Seattle: Social Enterprise Associates, 2003.

Tully, Kathryn. "Charity That Offers Fair Profit." *Financial Times*, July 28, 2007.

Twersky, Fay, and BTW Consultants. *An Information Oasis*. San Francisco: Roberts Foundation, 2002.

Twersky, Fay, Phil Buchanan, and Valerie Threlfall. "Listening to Those Who Matter Most, the Beneficiaries." *Stanford Social Innovation Review* 11, no. 2 (Spring 2013): 41-45.

Twersky, Fay, and Karen Lindblom. *Evaluation Principles and Practices: An Internal Working Paper*. Menlo Park, CA: William and Flora Hewlett Foundation, 2012.

Twersky, Fay, Jodi Nelson, and Amy Ratcliffe. *A Guide to Actionable Measurement*. Seattle: Bill & Melinda Gates Foundation, 2010.

Ubin.as, Luis A. "A Focus on Culture," in Advancing Evaluation Practices in Philanthropy, sponsored supplement to *Stanford Social Innovation Review* 10, no. 3 (Summer 2012): 4-7.

Unilever Global. *Country Study: Indonesia*. Jakarta: Unilever Indonesia, 2012.

United Nations Global Compact and the Rockefeller Foundation. *A Framework for Action: Social Enterprise & Impact Investing*. New York: United Nations Global Compact, 2012.

US Government Accountability Office. *Performance Measurement and Evaluation: Definitions and Relationships*. GAO-05-739SP. Washington, DC: GAO, 2005.

——*Designing Evaluations: 2012 Revision. GAO Applied Research and Methods*, GAO12-208G. Washington, DC: GAO, 2012.

Salman, Saba. "Impact Measurement Is Essential to Winning Public Service Contracts." *The Guardian*, January 24, 2013.

Salmon, Felix. "Philanthropy: You're Doing It Wrong." *Thomas Reuters*, December 26, 2012.

Samuelson, Judith. "All Business Should Have a Public Purpose, Not Just 'B-Corps.'" *Huff Post Business*, July 29, 2011.

Sasse, Craig M., and Ryan T. Trahan. *Rethinking the New Corporate Philanthropy*. Bloomington, IN: Indiana University, Kelley School of Business, 2006.

Saul, Jason. *The End of Fundraising: Raise More Money by Selling Your Impact*. San Francisco: Jossey-Bass, 2011.

Scharpnick, Matthew. "Can You Sum Up Your Charity's Work in One Simple Tag Line?" *Chronicle of Philanthropy*, January 17, 2013.

Scher, Eddie. "Sally Osberg at the Commonwealth Club, July 2010: Social Entrepreneurship and the Art of Motorcycle Maintenance." www.skollfoundation.org, 2010.

Schorr, Lisbeth B. "Broader Evidence for Bigger Impact." *Stanford Social Innovation Review* 10, no. 4 (Fall 2012).

Schrage, Michael. "The Real Reason Organizations Resist Analytics." *HBR Blog Network, Harvard Business Review*, January 29, 2013.

Serafrin, George, Paul M. Healy, and Aldo Sesia. *Oddo Securities: ESG Integration*. Boston: Harvard Business School, 2011.

Serwer, Andy. "The Legend of Robin Hood." *Fortune*, September 8, 2006.

Showstack, Jonathan, and Nicole Wolfe. *RWJF Retrospective Series: Chronic Care Programs*. Princeton, NJ: Robert Wood Johnson Foundation, 2012.

Sirull, Beth. "Measurement Matters: Maximizing Total Return on Responsible Investments in Private Equity." Paper presented at UN PRI Academic Conference, Ottawa, 2009.

Small, Deborah A., George Loewenstein, and Paul Slovic. "Sympathy and Callousness: The Impact of Deliberative Thought on Donations to Identifiable and Statistical Victims." *Organizational Behavior and Human Decision Processes* 102 (2007): 143-53.

Snibbe, Alana Conner. "Drowning in Data." *Stanford Social Innovation Review* 4, no. 3 (Fall 2006): 39-45.

Snyman, Eugene, Margaret Schlott, and Jessica Matthews. *Driving Change Through Mission-Related Investing: What Investors Need to Know*. Sydney: Cambridge Associates, 2011.

Social Enterprise UK. *Social Enterprise and Youth Policy Paper*. London: Social Enterprise UK, 2012.

Social Impact Exchange. "Philanthropy Group Launches Index of High-Impact Nonprofits." PR Newswire, November 25, 2012.

Social Investment Task Force. *Social Investment Manual: An Introduction for Social Entrepreneurs*. Geneva: Schwab Foundation for Social Entrepreneurship, 2011.

SROI Network. *A Framework for Approaches to SROI Analysis*. Haddington, Scotland: SROI Network, 2005.

Starr, Kevin. "Go Big or Go Home: One Foundation's Approach to Maximum Impact." *Stanford Social Innovation Review* 6, no. 4 (Fall 2008).

———"The Eight-Word Mission Statement." *Stanford Social Innovation Review* September 18, 2012.

Stern, Ken. *With Charity for All: Why Charities Are Failing and a Better Way to Give*. New York: Doubleday, 2013.

Strom, Stephanie. "To Help Donors Choose, Web Site Alters How It Sizes Up Charities." *New York Times*, November 26, 2010.

———"Donors Weigh the Ideals of Meaningful Giving." *New York Times*, November 1, 2011.

———"To Advance Their Cause, Foundations Buy Stocks." *New York Times*, November 24, 2011.

PUMA. "PUMA Completes First Environmental Profit and Loss Account Which Values Impacts at .145 Million." Web. Munich, November 2011.

———"Environmental Key Performance Indicators Methodology." Web. Munich, November, 2011.

———"THE PUMAVision." http://about.puma.com/wp-content/themes/aboutPUMA_theme/media/pdf/PUMAVision.pdf, アクセス日2013年6月16日.

Raikes, Jeff. *Progress and Partnerships; 2010 Annual Report, CEO Letter. The Bill & Melinda Gates Foundation*. Seattle: Bill and Melinda Gates Foundation, 2011.

Ralser, Tom. *ROI for Nonprofits*. Hoboken, NJ: Wiley, 2007.

Rangan, V. Kasturi, Sarah Appleby, and Laura Moon. *The Promise of Impact Investing*. Boston: Harvard Business School, 2012.

Reddy, Nidhi, Lalitha Vaidyanathan, Katyayani Balasubramanian, Kavitha Gorapalli, and Sharad Sharma. *Catalytic Philanthropy in India: How India's Ultra-High-Net-Worth Philanthropists Are Helping Solve Large-Scale Social Problems*. Boston: FSG, 2012.

REDF. *SROI Reports: Overview and Guide*. San Francisco: REDF, 2000.

———*SROI Methodology*. San Francisco: REDF, 2001.

Reed, Ehren, and Johanna Morariu. *State of Evaluation: Evaluation Practice and Capacity in the Nonprofit Sector*. Washington, DC: Innovation Network, 2010.

Reinhardt, Uwe E. "How Efficient Is Private Charity?" *New York Times*, January 14, 2011.

Reuters. "Philanthropy Becoming New Status Symbol for Wealthy." *New York Times*, August 11, 2010.

Rickey, Benedict, Tris Lumley, and Eibhlin Ni Ogain. *Journey to Greater Impact: Six Charities That Learned to Measure Better*. London: New Philanthropy Capital, 2011.

Ridge, Javan B. *Evaluation Techniques: For Difficult to Measure Programs*. Bloomington, IN: Xlibris, 2010.

Riley, Jason L. "Was the $5 Billion Worth It?" *Wall Street Journal*, July 23, 2011.

Robert Wood Johnson Foundation. *Helping Americans Lead Healthier Lives and Get the Care They Need*. Princeton, NJ: Robert Wood Johnson Foundation, 2008.

———*Assessing Our Impact*. Princeton, NJ: Robert Wood Johnson Foundation, 2011.

———*2011 Assessment Report*. Princeton, NJ: Robert Wood Johnson Foundation, 2011.

Rockefeller Philanthropy Advisors. *Your Philanthropy Roadmap*. New York: Rockefeller Philanthropy Advisors, n.d.

———*The Giving Commitment: Knowing Your Motivations*. New York: Rockefeller Philanthropy Advisors, n.d.

———*Assessing Impact*. New York: Rockefeller Philanthropy Advisors, n.d.

Rodin, Judith, and Nancy MacPherson. "Shared Outcomes" in *Advancing Evaluation Practices in Philanthropy*, sponsored supplement to Stanford Social Innovation Review 10, no. 3 (Summer 2012).

Root Cause. *Learning from Performance Measurement: Investing in What Works*. Cambridge, MA: Root Cause, 2010.

Rosenberg, Tina. "Putting Charities to the Test." Opinionator, *New York Times*, December 5, 2012.

Rosenzweig, William, Catherine Clark, David Long, and Sara Olsen. *Double Bottom Line Project Report: Assessing Social Impact in Double Bottom Lines Ventures (Methods Catalog)*. Berkeley, CA: Center for Responsible Business, University of California, Berkeley, 2004.

Rossi, P. H., and H. E. Freeman. *Evaluation: A Systematic Approach*. Thousand Oaks, CA: Sage, 1985.

Salamon, Lester M., S. Wojciech Sokolowski, and Stephanie L. Gellen. *Holding The Fort: Nonprofit Employment during a Decade of Turmoil*. Nonprofit Economic Data Bulletin no. 39. Baltimore: Johns Hopkins University, 2012.

Salls, Manda. "Making Social Investment Accountable." *Harvard Business School Working Knowledge*, November 4, 2004.

Norton, Michel. "Social Franchising and Social Business." Paper presented at Graduate School of Business Research Seminar, University of Cape Town, 2010.

———"Social Franchising: A Mechanism for Scaling Up to Meet Social Need."

Paper presented at Graduate School of Business Research Seminar, University of Cape Town, 2011.

Novogratz, Jacqueline. "Making a Case for Patient Capital." *Bloomberg Businessweek*, October 24-30, 2011.

———"If Not Now, When? Pakistan's Social Entrepreneurs Are Making a Difference." *Innovation*.

O'Donnell, Jayne. "BBB's Charity Ratings, Seal of Approval under Fire." *USA Today*, December 27, 2012.

Ogain, Eibhlin Ni, Tris Lumley, and David Pritchard. *Making an Impact: Impact Measurement among Charities and Social Enterprises in the UK*. London: NPC, 2012.

Ogain, Eibhlin Ni, Marina Svistak, and Lucy de Las Casas. *Blueprint for Shared Measurement: Developing, Designing and Implementing Shared Approaches to Impact Measurement*. London: NPC and Inspiring Impact, 2013.

Orenstein, Peggy. "Our Feel-Good War on Breast Cancer." *New York Times*, April 25, 2013.

Palfrey, John, and Catherine Bracy. *Review of the MIT Center for Future Civic Media*. Miami: Knight Foundation/Cambridge, MA: Center for Future Civic Media, 2011.

PATH. "Path: A Catalyst for Global Health," www.path.org.

Paton, Rob. *Managing and Measuring Social Enterprises*. Thousand Oaks, CA: Sage, 2003.

Penna, R. M. *The Nonprofit Outcomes Toolbox: A Complete Guide to Program Effectiveness, Performance Measurement, and Results*. Hoboken, NJ: Wiley, 2011.

Perlroth, Nicole. "Non-Profit Couch Surfing Raises Millions in Funding." *Forbes*, August 24, 2011.

Perry, Suzanne. "3 Major Charity Groups Ask Donors to Stop Focusing on Overhead Costs." *Chronicle of Philanthropy*, June 17, 2013.

Porter, Michael E. *Corporate Philanthropy: Taking The High Ground*. Boston: FSG, 2003.

Porter, Michael E., Greg Hills, Marc Pfitzer, Sonja Patscheke, and Elizabeth Hawkins. *Measuring Shared Value: How to Unlock Value by Linking Social and Business Results*. Boston: FSG, 2012.

Porter, Michael E., and Mark R. Kramer. "Philanthropy's New Agenda: Creating Value." *Harvard Business Review* (November/December 1999): 121-30.

———"The Competitive Advantage of Corporate Philanthropy." *Harvard Business Review* (December 2002): 5-16.

Pozen, Robert C., and Heather L. Kline. "7 Ways To Ensure Gifts for Medical Research Do More Good." *Chronicle of Philanthropy*, February 5, 2012.

Preskill, Hallie, and Tanya Beer. *Evaluating Social Innovation*. Boston: FSG/Center for Evaluation Innovation, 2012.

Preston, Caroline. "Some 70% of Grant Makers Say Foundations Have Few Measures to Test Their Effectiveness." *Chronicle of Philanthropy*, July 14, 2010.

———"A Potential $15-Billion Windfall for Effective Nonprofits." *Chronicle of Philanthropy*, November 30, 2011.

———"Who's Behind the Evaluation Curtain." *Chronicle of Philanthropy*, August 1, 2012.

———"Nonprofits Are Dissatisfied with Foundations' Evaluation Efforts." *Chronicle of Philanthropy*, September 13, 2012.

———"Bill Clinton Urges Donor to Think about Results from the Start." *Chronicle of Philanthropy*, September 24, 2012.

———"Bloomberg Philanthropies Unveils Web Site and Priorities." *Chronicle of Philanthropy*, April 30, 2013.

———"Applying for Grants Is Still a Burden, Say Fundraisers." *Chronicle of Philanthropy*, May 19, 2013.

PULSE Wiki. "3. Impact Reporting and Investment Standards (IRIS) Information." *Pulse Wiki*, アクセス日 2013年1月8日.

Mercy Corps. *Design, Monitoring and Evaluation Guidebook*. Portland, OR: Mercy Corps, 2005.

Meyerson, Adam. "When Philanthropy Goes Wrong." *Wall Street Journal*, March 10, 2012.

Minhas, Shahryar, and Susan Parker. *Robert Wood Johnson Foundation: Frequent Checkups Make for Healthier Funding Relationships*. Cambridge, MA: Center For Effective Philanthropy, 2011.

Mitchell, Jennifer. *Industry-Based Sustainability Standards to Guide Corporations and Investors on Material Issue for Disclosure in the Form 10-K*. San Francisco: Sustainability Accounting Standards Board, 2012.

Mitchell, R. K., B. R. Agle, and D. J. Wood. "Toward a Theory of Stakeholder Identification and Salience: Defining the Principle of Who and What Really Counts." *Academy of Management Review* 22, no. 4 (1997): 853-86.

Monitor Institute. *Investing for Social & Environmental Impact: A Design for Catalyzing an Emerging Industry*. San Francisco: Monitor Institute, 2009.

Morino, Mario. *Leap of Reason: Managing to Outcomes in an Era of Scarcity*. Washington, DC: Venture Philanthropy Partners, 2011.

―――."Relentless: Investing in Leaders Who Stop at Nothing in Pursuit of Greater Social Impact." Leapofreason.org, April 27, 2012.

Morra Imas, L. G., and Ray C. Gist. *The Road to Results: Designing and Conducting Effective Development Evaluations*. Washington, DC: World Bank, 2009.

National Council for Voluntary Organisations. *The Code of Good Impact Practice*. London: NCVO, 2013.

National Park Service. "Giving Statistics," www.Nps.Gov/Partnerships/Fundrais-ing_Individuals_Statistics.Htm, アクセス日2013年6月16日。

Nee, Eric. "Impact Investing Grows Up." *Stanford Social Innovation Review*, November 14, 2012.

Newcomer, K. E. *Using Performance Measurement to Improve Public Nonprofit Programs*. San Francisco: Jossey-Bass, 1997.

New Philanthropy Capital. *Inspiring Impact: Working Together for a Bigger Impact in the UK Social Sector*. London: NPC, 2011.

―――.*Mapping Outcomes for Social Investment*. London: NPC, SROI Network, Investing for Good, and Big Society Capital, Version 1.0, 2013.

New Philanthropy Capital et al. *Principles of Good Impact Reporting for Charities and Social Enterprises*. London: ACEVO, Charity Finance Group, Institute of Fundraising, NCVO, NPC, Small Charities Coalition, Social Enterprise UK, SROI Network, 2012.

Nicholls, Jeremy, et al. *A Guide to Social Return on Investment*. London: Cabinet Office, 2009.

Nidumolu, Ram, Kevin Kramer, and Jochen Zeitz. "Connecting Heart to Head." *Stanford Social Innovation Review* 10, no. 1 (Winter 2012).

Niggemann, Gesche, and Stefan Bragger. "Socially Responsible Investments (SRI). Introducing Impact Investing." *Wealth Management Research*, August 11, 2011.

Nike, Inc. "III. Impact Areas: People & Culture," www.Nikeresponsibility.Com/ Report/Content/Chapter/People-And-Culture, アクセス日2013年6月16日。

Nonprofit Finance Fund and FSC. *Root Capital 2009.2013 Private Offering Memorandum*. New York: Nonprofit Finance Fund and FSC, 2013.

Nonprofit Finance Fund and The White House. *Pay for Success: Investing in What Works*. New York: Nonprofit Finance Fund, 2012.

Noonan, Kathleen, and Katherina Rosqueta. *"I'm Not Rockefeller": 33 High Net Worth Philanthropists Discuss Their Approach to Giving*. Philadelphia: Center for High Impact Philanthropy, 2008.

Northwest Area Foundation, Annie E. Casey Foundation, and Pacific Community Ventures. "Invest Northwest: Assessing Social Return in 2011." St. Paul, MN: Northwest Area Foundation, 2011.

Lim, Terence. *Measuring the Value of Corporate Philanthropy: Social Impact, Business Benefits, and Investor Returns*. New York: Committee Encouraging Corporate Philanthropy, 2010.

Lingane, Alison, and Sara Olsen. "Guidelines for Social Return on Investment." *California Management Review* 46, no. 3 (Spring 2004): 116-35.

London, Ted. "Making Better Investment at the Base of the Pyramid." *Harvard Business Review*, May 2009.

Lopez, Rachel. "Giving to Charity Just to Avoid Tax? Make Sure Your Money Works as Hard as You Do." *Hindustan Times*, December 9, 2012.

Maas, Karen, and Kellie Liket. "Social Impact Measurement: Classification of Methods." In *Environmental Management Accounting and Supply Chain Management*, vol. 27 of *Eco-Efficiency in Industry and Science*. Dordrecht: Springer Science + Business Media BV, 2011.

Maclennan, Alison. "Should Charities Measure Efficiency?" *The Guardian*, April 26, 2012.

Mahmood, Mahboob, and Filipe Santos. *UBS-INSEAD Study on Family Philanthropy in Asia*. Zurich: UBS/Fontainebleau: INSEAD, 2011.

Mair, Vibeka. "Report on Impact Measurement Highlights Importance of the Story." www.civilsociety.co.uk, March 11, 2013.

Margulies, Paula. "Linda Rottenberg's High-Impact Endeavor." *Strategy+Business 66* (Spring 2012).

Mark, M. M., Gary T. Henry, and George Julnes. *Evaluation: An Integrated Framework for Understanding, Guiding, and Improving Policies and Programs*. San Francisco: Jossey-Bass, 2000.

Markets for Good. Upgrading the Information Infrastructure for Social Change. N.p.: Markets for Good, 2012, www.marketsforgood.com.

Marquis, Christopher, Andrew Klaber, and Bobbi Thomason. *B Lab: Building a New Sector of the Economy*. Boston: Harvard Business School, 2010.

Massarsky, Cynthia W., and John F. Gillespie. *The State of Scaling Social Impact: Results of a National Study of Nonprofits*. New York: Growth Philanthropy Network, 2013.

Mathison, Sandra, ed. *Encyclopedia of Evaluation*. Thousand Oaks, CA: Sage Publications, 2005.

Mayne, John. *Addressing Attribution Through Contribution Analysis: Using Performance Measures Sensibly*. Ottawa: Auditor General of Canada, 1999.

McCormick, Steve. "Changing: To Make Greater Change." President's Corner; Gordon and Betty Moore Foundation, July 2, 2010, www.moore.org.

McCray, J. *Is Grantmaking Getting Smarter? A National Study of Philanthropic Practice*. Washington, DC: Grantmakers for Effective Organizations, 2011.

McCreless, Michael, and Brain Trelstad. "A GPS System for Social Impact." *Stanford Social Innovation Review* 10, no. 4 (Fall 2012): 21-22.

McGill, Larry. "Why Measuring Impact Remains an Elusive Goal." *Philantopic*, November 15, 2011.

McKinsey & Company. *Learning for Social Impact: What Foundations Can Do*. New York: McKinsey, 2010.

——— *From Potential to Action: Bringing Social Impact Bonds to the US*. New York: McKinsey, 2012.

McVeigh, Patrick. "Impact Investing Done Right: No Shortcuts to Social Change." *Triplepundit*, May 18, 2012.

McVeigh, Tracy. "World Poverty Is Shrinking Rapidly, New Index Reveals." *The Guardian*, March 16, 2013.

MDRC. "Lessons from Three Decades of Research." *MDRC.org*, アクセス日2012年6月28日.

Mento, Maria Di. "Affluent Donors Prefer Restricted Gifts." *Chronicle of Philanthropy*, September 18, 2012.

———"Why $1 Billion to Aid the Sick Did Little Good." *Chronicle of Philanthropy*, June 16, 2013.

———"Grant Makers Open Up about Failed Projects in Hopes Others Can Learn from Them." *Chronicle Of Philanthropy*, June 16, 2013.

Knowledge@Wharton. "Social Finance's Tracy Palandjian on the Next Generation of Responsible Investing." http://knowledge.wharton.upenn.edu, March 14, 2012.

———"Social Impact Bonds: Can a Market Prescription Cure Social Ills?" http:// knowledge.wharton.upenn.edu, September 12, 2012.

———"B Lab's Bart Houlahan: Building More Socially Responsible Corporations." http://knowledge.wharton.upenn.edu, November 7, 2012.

———"Impact Investing's Next Hurdle: Better Networking." http://knowledge. wharton.upenn.edu, November 30, 2012.

Koh, Harvey, Ashish Karamchandani, and Robert Katz. "From Blueprint to Scale: The Case for Philanthropy in Impact Investing." *Monitor*, April 2012.

Korn, Melissa. "How to Turn Your Generosity into Philanthropy." *Wall Street Journal*, June 6, 2013.

Kramer, Mark R. *Measuring Innovation: Evaluation in the Field of Social Entrepreneurship*. Boston: FSG, 2005.

———"Catalytic Philanthropy." *Stanford Social Innovation Review* 7, no. 4 (Fall 2009): 30-35.

Kramer, Mark R., and Sarah E. Cooch. "The Power of Strategic Mission Investing." *Stanford Social Innovation Review* 5, no. 4 (Fall 2007): 43-51.

Kramer, Mark R., Rebecca Graves, Jason Hirschhorn, and Leigh Fiske. *From Insights to Action: New Directions in Foundation Evaluation*. Boston: FSG; Menlo Park, CA: William and Flora Hewlett Foundation, 2007.

Kramer, Mark, Marcie Parkhurst, and Lalitha Vaidyanathan. *Breakthroughs in Shared Measurement and Social Impact*. Boston: FSG Social Impact Advisors, 2009.

Kubzansky, Michael, Ansulie Cooper, and Victoria Barbary. *Promise and Progress: Market-Based Solutions to Poverty in Africa*. Cambridge, MA: Monitor Group, 2011.

Lawrence, Steven, and Reina Mukai. *Key Facts on Mission Investing*. New York: Foundation Center, 2011.

Lee, Stephanie, Steve Aos, Elizabeth Drake, Annie Pennucci, Marna Miller, and Laurie Anderson. *Return on Investment: Evidence-Based Options to Improve Statewide Outcomes*. Olympia, WA: Washington State Institute for Public Policy, 2012.

———*Return on Investment: Evidence-Based Options to Improve Statewide Outcomes: Technical Appendix Methods and User-Manual*. Olympia, WA: Washington State Institute for Public Policy, 2012.

Legatum Foundation. *Legatum Foundation Fund I: 2007.2010 Philanthropic Investment Report*. Dubai: Legatum Foundation, 2011.

Lehr, David. *Microfranchising at the Base of the Pyramid*. New York: Acumen Fund, 2008.

Leonard, Herman B., Marc J. Epstein, and Wendy Smith. *Digital Divide Data: A Social Enterprise in Action*. Boston: Harvard Business School, 2007.

Leonard, Herman B., Marc J. Epstein, and Melissa Tritter. *Opportunity International: Measuring and Mission*. Boston: Harvard Business School, 2007.

———*Absolute Return for Kids*. Boston: Harvard Business School, 2008.

Leonard, Herman B., Marc J. Epstein, and Laura Winig. *Playgrounds and Performance: Results Management at KaBOOM! (A)*. Boston: Harvard Business School, 2005.

———*Playgrounds and Performance: Results Management at KaBOOM! (B)*. Boston: Harvard Business School, 2005.

———*Playgrounds and Performance: Results Management at KaBOOM! (C)*. Boston: Harvard Business School, 2005.

Lifsher, Marc. "Businesses Seek State's New 'Benefit Corporation' Status." *Los Angeles Times*, January 4, 2012.

Lilly Family School of Philanthropy. *The Center on Philanthropy Panel Study*. Bloomington, IN: Lilly Family School of Philanthropy, Indiana University, 2009.

Jagpal, Niki. *Criteria for Philanthropy at Its Best: Benchmarks to Assess and Enhance Grantmaker Impact*. Washington, DC: National Committee for Responsive Philanthropy, 2009.

James Irvine Foundation. *A Framework to Assess the Performance of the James Irvine Foundation. Evaluation Policies and Guidelines*. San Francisco: James Irvine Foundation, 2011.

Javits, Carla I. *REDF's Current Approach to SROI*. San Francisco: Roberts Foundation, 2008.

Jaworski, Kathi. "What Should Corporate America Do for Nonprofits?" *Nonprofit Quarterly*, June 25, 2012.

Jensen, Brennen. "Charities Get Change to Test Innovations and Win Prizes in Scholarly Experiment." *Chronicle of Philanthropy*, April 7, 2013.

Jethi, Pradeep. "What a Stock Exchange Could Do for Social Business." *The Guardian*, June 6, 2013.

Johnston, Katie. "Nonprofits Quantify Their Success." *Boston Globe*, August 15, 2012.

J.P. Morgan. "Perspectives on Progress: The Impact Investor Survey." *Global Social Finance*, January 7, 2013.

KaBOOM! "Why Play Matters," http://kaboom.org/take_action/play_research/ why_play_matters/, アクセス日2013年6月5日.

Kail, Angela. "Using 'Theory of Change' to Measure Your Charity's Impact: A New Approach Is Helping Charities Prioritize Activities and Plan for the Future." *The Guardian*, April 19, 2012.

Kanani, Rahim. "An In-depth Interview with Sally Osberg, President and CEO of The Skoll Foundation." *Huffington Post*, March 22, 2011.

Kania, John, and Mark Kramer. "Collective Impact." *Stanford Social Innovation Review* 9, no. 1 (Winter 2011): 36-41.

Kanter, B., and Katie Delahaye Paine. *Measuring the Networked Nonprofit: Using Data to Change the World*. San Francisco: Jossey-Bass, 2012.

Kaplan, Robert S., and Allen S. Grossman. "The Emerging Capital Market for Nonprofits: How Market Mechanisms from the Private Sector Could Energize the Nonprofit World." *Harvard Business Review*, October 2010, pp. 114, 116.

Kapstein, Ethan, and René Kim. *The Socio-Economic Impact of Newmont Ghana Gold Limited*. Haarlem: Stratcomm Africa, 2011.

Karlan, Dean, and Jacob Appel. *More Than Good Intentions: How a New Economics Is Helping to Solve Global Poverty*. New York: Penguin, 2011.〔ディーン・カーラン、ジェイコブ・アペル『善意で貧困はなくせるのか？——貧乏人の行動経済学』（清川幸美訳、みすず書房、2013年）〕

Karlan, Dean, John A. List, and Eldar Shafir. "Small Matches and Charitable Giving: Evidence from a Natural Field Experiment." *Journal of Public Economics* (November 2010): 344-50.

Karnani, Aneel. "Mandatory CSR in India: A Bad Proposal." *Stanford Social Innovation*, May 20, 2013.

Karoly, Lynn A. *Valuing Benefits in Benefit-Cost Studies of Social Programs*. Santa Monica, CA: RAND Corporation, 2008.

Katz, Russel. "FDA: Evidentiary Standards for Drug Development and Approval." *NeuroRx: Journal of the American Society for Experimental NeuroTherapeutics* 1 ( June 2004): 307-16.

Kaufmann, Katherine, and Robert Searle. *The Annie E. Casey Foundation: Answering the Hard Question: "What Difference Are We Making?"* Boston: Bridgespan Group, 2007.

Kickul, Jill, Christine Janssen-Selvadurai, and Mark D. Griffiths. "A Blended Value Framework for Educating the Next Cadre of Social Entrepreneurs." *Academy of Management Learning & Education* 11, no.3 (2012): 479-93.

KL Felicitas Foundation."About Us." www.klfelicitasfoundation.org, アクセス日2012年1月15日.

―――"Impact Investing Strategy Overview." www.klfelicitasfoundation.org, アクセス日2012年1月31日.

Knickman, James R., and Kelly A. Hunt. "The Robert Wood Johnson Foundation's Approach to Evaluation," in *The Robert Wood Johnson Foundation Anthology: To Improve Health and Health Care*, vol. 11. San Francisco: Jossey-Bass, 2007.

———"How Can Grantmakers Support Readiness to Scale Impact?" in *A Learning Initiative of Scaling What Works*. Washington, DC: Grantmakers for Effective Organizations, 2011.

———*Pathways to Grow Impact: Philanthropy's Role in the Journey*. Washington, DC: Grantmakers for Effective Organizations, 2013.

Grantmakers in Health. *Guide to Impact Investing*. Washington, DC: Grantmakers in Health, 2011.

Green, Elizabeth. "Study: $75M Teacher Pay Initiative Did Not Improve Achievement." GothamSchools.org., March 7, 2011.

Hammitt, James K. "Valuing Lifesaving: Is Contingent Valuation Useful?" *Risk in Perspective* 8, no. 3 (2000): 1-6.

Hanleybrown, Fay, John Kania, and Mark Kramer. "Channeling Change: Making Collective Impact Work." *Stanford Social Innovation Review*, January 26, 2012.

Harji, Karim, and Edward T. Jackson. *Accelerating Impact: Achievements, Challenges and What's Next in Building the Impact Investing Industry*. Ottawa: E. T. Jackson and Associates Ltd., 2012.

Harris, Erin. "An Introduction to Theory of Change." *Evaluation Exchange* 11, no. 2 (2005): 12.

Heath, Thomas. "Carlyle Group's David Rubenstein Practices 'Patriotic Philanthropy.'" *Washington Post*, June 30, 2013.

Herman, R. P. *The HIP Investor: Make Bigger Profits by Building a Better World*. Hoboken, NJ: Wiley, 2010.

Herrera, Adriana. "Questioning the TOMS Shoes Model for Social Enterprise." *New York Times*, March 19, 2013.

Herrero, Sonia. *Integrated Monitoring: A Practical Manual for Organizations That Want to Achieve Results*. Berlin: inProgress UG, 2012.

HOPE Consulting. *Money for Good: The US Market for Impact Investments and Charitable Gifts from Individual Donors and Investors*. San Francisco: HOPE Consulting, 2010.

———*Money for Good II: Driving Dollars to the Highest-Performance Nonprofits*. San Francisco: HOPE Consulting, 2011.

Hornsby, Adrian, and Gabi Blumberg. *The Good Investor: A Book of Best Impact Practice*. London: Investing for Good, 2013.

Hudson, Sophie. "Communicating Impact: The Next Challenge." *The Guardian*, August 31, 2012.

*Huffington Post*. "Food Waste: Half of All Food Ends up Thrown Away," January 10, 2013.

Hundley, Kris, and Kendall Taggart. "Above the Law: America's Worst Charities." *CNN*, June 13, 2013.

Hunter, David E. K. "Daniel and the Rhinoceros." *Evaluation and Program Planning* 29, no. 2 (2006): 180-85.

———"Using a Theory of Change Approach to Build Organizational Strength, Capacity and Sustainability with Not-for-Profit Organizations in the Human Services Sector." *Evaluation and Program Planning* 29, no. 2 (2006): 193-200.

———*Working Hard-and Working Well: A Practical Guide to Performance Management for Leaders Serving Children, Adults, and Families*. Hamden, CT: Hunter Consulting, 2013.

Idealware. *The State of Nonprofit Data*. Portland, OR: NTEN, 2012.

India Knowledge@Wharton. "Philanthropy in India Is Taking Its Own Route." *India Knowledge@Wharton*, March 21, 2013.

Industree Crafts. *Social Accounts-Cycle 2*. Bangalore: Industree, 2009.

———*Social Accounts . Cycle 3 Fy 2011-12*. Bangalore: Industree, 2012.

InProgress. "Offering Support to Non-Profits." inprogressweb.com, アクセス日2012年6月28日.

Investing for Good. *Investing for Good Dictionary of Indicators*. London: Investing for Good, 2012.

IRIS. *Collecting and Reporting Poverty Data: Using the Progress out of Poverty Index Toolkit with the Impact Reporting and Investment Standards*. New York: IRIS, 2013.

———*Geneva Global Brand Table.* London: Geneva Global, 2010.

———"FAQ: Frequently Asked Questions." London: Geneva Global, 2012.

Gertler, Paul J., Sebastian Martinez, Patrick Premand, Laura B. Rawlings, and Christel M. J. Vermeersch. *Impact Evaluation in Practice.* Washington, DC: World Bank Publications, 2010.

Giudice, Phil, and Kevin Bolduc. *Assessment Performance at the Robert Wood Johnson Foundation: A Case Study.* Cambridge, MA: Center for Effective Philanthropy, 2004.

Giving Pledge, LLC. *The Giving Pledge,* http://Givingpledge.Org/#Bill+_Gates, アクセス日2012年4月4日.

Giving USA. *The Annual Report on Philanthropy for the Year 2011.* Chicago: Giving USA, 2012.

GiveWell. "VillageReach Update (2011.2012)." Givewell.org, www.givewell.org/ international/charities/villagereach/updates/2011-2012, アクセス日2012年3月26日.

GlobalGiving Foundation. "Storytelling Project: Turning Anecdotes into Useful Data." Globalgiving.org, www.globalgiving.org/stories/, アクセス日2013年6月25日.

Global Impact Investing Network. *Data Driven: A Performance Analysis for the Impact Investing Industry.* New York: GIIN and IRIS, 2011.

———*Impact-based Incentive Structures: Aligning Fund Manager Compensation with Social and Environmental Performance.* New York: GIIN, 2011.

———"GIIN Launches Public IRIS User Registry." GIIN, www.theglin.org, September 9, 2012.

———"Investor Spotlight: Michael Milken." GIIN, www.theglin.org, March 28, 2013.

———"Small and Growing Business Metrics (from ANDE)." GIIN, http://iris.theglin.org, アクセス日2013年6月16日.

Global Impact Investing Rating System. "Update on B Lab and GIIRS Research Project." CASE at Duke, www.caseatduke.org.

———*Impact Investing: Challenges and Opportunities to Scale (2011 Progress Report).* Wayne, PA: Global Impact Investing Rating System, 2012.

———"Company Rating Report." GIIRS, http://giirs.org/storage/documents/ CompanyReports/sample_company_report.pdf, アクセス日2013年7月4日.

Global Reporting Initiative. *Sustainability Reporting Guidelines & NGO Sector Supplement,* ver. 3.0/NGOSS final version. Amsterdam: Global Reporting Initiative, 2011.

———*G4 Sector Disclosures: Financial Services.* Amsterdam: Global Reporting Initiative, 2013.

Godeke, Steven, et al. *Solutions for Impact Investors: From Strategy to Implementation.* New York: Rockefeller Philanthropy Advisors, 2009.

Goldseker, Sharna, and Michael Moody. "Young Wealthy Donors Bring Tastes for Risk, Hands-on Involvement to Philanthropy." *Chronicle of Philanthropy,* May 19, 2013.

Gose, Ben. "Kresge Seeks to Do More Without Spending More." *Chronicle of Philanthropy,* March 24, 2013.

Grace, K. S., and Alan L. Wendroff. *High-Impact Philanthropy: How Donors, Boards, and Nonprofit Organizations Can Transform Communities.* New York: Wiley, 2001.

Grant, Heather McLeod, and Leslie R. Crutchfield. "Creating High-Impact Nonprofits." *Stanford Social Innovation Review* 5, no. 3 (Fall 2007): 32-41.

Grantmakers for Effective Organizations. "Assessing the Impact." *General Operating Support* 2, 2008. Washington, DC: Grantmakers for Effective Organizations, 2008.

———*Evaluation in Philanthropy: Perspectives from the Field.* Washington, DC: Grant-makers for Effective Organizations, 2009.

———"How Do We Approach Impact and Evaluation in the Context of Scale?" in *A Learning Initiative of Scaling What Works.* Washington, DC: Grantmakers for Effective Organizations, 2011.

———"How Does Financial Sustainability Relate to Growth. And What Can Grantmakers Do to Support It?" in *A Learning Initiative of Scaling What Works.* Washington, DC: Grantmakers for Effective Organizations, 2011.

European Venture Philanthropy Association. *Strategies for Foundations: When, Why and How to Use Venture Philanthropy*. Brussels: EVPA Knowledge Center, 2010.
―― *A Guide to Venture Philanthropy: For Venture Capital and Private Equity Investors*. Brussels: EVPA Knowledge Center, 2011.
―― *A Practical Guide to Impact Measurement (First Draft)*. Brussels: EVPA Knowledge Center, 2012.
――"What is VP?" Brussels: EVPA Knowledge Centre, 2012. evpa.eu.com/ knowledge-centre/what-is-vp/, アクセス日2012年7月13日.

Evenett, Rupert, and Karl H. Richter. "Making Good in Social Impact Investment: Opportunities in an Emerging Asset Class." *The Social Investment Business and The-City UK* (October 2011): 17-23.

Flandez, Raymund. "Peer Pressure Makes Donors Give More Than Planned." *Chronicle of Philanthropy*, March 2013, http://philantropy.com/article/Peer-PressureMakes-Donors/138055/.

*Forbes*. "When Measuring Social Impact, We Need to Move Beyond Counting." July 15, 2013.

Forti, Matthew. "Now, What Exactly Should We Measure?" www.bridgespan.org, アクセス日2011年7月7日.
――"Don't Let Conventional Measurement Wisdom Fragment Your Impact." *Stanford Social Innovation Review*, August 22, 2011.
――"Six Theory of Change Pitfalls to Avoid." *Stanford Social Innovation Review*, May 23, 2012.
――"Measurement That Benefits the Measured." *Stanford Social Innovation Review*, June 25, 2012.
――"Actionable Measurement at the Gates Foundation." *Stanford Social Innovation Review*, August 29, 2012.

Forti, Matthew, and Michaela Kerrissey. "Measuring to Scale What Works at the YMCA." *Stanford Social Innovation Review*, December 5, 2012.

Forti, Matthew, and Colin Murphy. "What Obama's Campaign Can Teach Nonprofits about Measurement: Five Measurement Practices That Obama's Campaign and High-Performing Nonprofits Have in Common." *Stanford Social Innovation Review*, January 22, 2013.

Frank, Roger. "Impact Investing: What Exactly Is New?" *Stanford Social Innovation Review* 10, no. 1 (Winter 2012).

Fremont-Smith, M. R. *Governing Nonprofit Organizations: Federal and State Law and Regulation*. Cambridge, MA: Belknap Press of Harvard University Press, 2004.

Friend, J. K., and A. Hickling. *Planning Under Pressure: The Strategic Choice Approach, 2nd edn*. Oxford: Heinemann, 1997.〔ジョン・K・フレンド、アレン・ヒックリング『社会計画のための戦略的選択アプローチ』（古池弘隆訳、技報堂出版、1991年）〕

Fruchterman, Jim. "For Love or Lucre." *Stanford Social Innovation Review* 9, no. 2 (Spring 2011): 42-47.

Frumkin, Peter. *Strategic Giving: The Art and Science of Philanthropy*. Chicago: University of Chicago Press, 2006.

FSG. "Fix That Fits: What Is the Right Evaluation for Social Innovation?" *Forbes India*, November 28, 2012.

Gair, Cynthia. *A Report from the Good Ship SROI*. San Francisco: Roberts Foundation, 2002.
――*SROI Act II: A Call to Action for Next-Generation SROI*. San Francisco: Roberts Foundation, 2009.

Gamble, Jamie A. *A Developmental Evaluation Primer*. Montreal: J. W. McConnell Family Foundation, 2006.

Garrigo, Silvia M. "Corporate Responsibility at Chevron." *Utah Environmental Law Review* 31, no. 1 (2011): 129-33.

Gates, Bill. "The Way We Give." *Fortune*, January 22, 2007.
――"Bill Gates: My Plan to Fix the World's Biggest Problems." *Wall Street Journal*, January 25, 2013.

Gelfand, Sarah. "Why IRIS?" *Stanford Social Innovation Review*, October 10, 2012.

Geneva Global. *Benequity Solutions: Monitoring Handbook*, ver. 1.0. London: Geneva Global, 2007.
――*Geneva Global's Solutions: Due Diligence Handbook*, ver. 2.0. London: Geneva Global, 2007.

El-Naggar, Mona. "In Lieu of Money, Toyota Donates Efficiency to New York Charity." *New York Times*, July 26, 2013.

Emerson, Jed. "But Does It Work? How Best to Assess Program Performance." *Stanford Social Innovation Review* 7, no. 1 (Winter 2009): 29-30.

——*Beyond Good Versus Evil: Hedge Fund Investing, Capital Markets and the Sustainability Challenge.* BlendedValue.org, 2009, www.blendedvalue.org/beyond-good-versus-evil-hedge-fund-investing-capital-markets-and-the-sustainability-challenge/.

——"The Blended Value Proposition: Integrating Social and Financial Returns." *California Management Review* 45, no.4 (Summer 2003): 35-51.

Endeavor Global. "Our Model." www.Endeavor.Org/Model/Ourmodel, アクセス日2013年2月5日.

Epstein, Marc J. *Measuring Corporate Environmental Performance: Best Practices for Costing and Managing an Effective Environmental Strategy.* New York: McGraw-Hill, 1996.

——*Making Sustainability Work: Best Practices in Managing and Measuring Corporate Social, Environmental, and Economic Impacts.* San Francisco: Berrett-Koehler, 2008.

——"Implementing Corporate Sustainability: Measuring and Managing Social and Environmental Impacts." *Strategic Finance* 88, no. 1 ( January 2008): 25-31.

Epstein, Marc J., and Adriana Rejc Buhovac. *Performance Measurement of Not-For-Profit Organizations.* New York: American Institute of Certified Public Accountants, Inc.; Mississauga, Ont.: Society of Management Accountants of Canada, 2009.

Epstein, Marc J., Adriana Rejc Buhovac, and Kristi Yuthas. *Managing Social, Environmental, and Financial Performance Simultaneously: What Can We Learn from Corporate Best Practices?* Montvale, NJ: Foundation for Applied Research, 2009.

——"Implementing Sustainability: The Role of Leadership and Organizational Culture." *Strategic Finance* 91, no. 10 (2010): 41-47.

Epstein, Marc. J., and Christopher A. Crane. "Alleviating Global Poverty through Microfinance: Factors and Measures of Financial, Economic, and Social Performance," in V. Kasturi Rangan, John A. Quelch, Gustavo Herrero, and Brooke Barton, eds., *Business Solutions for the Global Poor: Creating Social and Economic Value.* San Francisco: Jossey-Bass, 2007:321-34.

Epstein, Marc J., Eric G. Flamholtz, and John J. McDonough. *Corporate Social Performance: The Measurement of Product and Service Contributions.* New York: National Association of Accountants, 1977.

Epstein, Marc J., and Jean-Francois Manzoni. "Implementing Corporate Strategy: From Tableaux de Bord to Balanced Scorecards." *European Management Journal* 16, no. 2 (April 1998): 190-203.

Epstein, Marc J., and Robert A. Westbrook. "Linking Actions to Profits in Strategic Decision Making." *MIT Sloan Management Review* 42, no. 3 (Spring 2001): 39-49.

Epstein, Marc J., and Sally K. Widener. "Facilitating Sustainable Development Decisions: Measuring Stakeholder Reactions." *Business Strategy and the Environment* 20, no. 2 (2011): 107-23.

——"Identification and Use of Sustainability Performance Measures in Decision-Making." *Journal of Corporate Citizenship* 40 (February 2011): 43-73.

Epstein, Marc J., and Priscilla S. Wisner. "Using a Balanced Scorecard to Implement Sustainability." *Environmental Quality Management* 11, no. 2 (2001): 1-10.

——"Good Neighbors: Implementing Social and Environmental Strategies with the BSC." *Balanced Scorecard Report* 3, no. 3 (May/June 2001): 3-6.

——"Increasing Corporate Accountability: The External Disclosure of Balanced Scorecard Measures." *Balanced Scorecard Report* 3, no. 4 ( July/August 2001).

Epstein, Marc J., and S. David Young. "'Greening' with EVA." *Management Accounting* ( January 1999): 45-49.

Epstein, Marc J., and Kristi Yuthas. "Scaling Effective Education for the Poor in Developing Countries: A Report from the Field." *Journal of Public Policy & Marketing* 31, no. 1 (Spring 2012): 102-14.

Colby, Susan, Nan Stone, and Paul Carttar. "Zeroing In on Impact." *Stanford Social Innovation Review* 2, no. 2 (Fall 2004): 24-33.

Cooch, Sarah, and Mark Kramer. *Compounding Impact: Mission Investing by U.S. Foundations*. Boston: FSG, 2007.

Cooney, Kate, and Kristin Lynch-Cerullo. *Social Return on Investment: A Case Study of JVS*. San Francisco: Jewish Vocational Service, 2012.

Cooney, Scott. "Impact Investing Goes Mainstream: Morgan Stanley Jumps on Board." TriplePundit.com, May 15, 2012.

Corporation for National and Community Service. "Volunteering and Civic Life in America 2012." Washington, DC: CNCS, December 2012, www.volunteeringinamerica.gov.

Coughlin, Chrissy. "Campbell's Soup's Dave Stangis on the Evolution of Sustainability." GreenBiz.com, August 31, 2011.

Credit Suisse and Schwab Foundation for Social Entrepreneurship. *Investing for Impact: How Social Entrepreneurship Is Redefining the Meaning of Return*. Geneva: Schwab Foundation, 2012.

Crutchfield, L. R., and Heather McLeod Grant. *Forces for Good: The Six Practices of High-Impact Nonprofits*. San Francisco: Jossey-Bass, 2008.〔レスリー・R・クラッチフィールド、ヘザー・マクラウド・グラント、『世界を変える偉大なNPOの条件――圧倒的な影響力を発揮している組織が実践する6つの原則』（服部優子訳、ダイヤモンド社、2012年）〕

Crutchfield, L. R., J. V. Kania, and M. R. Kramer. *Do More Than Give*. San Francisco: Jossey-Bass, 2011.

Dagher, Veronica. "Bridging the Gap Between Charity, Business." *Wall Street Journal*, December 26, 2012.

Dalberg Global Development Advisors. "Impact Investing in West Africa." San Francisco: Dalberg, 2011.

Dartmouth Biomedical Libraries. "Evidence-Based Medicine (EBM) Resources," www.dartmouth. edu/~biomed/resources.htmld/guides/ebm_resources.shtml、アクセス日2012年6月17日。

Dasra and Godrej. *Making the Grade: Improving Mumbai's Public Schools*. Mumbai: Dasra, 2012.

Dasra and Omidyar Network. *Measure Up: Landscaping the State of Impact Assessment Practices Amongst Corporate and Family Foundations in India*. Mumbai: Dasra, 2012.

Dolnick, Sam. "Pennsylvania Study Finds Halfway Houses Don't Reduce Recidivism." *New York Times*, March 24, 2013.

Donovan, Doug. "White House Hosts Innovation Forum for Philanthropists." *Chronicle of Philanthropy*, September 21, 2012.

Dumaine, Brian. "Built to Last." *Fortune*, August 13, 2012.

Earth Capital Partners. *Approach to Sustainability Development*. London: Earth Capital Partners, 2010.

Ebrahim, Alnoor, and V. Kasturi Rangan. *Acumen Fund: Measurement in Impact Investing (A)*. Boston: Harvard Business School, 2010.

Ebrahim, Alnoor, and Catherine Ross. *The Robin Hood Foundation*. Boston: Harvard Business School, 2010.

Eckhart-Queenan, Jeri, and Matt Forti. *Measurement as Learning: What Nonprofit CEOs, Board Members, and Philanthropists Need to Know to Keep Improving*. Boston: Bridgespan Group, 2011.

*Economist*. "The Patient Capitalist: Jacqueline Novogratz Wants to Transform the World's Approach to Development." May 21, 2009.
―――"B Corps. Firms with Benefits: A New Sort of Caring, Sharing Company Gathers Momentum." January 7, 2012.

EdelGive Foundation. *Annual Report 2011-2012*. Mumbai: EdelGive Foundation, 2012.

Edna McConnell Clark Foundation. *2010 Annual Report*. New York: Edna McConnell Clark Foundation, 2011.

Edwards, Michael. "Should a Charity Be Like a Business?" New York: Dow Jones, 2011.

Center for Global Development. *When Will We Ever Learn? Improving Lives Through Impact Evaluation.* Report of the Evaluation Gap Working Group. Washington, DC: Center for Global Development, 2006.

Center for the Advancement of Social Entrepreneurship. *Duke's Fuqua School of Business Launches Initiative on Impact Investing.* Durham, NC: Duke University, 2011.

Chen, David W. "Goldman to Invest in City Jail Program, Profiting if Recidivism Falls Sharply." *New York Times*, August 2, 2012.

Children's Investment Fund Foundation. *Performance Measurement and Effectiveness: On the Path to Transformative Change for Children.* London: Children's Investment Fund Foundation, 2011.

*Chronicle of Philanthropy.* "Calif. Latest State to OK Socially Focused 'Benefit Corporations.'" October 13, 2011.

——"Ore. Law Ends Tax Breaks for Charities with High Overhead." June 18, 2013.

——"Business Bellwether Delaware Approves Benefit Corporations." July 18, 2013.

——"How America's Biggest Companies Give." July 22, 2013.

Chua, Cynthia, et al. *Beyond the Margin: Redirecting Asia's Capitalism.* Hong Kong and Beijing: Advantage Ventures, 2011.

Clark, Catherine H., Matthew H. Allen, Bonny Moellenbrock, and Chinwe Onyeagoro. *Accelerating Impact Enterprises: How to Lock, Stock, and Anchor Impact Enterprises for Maximum Impact.* Durham, NC: SJF Institute and Duke University's Fuqua School of Business, May 2013.

Clark, Catherine H., Jed Emerson, and Ben Thornley. "A Market Emerges: The Six Dynamics of Impact Investing." *The Impact Investor.* Pacific Community Ventures, Inc., Impact Assets, and Duke University's Fuqua School of Business, October 2012.

Clay, Jason. *Exploring the Links Between International Business and Poverty Reduction: A Case Study of Unilever in Indonesia.* Eynsham, UK: Information Press, 2005.

Clinton, Bill. *Giving: How Each of Us Can Change the World.* New York: Knopf, 2007.

Coalition for Evidence-Based Policy. *Rigorous Program Evaluations on a Budget: How Low-Cost Randomized Controlled Trials Are Possible in Many Areas of Social Policy.* Washington, DC: Coalition for Evidence-Based Policy, 2012.

——*H&R Block College Financial Aid Application Assistance.* Top Tier Evidence Initiative. Washington, DC: Coalition for Evidence-Based Policy, 2012.

Coastal Enterprises, Inc. *Measuring Impact in Practice: Reflections and Recommendations from Coastal Enterprises, Inc.'s Experience.* Wiscasset, ME: Coastal Enterprises, 2006.

Cochrane, Gene Jr. *Advancing Evaluation: Conversations with Philanthropic Leaders on Strategic Evaluation, Issue 2.* FSG (2010), www.fsg.org/nl/evaluation/eval_culture/index.html.

Cohen, Sir Ronald, and William A. Sahlman. "Social Impact Investing Will Be the New Venture Capital." *Harvard Business Review*, January 17, 2013.

Colby, David. "Wise Distributions: Moving Beyond the Giving Pledge." *Huff Post Impact*, December 21, 2010.

——"Looking for Impact in Some of the Wrong Places." *Grantmakers for Effective Organizations*, May 12, 2011.

——"The Challenge and Potential of Transparency." *Grantmakers for Effective Organizations*, June 7, 2011.

Colby, David, Nancy W. Fishman, and Sarah G. Pickell. "Achieving Foundation Accountability and Transparency: Lessons from the Robert Wood Johnson Foundation's Scorecard." *Foundation Review* 3, no. 1 (2011): 70-80.

Colby, David, and Sarah G. Pickell. "Investing for Good: Measuring Nonfinancial Performance." *Community Development Investment Review* 6, no. 1 (December 2010): 64-68.

Brest, Paul. "The Power of Theories of Change." *Stanford Social Innovation Review*, 8, no. 2 (Spring 2010): 47-51.

———"A Decade of Outcome-Oriented Philanthropy." *Stanford Social Innovation Review*, 10, no. 2 (Spring 2012): 42-47.

———"Risky Business." Advancing Evaluation Practices in Philanthropy, supplement to *Stanford Social Innovation Review*, 10, no. 3 (Summer 2012): 16-19.

———"Laura Arrillaga-Andreessen's Gift to Philanthropy." *Stanford Social Innovation Review*, June 19, 2013.

Brest, Paul, and Hal Harvey. *Money Well Spent: A Strategic Plan for Smart Philanthropy*. New York: Bloomberg Press, 2008.

Brest, Paul, Hal Harvey, and Kelvin Low. "Calculated Impact." *Stanford Social Innovation Review* 7, no. 1 (Winter 2009): 50-56.

Bridges Ventures. 2011 *Impact Report*. London: Bridges Ventures, 2012.

———*Ten-Year Report: A Decade of Investing for Impact and Sustainable Growth*. London: Bridges Ventures, 2013.

Brock, Andrea, Ellie Buteau, and An-Li Herring. *Room for Improvement: Foundations' Support of Nonprofit Performance Assessment*. Cambridge, MA: Center of Effective Philanthropy, 2012.

Bromberger, Allen R. "A New Type of Hybrid." *Stanford Social Innovation Review* 9, no. 2 (Spring 2011): 49-53.

Bronfman, Charles, and J. Solomon. *The Art of Giving: Where the Soul Meets a Business Plan*. San Francisco: Jossey-Bass, 2010.

Bruch, Heike, and Frank Walter. "The Keys to Rethinking Corporate Philanthropy." *MIT Sloan Management Review* 47, no. 1 (2005): 51.

Bryant, Adam. "When Humility and Audacity Go Hand in Hand." *New York Times*, September 29, 2012.

Bryson, John M. "What to Do When Stakeholders Matter: Stakeholder Identification and Analysis Techniques." *Public Management Review* 6, no. 1 (2004): 21-53.

Bryson, John M., and Roering, W. D. "Initiation of Strategic Planning by Governments." *Public Administration Review* 48, no. 6 (1988): 995-1004.

Bugg-Levine, Antony, and Jed Emerson. *Impact Investing: Transforming How We Make Money While Making a Difference*. San Francisco: Jossey-Bass, 2011.

Bugg-Levine, Antony, Bruce Kogut, and Nalin Kulatilaka. "A New Approach to Funding Social Enterprises." *Harvard Business Review* (January/February 2012): 2-7.

Cagney, Penelope. "New Organizations Pose Challenges for Nonprofit Consultants." *Chronicle of Philanthropy*, August 29, 2011.

Callanan, Laura, and Jonathan Law. "Will Social Impact Bonds Work in the United States?" *McKinsey on Society*, March 2012.

Campbell Soup Company. *2011 Update of the Corporate Social Responsibility Report*. Camden, NJ: Campbell Soup Company, 2011.

Canales, James E., and Kevin Rafter. "Assessing One's Own Performance." *Advancing Evaluation Practices in Philanthropy*, supplement to *Stanford Social Innovation Review* 10, no. 3 (Summer 2012): 20-23.

Carson, Emmett D. "Redefining Community Foundations." *Stanford Social Innovation Review* 11, no. 1 (Winter 2013): 21-22.

Case, Jean. "Fearless Focus: Mario Morino of VPP." Case Foundation, May 30, 2012, http://casefoundation.org/blog/fearless-focus-mario-morino-vpp.

Center for Effective Philanthropy. *Indicators of Effectiveness: Understanding and Improving Foundation Performance*. Boston: Center for Effective Philanthropy, 2002.

———"New Report Dispels the Myth of Nonprofit Complacency." September 12, 2012.

Bannick, Matt, and Eric Hallstein. "Learning from Silicon Valley." In *Advancing Evaluation Practices in Philanthropy*, sponsored Supplement to *Stanford Social Innovation Review* 10, no. 3 (Summer 2012): 8-11.

Barker, Memphis. "Bill Gates, Impact Evaluation, and Why Anxiety Is a Catalyst for More Effective Social Change." *The Independent* (London), January 29, 2013.

Barkhorn, Ivan, Nathan Huttner, and Jason Blau. "Assessing Advocacy." *Stanford Social Innovation Review* 11, no.2 (Spring 2013): 58-64.

Baron, Jon. "Increasing Government Effectiveness Through Rigorous Evidence about 'What Works.'" coalition4evidence.org, June 28, 2012.

Batavia, Hima, Justin Chakma, Hassan Masum, and Peter Singer. "Market-Minded Development." *Stanford Social Innovation Review* 9, no. 1 (Winter 2011): 66-71.

Baxter. "Baxter Recognized Suppliers Through e-Impact Program." www.sustainability.baxter.com, アクセス日2012年3月2日.

———"Priorities and Goals." www.sustainability.baxter.com, アクセス日2012年3月2日.

Beloff, Beth R., Earl R. Beaver, and Heidi Massin. "Assessing Societal Costs Associated with Environmental Impacts." *Environmental Quality Management* 10, no. 2 (Winter 2000): 67-82.

Berkman, Jacob. "Donors Are Settling for a 'Bronze Standard' for Measuring Charities." *Chronicle of Philanthropy*, June 14, 2011.

Bernstein, Margaret, and *The Plain Dealer*. "Nonprofits Can Transform Society But First They Must Transform Themselves: Margaret Bernstein." www.cleveland. com/bernstein/index.ssf/2012/05/nonprofits_can_transform_socie.html, May 26, 2012.

Bettinger, Eric P., Bridget Terry Long, Philip Oreopoulos, and Lisa Sanbonmatsu. *The Role of Simplification and Information in College Decisions: Results from the H&R Block FAFSA Experiment*. Cambridge, MA: National Bureau of Economic Research, 2009.

Bhattacharya, C. B., and S. Sen. "Doing Better at Doing Good: When, Why, and How Consumers Respond to Corporate Social Initiatives." *California Management Review* 47, no. 1 (2004): 9-16.

Bill & Melinda Gates Foundation. *The Strategy Lifecycle: A Guide*. Seattle: Bill & Melinda Gates Foundation, 2011.

Bing, Eric G., and Marc J. Epstein. *Pharmacy on a Bicycle: Innovative Solutions for Global Health and Poverty*. San Francisco: Berrett-Koehler, 2013.

Birchall, Jonathan. "Wal-Mart Overhauls Its Charity Spending." *Financial Times*, March 3, 2008.

Bishop, Matthew, and M. Green. *Philanthrocapitalism: How Giving Can Save the World*. New York: Bloomsbury Press, 2009.

Bleiberg, Rob, et al. *$650 Million Ain't What It Used to Be (A): The Meyer Memorial Trust Considers Mission Related Investing*. Boston: Harvard Business School, 2010.

———*$650 Million Ain't What It Used to Be (B): The Meyer Memorial Trust Considers Mission Related Investing*. Boston: Harvard Business School, 2010.

Bloom, Paul N., and J. Gregory Dees. "Cultivate Your Ecosystem." *Stanford Social Innovation Review* 6, no. 1 (Winter 2008): 47-53.

Bornstein, David. "The Power of Nursing." Opinionator, *New York Times*, May 16, 2012.

———"The Dawn of the Evidence-Based Budget." Opinionator, *New York Times*, May 30, 2013.

Bradley, Bill, Paul Jansen, and Les Silverman. "The Nonprofit Sector's $100 Billion Opportunity." *Harvard Business Review* 81, no. 5 (2003): 94-103.

Brandenburg, Margot. "Impact Investing's Three Measurement Tools." *Stanford Social Innovation Review*, October 3, 2012.

## 参考文献

Absolute Return for Kids. *Annual Review 2010*. London: ARK, 2011.
——*Annual Report 2011*. London: ARK, 2012.

Abt Associates Inc. *Measuring Social Performance*. Cambridge, MA: Abt Associates, 1973.

Acumen Fund. *A Bold New Way of Tackling Poverty That Works: Ten-Year Report*. New York: Acumen Fund, 2011.

Acumen Fund Metrics Team. *The Best Available Charitable Option*. New York: Acumen Fund, 2007.

AHA! "Nike's Lorrie Vogel: 'No Finish Line for Sustainable Product Innovation.'" *Opportunity Green*, September 15, 2010.

Alden, William. "Goldman Sachs to Finance Early Education Program." *New York Times*, July 12, 2013.

Alliance. "Interview: Paul Brest, Jed Everson, Katherina Rosqueta, Brian Trelstad, and Michael Weinstein." Alliancemagazine.org, April 1, 2009.

Ambuja Cement Foundation. *Sustainability: Annual Report 2011-2012*. Kolkatta: Ambuja Cement Foundation, 2012.

Annino, Patricia M. "For-Profit Philanthropy: Has Its Time Come?" *CPA2Biz*, March 25, 2013.

Aos, Steve, et al. *Return on Investment: Evidence-Based Options to Improve State Outcomes*. Olympia, WA: Washington State Institute for Public Policy, 2011.
——*Return on Investment: Evidence-Based Options to Improve Statewide Outcomes: Technical Appendix I, Detailed Tables*. Olympia, WA: Washington State Institute for Public Policy, 2011.
——*Return on Investment: Evidence-Based Options to Improve Statewide Outcomes: Technical Appendix II, Methods and User-Manual*. Olympia, WA: Washington State Institute for Public Policy, 2011.

Arabella Advisors. *Use Your Investments: Generating Impact and Returns in Chicago*. Washington, DC: Arabella Advisors, 2012.
——*Use Your Investments: Generating Impact and Returns in New York*. Washington, DC: Arabella Advisors, 2012.
——*Use Your Investments: Generating Impact and Returns in San Francisco*. Washington, DC: Arabella Advisors, 2012.
——*Use Your Investments: Generating Impact and Returns in Washington D.C.* Washington, DC: Arabella Advisors, 2012.

Arnold, Frank S. "Regs Require Value-of-Life Calculations." *Environmental Forum*.
——"Can't Do Cost-Benefit Without It." *Environmental Forum* (November/ December 2001).

Arosio, Marco. *Impact Investing in Emerging Markets*. Singapore: Responsible Research, 2011.

Arrillaga-Andreessen, Laura. *Giving 2.0*. San Francisco: Jossey-Bass, 2012.

Aureos Capital. "Emerging Markets: Building High-Growth Businesses." Aureos, www.aureos.com, アクセス日2012年1月9日。

Balfour, Doug. "Ten Principles of International Giving." *Global Philanthropy*, June 7, 2011.

Banerjee, A.V., and Esther Duflo. *Poor Economics: A Radical Rethinking of the Way to Fight Global Poverty*. New York: Public Affairs, 2011〔アビジット・V・バナジー、エスター・デュフロ『貧乏人の経済学――もういちど貧困問題を根っこから考える』（山形浩生訳、みすず書房、2012年）〕

Bannick, Matt, and Paula Goldman. "Priming the Pump: The Case for a Sector-Based Approach to Impact Investing." Redwood City, CA: Omidyar Network, 2012.

● 著者

## マーク・J・エプスタイン　　Marc J. Epstein

テキサス州ヒューストンのライス大学ジョーンズ経営大学院の経営学優秀研究教授。ライス大学で教える以前は、スタンフォード大学ビジネススクール、ハーバード大学ビジネススクール、INSEADでも教鞭を取っていた。学術的研究と経営実務の両面について、営利・非営利両組織のイノベーションと持続可能性、ガバナンス、実績測定、説明責任の分野における世界的なリーダーの1人として知られている。持続可能性と企業の社会的責任について多くの著書を執筆、企業の社会監査や黎明期の社会的・環境的・経済的インパクトの測定方法構築にも携わっていた。

現在はアフリカやアジア、南米の開発途上国で世界的問題に対処する革新的かつ起業家的アプローチに加え、企業やNGO、財団の社会的インパクト測定と管理に取り組む。著書に *Joining a Nonprofit Board*（2011）、*Making Sustainability Work*（2014）、共著書に *Pharmacy on a Bicycle*（2013）などがある。

## クリスティ・ユーザス　　Kristi Yuthas

オレゴン州ポートランドのポートランド州立大学（PSU）経営学部の経営および情報システムのスワイガート寄付基金教授。PSU以前は会計、財務分析、情報システム開発分野で活動してきた。アメリカン大学やニューヨーク市立大学を含む数々の大学で教鞭を取り、アジアや南米など世界各地で研究や研修セミナーを実施している。会計システムの専門家で、組織的・倫理的・財務的課題と情報および実績測定システムの研究に注力し、近年はマイクロファイナンスやマイクロ起業、非営利分野における規模拡大まで研究の幅を広げている。大手多国籍企業に対して企業の社会的責任と持続可能性についてコンサルティングをおこない、ソーシャル・セクターの組織や投資家に対しても、社会的・環境的インパクトの測定、規模拡大、増幅関連の問題について助言をおこなっている。

現在はインドにおける企業の社会的責任についての本を執筆中。最近可決されたインド会社法は大規模企業が利益の2%を社会的・環境的インパクトに割くことを定めたものだ。この活動を通じて、ユーザス博士はインドの企業が最大限の社会的インパクトを生み出し、画期的なアイデアを世界中に広げていけるように手助けしたいと願っている。

オレゴン州ポートランドに3人の子どもたちと一緒に暮らし、ハイキングや旅行、移動屋台の食べ歩きを楽しんでいる。

● 監訳者

鵜尾雅隆　Masataka Uo

特定非営利活動法人 日本ファンドレイジング協会 代表理事、G8インパクト投資タスクフォース国内諮問委員会 副委員長。国際協力機構（JICA）、外務省、米国 Community Shares を経て、ファンドレイジング戦略コンサルティング専門の株式会社ファンドレックスを創業。日本ファンドレイジング協会の創設に携わる。米国ケースウエスタンリザーブ大学非営利組織経営管理学修士、インディアナ大学 The Fundraising School 修了。寄付・社会的投資10兆円時代の実現に向けて、政策提言、仕組みづくり、人材育成などに取り組む。


鴨崎貴泰　Yoshihiro Kamozaki

日本ファンドレイジング協会 事務局長。SROI ネットワークジャパン 監事。グロービス経営大学院卒業（MBA）。環境コンサルティング会社を経て、2009年公益財団法人信頼資本財団に設立時より参画し事務局長を務め、社会起業家に対する非営利融資や NPO のファンドレイジング支援事業を行う。2014年から現職。SROI 評価やソーシャル・インパクト・ボンド（SIB）の日本導入などに携わる。


※**本書の監訳者印税は、全額、社会的インパクト評価と社会的投資を促進する
日本ファンドレイジング協会に「投資（寄付）」されます。**


● 訳者

松本裕　Yu Matsumoto

オレゴン州立大学卒。訳書に『アフリカ 動き出す9億人市場』『私は、走ろうと決めた。』『フェアトレードのおかしな真実』（以上、英治出版）、『ビジネスモデル・エクセレンス』（日経BP社）、『大脱出』（みすず書房）など。

● 英治出版からのお知らせ

本書に関するご意見・ご感想をE-mail（editor@eijipress.co.jp）で受け付けています。
また、英治出版ではメールマガジン、Webメディア、SNSで新刊情報や書籍に関する記事、
イベント情報などを配信しております。ぜひ一度、アクセスしてみてください。

| メールマガジン | ▶ | 会員登録はホームページにて |
| Webメディア「英治出版オンライン」 | ▶ | eijionline.com |
| X / Facebook / Instagram | ▶ | eijipress |

# 社会的インパクトとは何か
### 社会変革のための投資・評価・事業戦略ガイド

| 発行日 | 2015年10月20日　第1版　第1刷 |
| | 2024年 3月25日　第1版　第4刷 |
| 著者 | マーク・J・エプスタイン、クリスティ・ユーザス |
| 監訳 | 鵜尾雅隆（うお・まさたか）、鴨崎貴泰（かもざき・よしひろ） |
| 訳者 | 松本裕（まつもと・ゆう） |
| 発行人 | 原田英治 |
| 発行 | 英治出版株式会社 |
| | 〒150-0022 東京都渋谷区恵比寿南1-9-12 ピトレスクビル4F |
| | 電話　03-5773-0193　　FAX　03-5773-0194 |
| | www.eijipress.co.jp |
| プロデューサー | 下田理 |
| スタッフ | 高野達成　藤竹賢一郎　山下智也　鈴木美穂　田中三枝 |
| | 平野貴裕　上村悠也　桑江リリー　石﨑優木　渡邉吏佐子 |
| | 中西さおり　関紀子　齋藤さくら　荒金真美　廣畑達也 |
| 印刷・製本 | 中央精版印刷株式会社 |
| 装丁 | 遠藤陽一（DESIGN WORKSHOP JIN, inc.） |
| 翻訳協力 | 株式会社トランネット　www.trannet.co.jp |
| 校正 | 株式会社ぷれす |

Copyright © 2015 Masataka Uo, Yoshihiro Kamozaki, Eiji Press, Inc.
ISBN978-4-86276-207-8　C0030　Printed in Japan

本書の無断複写（コピー）は、著作権法上の例外を除き、著作権侵害となります。
乱丁・落丁本は着払いにてお送りください。お取り替えいたします。